Mondialisation et fiscalité

Collection Finances Publiques
dirigée par Thierry LAMBERT
Professeur à l'Université de Paris 13

CHAUTARD Agnès, **La mutabilité de l'instance fiscale et le droit à un procès équitable**, préface de Guy GEST, 2003.
LEROY Marc (sous la direction de), **Fiscalité et évitement de l'impôt en France et en Russie**, préface de Dimitri Vladimirovitch ARONOV, 2003.
DUMAS Georges, **L'économie française à la dérive (1958 – 1981)**, préface de Michel ROCARD, 2003.
VAUBAN, **La dîme royale, 1ère édition 1707**, texte commenté par Jean-Marc DANIEL, 2004.
AYRAULT Jean-Marc, **Le contrôle juridictionnel de la procédure d'imposition**, préface de Jean LAMARQUE et avant-propos d'Yves BRAD, 2004.
THOMAS Jérôme Nirmal, **Le contrôle fiscal des opérations internationales**, préface de Guy GEST, 2004.
HAYAT Mirko et LAMBERT Thierry (sous la direction de), **La décentralisation fiscale : jusqu'où ?**, 2004.
DRIE Jean-Claude, **Procédures de contrôle fiscal. La voie de l'équilibre**, préface de Thierry LAMBERT, 2005
GHARBI Najib, **Le contrôle fiscal des prix de transfert**, préface de Thierry LAMBERT, 2005.
LAMBERT Thierry, TURPIN Dominique (sous la direction de), **Les groupes d'intervention régionaux – GIR**, 2005.
LEROY Marc (sous la direction de -), **Regards croisés sur le système fiscal : Allemagne, France, Italie, Russie**, préface de Youri Stepanov, 2005.
LAMBERT Thierry (sous la direction de -), **Les sanctions administratives fiscales : éléments de droit comparé**, 2006.
GADHOUM Oualid, **La doctrine administrative fiscale en Tunisie**, préface de Nadjib Baccouche, 2006.
KRAIEM Sami, **Le juge compétent en matière fiscale en Tunisie**, préface de Nadjib Baccouche, 2006.
BIN Fabrice, **L'influence de la pensée chrétienne sur les systèmes fiscaux d'Europe occidentale**, préface de Pierre Beltrame, 2006.
DUMAS Georges, **Politique fiscale : le naufrage**, 2006.

Sous la direction de
Marc Leroy

Mondialisation et fiscalité

La globalisation fiscale

L'Harmattan
5-7, rue de l'École-Polytechnique ; 75005 Paris
FRANCE

L'Harmattan Hongrie
Könyvesbolt
Kossuth L. u. 14-16
1053 Budapest

Espace L'Harmattan Kinshasa
Fac..des Sc. Sociales, Pol. et
Adm. ; BP243, KIN XI
Université de Kinshasa – RDC

L'Harmattan Italia
Via Degli Artisti, 15
10124 Torino
ITALIE

L'Harmattan Burkina Faso
1200 logements villa 96
12B2260
Ouagadougou 12

www.librairieharmattan.com
harmattan1@wanadoo.fr
diffusion.harmattan@wanadoo.fr

ISBN : 2-296-01965-X
EAN : 9782296019652

LES AUTEURS

Jean-Luc ALBERT, Professeur à l'Université de Jean Moulin Lyon 3, Centre d'Etudes et de Recherches en Finances Publiques et Fiscalité.

Dimitri Vladimirovitch ARONOV, Directeur-adjoint du Centre régional de formation des fiscalistes à l'Université Technique d'État d'Orel.

Jean-Jacques FRAIMOUT, Maître de conférences à l'Université de Cergy-Pontoise. Membre du Centre de recherche en droit économique.

Mario GRANDINETTI, Professeur associé à l'Université de Turin.

Thierry LAMBERT, Professeur à l'Université Paris 13, Directeur du Centre d'Etudes et de Recherches Administratives et Politiques.

Didier LECOMTE, Docteur en droit, Avocat, Enseignant-chercheur CERAP Paris XIII.

Marc LEROY, Professeur à l'Université de Reims, Directeur des études du Centre de Recherche sur la Décentralisation Territoriale.

Christian LOPEZ, Maître de conférences à l'Université de Cergy-Pontoise.

Alexandre MAITROT DE LA MOTTE, Maître de conférences à l'Université Paris 12.

Irina MASLOV, Professeur à l'Université Technique d'Etat d'Orel.

Boris MASLOVA, Maître de conférences à l'Université Technique d'Etat d'Orel.

Ludmila POPOVA, Professeur à l'Université Technique d'Etat d'Orel.

Michael PREISSER, Professeur à l'Université de Lüneburg.

Roberto SUCCIO, Expert-comptable, Professeur associé, Faculté d'économie, Université de Turin.

Laurence VAPAILLE, Maître de conférences à l'Université d'Evry Val d'Essonne. Membre du CERAP.

Alessandro VICINI RONCHETTI, Professeur à l'Université de Turin.

LES AUTEURS

INTRODUCTION

Marc LEROY
Professeur à l'Université de Reims,
Directeur des études du Centre de Recherche sur la Décentralisation Territoriale

Cet ouvrage est issu du colloque international qui s'est déroulé en novembre 2005 à Orel, dans le cadre du programme européen TEMPUS TACIS 2003-2006 (*Joint European Project Grant n°23129-2002*) relatif à la formation de fiscalistes dans 8 régions de Russie centrale. Le programme TEMPUS associe, sous ma direction scientifique, l'université de Lüneburg (Allemagne), l'université d'Orel (Russie), l'université d'Alessandria (Italie) et l'université de Reims (France). Il comporte 19 activités, avec notamment l'audit des besoins de formation en Russie, la mise en place de cours nouveaux de fiscalité en Russie, l'organisation en Europe de stages pour les enseignants et les étudiants russes, des réunions pédagogiques et organisationnelles dans les divers pays membres du consortium, l'installation informatique d'un réseau pédagogique et documentaire dans les régions russes, et divers échanges scientifiques (séminaires/colloques[1]).

L'objet de l'ouvrage est de proposer une réflexion scientifique sur la relation entre la « mondialisation » et la fiscalité, ce que l'on peut désigner par la notion de globalisation fiscale en réunissant des contributions de juristes, d'économistes, de sociologues et d'historiens des quatre pays impliqués dans le TEMPUS.

---

[1] Dans le cadre de ce programme européen, deux ouvrages ont déjà été édités dans la collection « Finances Publiques » dirigée par Thierry Lambert, qu'il convient de remercier pour son soutien actif : *Fiscalité et évitement de l'impôt : une comparaison franco-russe*, (dir. M. Leroy, 2003). *Regards croisés sur le système fiscal : Allemagne, France, Italie, Russie*, (dir. M. Leroy 2005).

LA NOTION DE GLOBALISATION ...

Deux conceptions existent pour décrire et définir la globalisation : une conception univoque qui invoque une espèce de fatalisme de ce phénomène et une conception plus complexe, nuancée, qui insiste sur l'indétermination du phénomène[2].

La loi d'airain de la mondialisation

La globalisation est une notion directement tirée de l'anglais *Globalization* qui se veut plus précise, plus scientifique que le terme de mondialisation. Pourtant dans la représentation sociale, dans les discours politiques, dans les médias et dans certains essais, l'expression mondialisation entendue comme phénomène inexorable, sorte de loi d'airain, est souvent préférée. Cette conception a une dimension économique, politique et culturelle.

Sur le plan économique la globalisation, ou la mondialisation, désigne un processus ancien du capitalisme, celui des « économies-mondes » décrites par Fernand Braudel[3], qui s'est accéléré depuis quelques décennies. Les deux principales caractéristiques de la mondialisation économique sont l'intensification des échanges internationaux et l'apparition d'une sphère financière globale, auxquelles sont associés les phénomènes d'intégration des marchés et des bourses, de déréglementation, de délocalisation, d'interdépendance, de concurrence et de dumping.

Sur le plan politique, la globalisation pose la question du rôle de l'Etat, et notamment de l'Etat-nation, dont la capacité d'action, la marge de manœuvre, seraient de plus en plus réduites dans une économie mondialisée. Une autre thèse complémentaire soutient que les intérêts des entreprises multinationales et de la finance internationale seraient privilégiés par rapport aux catégories et classes sociales traditionnelles et par rapport aux entreprises nationales.

---

[2] Cf. les présentations régulières de la revue *Sciences Humaines*.

[3] Braudel (F.), *Civilisation matérielle et capitalisme*, décrivant les aires de développement du capitalisme qui se sont succédé à partir du XVI siècle au rythme des grandes découvertes et des innovations technologiques.

Sur le plan culturel, la globalisation concerne les réseaux de communication et s'appuie sur les technologies de l'information et de la communication[4] (numérisation, Internet, téléphonie...) qui favorisent une culture globale. C'est la formule du « village-planétaire » élaborée en 1962 par le canadien M. Mc Luhan[5]. Ici l'hégémonie des Etats-Unis est pointée, certaines analyses parlant même de nouvelle forme d'impérialisme culturel (exemple de CNN, ou Cable New Network).

La complexité et l'indétermination du phénomène

La loi d'airain de la mondialisation est à relativiser par plusieurs considérations qui traduisent la complexité du phénomène dont l'issue reste en question. Le sens de l'évolution de la globalisation du capitalisme n'est pas déterminé, le modèle de l'avenir restant incertain. Les pressions externes constituent plutôt des problèmes à résoudre et n'indiquent pas toujours le sens des solutions. Bien plus, les facteurs nationaux continuent à jouer un rôle : les Etats utilisent idéologiquement la mondialisation pour imposer des changements difficilement acceptables pour les électeurs ; outre ces facteurs idéologiques, les traits institutionnels nationaux, tels le système éducatif, le mode de protection sociale, le mode de régulation du marché du travail, le style de conduite des entreprises etc., demeurent structurants.

Si les mouvements de capitaux se sont accentués, ils se composent de capitaux privés qui investissent notamment vers les marchés émergents (exemple de la Chine), mais aussi des investisseurs institutionnels (fonds de pension, assurances...).

L'échelle de la planète (monde) n'est pas toujours pertinente : il faut plutôt raisonner par grands espaces géopolitiques, en pensant l'articulation des territoires locaux avec l'économie mondiale. De ce point de vue, la capacité de l'Europe à s'imposer comme acteur majeur de la mondialisation est un enjeu affirmé par l'Union

---

[4] Il y a aussi l'aspect économique des technologies de l'information et de la communication.

[5] Dans son ouvrage *La galaxie Gutenberg*, qui à l'époque visait la radio et la TV avec un effet d'isolement des groupes soumis aux messages des médias mondiaux.

européenne[6]. Il ne faut pas oublier aussi que l'implication de certains pays à la périphérie du processus n'est pas évidente : c'est le cas de l'Afrique, l'Amérique centrale et même des pays de l'ancien bloc soviétique.

Les Etats, loin d'être en dehors du processus, sont des acteurs de la mondialisation et restent impliqués fortement dans la négociation des accords internationaux, si bien que l'Etat-nation résiste à la globalisation. La souveraineté reste donc un concept effectif, même si le rôle des autres acteurs transnationaux, comme l'OCDE, la Banque Mondiale, le FMI, l'OMC, est désormais difficilement contournable.

Enfin, il faut signaler qu'il existe des résistances et des contre usages de la globalisation. Des mouvements sociaux dénoncent la mondialisation, en utilisant Internet (ATTAC), des replis identitaires se manifestent (qui contredisent l'idée d'une société-monde). Les réseaux de communication, comme les réseaux de financement sont utilisés aussi par des réseaux de mafias, terroristes…

… A L'AUNE DU CHAMP FISCAL

Situé au croisement de l'Etat, de l'économie et de la société, le champ de la fiscalité est essentiel, et peu exploré, pour comprendre la marche du phénomène complexe de la mondialisation. L'ouvrage propose une lecture scientifique de la globalisation fiscale dans ses trois dimensions internationale, européenne et nationale/sociale.

[6] La stratégie de Lisbonne adoptée en mars 2000 par le Conseil européen vise d'ici à 2010 à faire de l'Europe « l'économie de la connaissance la plus compétitive et la plus dynamique du monde », elle a été complétée par le Conseil de Göteborg (juin 2001) qui vise la protection de l'environnement et la réalisation d'un développement durable fondées sur la compétitivité, l'emploi-inclusion sociale, l'environnement-prévention des risques.

Les enjeux internationaux de la fiscalité

Thierry Lambert constate le poids croissant des forums mondiaux, dont l'OCDE, pour définir et négocier les normes fiscales internationales, et pose la question d'un impôt mondial au regard de la souveraineté de l'Etat et du sort des citoyens.

Roberto Succio étudie le modèle de convention fiscale de l'OCDE, et explique comment, dans une économie mondialisée, l'établissement permanent, le commerce électronique, les prix (de transfert) entre sociétés d'un groupe multinational... sont traités.

Les contributions suivantes portent sur le problème, médiatisé à la suite de l'affaire Enron, des nouvelles normes comptables internationales[7] qui privilégient la logique financière à la logique entrepreneuriale classique[8] pour favoriser les acteurs du capitalisme financier. Prénom Popova montre les difficultés d'application de ces normes au cas de la Russie, en raison des spécificités techniques, mais aussi politiques et sociologiques, de la transition vers l'économie du marché mondial. Alessandro Vicini rappelle que c'est un organisme professionnel privé[9] qui est à l'origine de cette normalisation comptable internationale (même si l'Europe l'a endossé officiellement) et décrit les ajustements opérés en Italie. Michael Preisser traite le problème en listant techniquement les postes affectés par ce changement en Allemagne.

Les enjeux européens

L'Europe fiscale est une réalité, même si le chemin est difficile à l'instar de la construction politique d'un projet communautaire. Elle constitue une zone géopolitique où des normes juridiques s'établissent et s'appliquent.

Jean-Luc Albert analyse le régime juridique de la TVA intracommunautaire en prenant en compte l'impact de

[7] Désignées sous le nouveau nom d'IFRS ou *International Financial Reporting Standard.*

[8] Cf. Michel Capron, (dir.), *Les normes comptables internationales, instruments du capitalisme financier*, Paris, La Découverte, 2005.

[9] L'IASC ou *International Accounting Standard Committee.*

l'élargissement de l'Europe et en fait ressortir les contraintes pour les Etats membres et pour les assujettis.

Laurence Vapaille questionne le processus de décision fiscale au regard de l'harmonisation des législations, notamment au regard du blocage induit par la règle de l'unanimité, et retrace l'évolution des objectifs et des méthodes de l'action communautaire.

Jean-Jacques Fraimout, à partir de la procédure communautaire de récupération des aides publiques à caractère fiscal, montre comment les principes communautaires peuvent heurter la sécurité juridique des entreprises nationales.

Didier Lecomte se place sur un terrain comparatif pour étudier l'abus de droit dans l'Union Européenne, dispositif diversifié selon les pays, mais qui répond à la volonté de lutter contre l'évasion fiscale internationale (vers les paradis fiscaux).

Tous les auteurs insistent sur le rôle prégnant de la Cour de Justice des Communautés Européennes (CJCE). Alexandre Maitrot de la Motte réalise, dans le cas des impôts directs, une démonstration jurisprudentielle de cette forme de construction de l'Europe par le juge, en disséquant ses fondements juridiques et ses conséquences pour les autres institutions communautaires.

Les enjeux nationaux et sociaux

La troisième partie de l'ouvrage revient à l'Etat, qui reste significativement présent dans le processus de globalisation fiscale, et aux sociétés nationales, dans leur dimension sociale, territoriale, ou catégorielle.

Dimitri Aronov offre une lecture synthétique de l'histoire des accises en Russie à partir du fil conducteur des conséquences sociales de l'évolution de ces procédés de taxation, dont la finalité est surtout financière (pour les budgets publics).

Christian Lopez analyse les conditions fiscales de l'attractivité du territoire (vs les délocalisations) en reliant ce problème au principe occulté de la légitimité du financement de la dépense publique.

Mario Grandinetti, à partir du cas italien, s'intéresse aux artistes et aux sportifs, dont les activités, la résidence et la vie familiale, sont cosmopolites, suscitant, selon les cas, l'évasion ou la discrimination fiscale.

L'auteur de ces lignes réfléchit en sociologue aux fonctions de l'impôt affectées par la globalisation, puis étudie le cas nodal du financement de la protection sociale (Welfare State).

LES ENJEUX INTERNATIONAUX

QUELLE FISCALITE POUR DES PROJETS PLANETAIRES ?

Thierry LAMBERT
Professeur à l'Université de Paris 13
Directeur du Centre d'Etudes et de Recherches Administratives et Politiques (*)

La planète : terre de contrastes. D'un côté nous avons les grandes manœuvres planétaires des prises de participations, rapprochements, fusions et acquisitions d'entreprises dans tous les secteurs. Outre leurs moyens propres, les entreprises n'ont aucune peine à financer leurs projets, grâce à la fois à la bonne tenue des bourses, permettant les échanges d'actions et les augmentations de capital, et à des taux d'intérêt très bas, stimulant le recours à l'emprunt bancaire. A en croire la presse, l'année 2005 en matière de fusions - acquisitions, a été « un millésime historique »[10]. D'un autre côté, les organisations humanitaires et caritatives nous rappellent que la moitié de l'humanité vit avec moins de deux dollars par jour et qu'un milliard deux cents millions de personnes survit avec moins d'un dollar[11]. La mondialisation de l'économie n'induit pas obligatoirement et mécaniquement une amélioration du sort des plus démunis.

Les Etats ne sont pas indifférents à la misère du monde. Ils ont exprimé leur solidarité à l'ONU, en septembre 2000, en adoptant à l'unanimité les « objectifs du millénaire pour le développement ». Ceux-ci ont été confirmés, voire amplifiés, lors du sommet de JOHANNESBOURG de septembre 2002. Le programme affiché est ambitieux car il s'agit, à l'horizon 2015, de réduire la pauvreté

(*) www.univ-paris13.fr/cerap

10 *Le Monde*, 13 octobre 2005.

11 Les campagnes récentes des organisations non gouvernementales illustrent tous les jours cette situation dramatique.

et la mortalité infantile, de lutter contre les maladies infectieuses mais aussi de faciliter l'accès à une eau saine. Ce dernier point à lui seul est certainement le défi mondial du XXI siècle car un milliard de personnes ne dispose pas d'eau potable dans le monde et huit millions de personnes meurent chaque année par manque d'eau propre à la consommation.

La conjonction des volontés ne suffit pas à assurer le succès du projet, il est indispensable que les moyens financiers soient dégagés. On peut certes songer à ce que l'aide au développement, venant des Etats, soit augmentée de façon substantielle. On peut se prendre à rêver qu'elle soit doublée. Il est peu probable, dans le contexte actuel des finances publiques, que cette solution soit retenue par les Etats. On peut espérer mobiliser les disponibilités sollicitant l'emprunt, technique qui aurait pour inconvénient majeur de reporter le poids de la dette sur les générations futures. Reste le recours à l'impôt, avec de nouvelles assiettes à rechercher et à définir, qui aurait l'avantage d'assurer des ressources pérennes. Là nous sommes contraints à la réflexion collective, car nous n'avons ni modèle ni expérience.

LE FORUM FISCAL MONDIAL

Les relations fiscales entre les Etats sont aujourd'hui essentiellement pensées à travers les conventions fiscales internationales, dont l'objet principal est l'élimination des doubles impositions au moyen d'un partage des compétences entre les Etats. Le caractère bilatéral de ces conventions permet aux Etats de résister à l'érosion de leur souveraineté fiscale mais aussi de tenir compte des facteurs économiques, politiques et parfois militaires qui unissent à travers l'histoire les deux entités.

L'approche multilatérale, dont on devine la difficulté, est rarement empruntée. Le recours aux conventions fiscales ne permet pas de construire une fiscalité du monde globalisé. Par contre on pourrait penser que l'ONU, à la suite des travaux de la Société des nations, est le lieu du forum fiscal mondial organisant la confrontation des idées, des projets et des intérêts. L'organisation internationale a d'une certaine façon renoncé à s'imposer, limitant son action en la matière à la rédaction d'une convention modèle de double imposition entre Etats inégalement développés.

La place prépondérante de l'OCDE

L'espace des organisations économiques internationales est encombré. Le Fonds monétaire international (FMI) et la banque mondiale surveillent les équilibres financiers. L'Organisation mondiale du commerce (OMC) organise les échanges[12]. Il faut encore ajouter le Bureau international du travail (BIT) et ne pas omettre les forums du G7, devenu G8. La panoplie ne serait pas complète si on oubliait l'Organisation de la coopération et du développement économique (OCDE) qui a succédé à l'organisation européenne de coopération économique (OECE) créée après la seconde guerre mondiale pour distribuer l'aide financière du plan MARSHALL.

L'OCDE, qui a pour devise « œuvrer pour le progrès », est un club puissant de trente pays[13], en associant soixante dix autres[14]. La force de l'organisation tient dans sa capacité d'expertise. Elle est structurée autour d'environ deux cents comités, qui n'ont pas tous la même importance ni la même taille[15]. Il en est un qui doit retenir toute notre attention, c'est le Comité des affaires fiscales (CAF). Il s'agit d'un groupe de travail réunissant des experts des Etats membres, auxquels sont associés des observateurs pour les pays qui ne sont pas membres de l'organisation[16]. Le comité, comme l'ensemble de l'organisation, s'efforce d'identifier « les bonnes pratiques » dans une économie ouverte et concurrentielle. En effet, l'OCDE a pour objectif de favoriser la bonne gouvernance des secteurs privé et public et a pour ambition d'aider les gouvernements à maintenir compétitifs les secteurs économiques clés[17]. Dans cette perspective le comité analyse les effets de la fiscalité sur le travail, le capital et le marché des produits.

---

[12] COLARD-FABREGOULE Catherine, *L'essentiel de l'Organisation Mondiale du Commerce (OMC)*, Gualino, Coll. « Les Carrés », 2002, 142 pages.

[13] Les pays fondateurs sont notamment : l'Allemagne, l'Autriche, la France, les Etats-Unis, l'Italie, la Turquie, la Suisse... L'organisation s'est constituée par vagues successives d'adhésions : Japon (1964), Australie (1971), Mexique (1994), Hongrie (1996), Slovaquie (2000)...

[14] Parmi lesquels la Chine, la Russie, l'Inde, le Brésil....

[15] C'est le Comité d'aide au développement qui a été à l'initiative des « objectifs du millénaire » visant à réduire l'extrême pauvreté d'ici 2015.

[16] Parmi lesquels : l'Argentine, l'Afrique du Sud, la Russie, la Chine, le Chili...

[17] www.ocde.org

L'organisation n'est pas avare de publications, ni de préconisations. C'est une source d'informations statistiques de première importance, pour apprécier l'incidence de la fiscalité sur le coût du travail ou encore nous éclairer sur le rapport, par pays, entre les recettes fiscales et le produit intérieur brut (PIB). Les travaux du comité des affaires fiscales concernent des sujets variés : la fiscalité du commerce électronique, les pratiques fiscales dommageables, le traitement fiscal des pots de vin, les impôts environnementaux ... et beaucoup d'autres choses encore.

L'organisation rédige des rapports et formule des recommandations. Il peut arriver que ces dernières ne soient pas suivies d'effet. Constatons qu'en matière fiscale elles sont le plus souvent reprises par les Etats ou par l'Union européenne. Par exemple, en 1972 l'OCDE a adopté une recommandation portant « Principes directeurs relatifs aux aspects économiques et politiques de l'environnement sur le plan international »[18], puis d'autres textes ont complété l'analyse[19].

L'Union européenne a largement intégré les thèses de l'OCDE et la Commission, dès 1973, a publié un programme d'actions pour l'environnement[20] fixant les orientations conformes aux perspectives de l'OCDE, même s'il faudra attendre le début des années quatre vingt dix pour que les Etats membres reconnaissent l'efficacité de l'emploi des instruments économiques et fiscaux[21], préconisation de l'organisation internationale faite vingt ans plus tôt. Tout ceci a fini par être repris en France, dans la loi de finances pour 1999[22] qui a créé la taxe générale sur les activités polluantes[23]. Ce cheminement est à la fois exemplaire, et non isolé[24], de l'influence que peut exercer l'OCDE.

---

[18] Recommandation C (72) 128, 26 mai 1972.

[19] OCDE, *Instruments économiques pour la protection de l'environnement*, 1989.

[20] Déclaration du Conseil des communautés européennes et des représentants des gouvernements des Etats membres, 22 novembre 1973, JOCE C 112, 20 décembre 1973, p.1.

[21] LONDON C., « Instruments économiques de droit communautaire », *Revue juridique de l'environnement*, 1998, p.31-48.

[22] Loi 98-1266 du 30 décembre 1998, JOURNAL OFFICIEL, 31 décembre 1998.

[23] Articles 266 sexies à 266 duodecies, CODE DES DOUANES.

[24] Autre exemple : la démonstration a été faite de l'influence de l'OCDE sur la définition des prix de transfert cf. GHARBI Najib, *Le contrôle fiscal des prix de transfert*, L'Harmattan, Coll. « Finances Publiques », 2005, 493 pages.

Il peut arriver que l'OCDE ne soit pas la première à prendre l'initiative, ce qui n'enlève rien à son magistère. L'explosion en quelques années du commerce électronique, à l'échelle de la planète, ne pouvait pas laisser l'organisation internationale indifférente tant les enjeux, aux facettes multiples, sont importants. A l'évidence les problèmes fiscaux soulevés par le commerce électronique ne peuvent être résolus que par les organisations internationales : l'OMC pour les droits de douane, l'Union européenne pour la fiscalité indirecte au sein de l'espace communautaire et l'OCDE pour la fiscalité directe. Lors de la conférence d'OTTAWA, en 1998, des principes furent arrêtés[25] : simplicité, certitude, flexibilité et équité sont les maîtres mots. La Commission européenne avait précédé l'organisation internationale. En effet dans une communication du 17 juin 1998, elle avait proposé les lignes directrices permettant l'adaptation de la TVA au commerce électronique[26]. La Commission qui avait formulé des propositions plus précises que celles de l'OCDE n'a eu aucune difficulté à s'approprier ces dernières dans diverses directives[27] ou règlements[28]. L'organisation internationale ne néglige pas les travaux d'ensemble sur des sujets dont on peut penser qu'ils ressortissent des prérogatives nationales.

L'OCDE a consacré une étude de grande ampleur visant à « réformer l'impôt sur le revenu »[29]. Après avoir constaté que l'imposition sur le revenu des personnes physiques varie considérablement, de 3,2 % du PIB en Corée à plus de 25 % au Danemark[30], l'OCDE se garde de recommander une solution universelle. Elle constate la coexistence de trois modèles. Le premier, « système dual » des pays nordiques, associe une imposition uniforme de base pour tous les revenus, y compris le

---

[25] Rapport du comité des affaires fiscales de l'OCDE, *Un monde sans frontières : concrétiser le potentiel du commerce électronique mondial*, 8 octobre 1998.

[26] Communication au Conseil, au Parlement européen et au Comité économique et social, portant sur le commerce électronique et la fiscalité indirecte, com. (1998) 374 final.

[27] Directive relative à la facturation électronique 2001/115/CE du 20 décembre 2001, JOCE n° L 15 du 17 janvier 2002, p. 24 ; directive instaurant un système de guichet unique 2002/38/CE du 7 mai 2002, JOCE n° L 128 du 15 mai 2002, p.41.

[28] Règlement concernant la coopération administrative dans le domaine des taxes sur la valeur ajoutée et abrogeant le règlement CEE n° 218/92, JOUE n° L 264 du 15 octobre 2003, p.1.

[29] Avril 2006.

[30] L'impôt sur le revenu représente, selon l'OCDE, 8 % du PIB en France et 10 % aux Etats-Unis.

capital, et une taxation progressive sur les revenus élevés. Le second, « système de fiscalité globale », est très progressif et repose sur une imposition identique des revenus du capital et du travail. Le troisième, système de la « flat tax », repose sur une imposition à taux unique du travail et du capital[31]. Outre l'intérêt de l'étude en elle-même, ce qui frappe c'est l'absence de recommandations de la part de l'OCDE. Gageons toutefois que le rapport sera la référence chez ceux qui, en Allemagne comme en France par exemple, veulent des réformes fiscales favorables à l'emploi. Aujourd'hui il ne fait aucun doute que l'influence de l'OCDE ne se réduit pas au modèle de convention fiscale internationale bilatérale, visant à régler pour l'essentiel la question de la double imposition, et qui a permis d'avoir environ deux mille cinq cents conventions dans le monde[32].

L'OCDE est une organisation internationale qui ne verse aucune subvention, c'est une institution qui s'enracine dans la politique avec des objectifs économiques qui n'échappent pas à la critique[33]. Certains y voient « le laboratoire de la globalisation »[34]. La production du Comité des affaires fiscales, qui irradie la planète de ses rapports et recommandations, n'échappe pas à cette problématique qui touche l'organisation internationale dans son ensemble.

Vers des impôts négociés

Dans un monde globalisé visant à gommer les frontières nul ne songe à harmoniser en tous points la fiscalité, pas même au sein de l'Union européenne[35]. En conséquence le principe d'une concurrence fiscale entre les Etats est reconnu et accepté par tous, dès lors que celle-ci est loyale. Les pays membres de l'OCDE fixent le cadre en établissant, par consensus, un certain nombre de normes. En effet « ils s'efforcent, dans le domaine fiscal, de

[31] Par exemple la Russie et la Slovaquie utilisent respectivement des taux de 13 % et de 19 %.
[32] En 2005, la France était liée par conventions fiscales à 108 Etats ou territoires.
[33] HALIMI Serge, *Le grand bond en arrière : comment l'ordre libéral s'est imposé au monde*, Fayard, 2004, p.17-18.
[34] Le Monde, 14 décembre 2005.
[35] ALBERT Jean-Luc, « Harmonisation ou coordination : quelles applications dans l'Union européenne ? », *Les chantiers fiscaux à engager* (ouvrage collectif), L'Harmattan, Coll. « Finances Publiques », 2002, p.211-233.

promouvoir des principes qui sont destinés à permettre à chaque pays d'appliquer sa propre législation fiscale sans subir les interférences de pratiques qui ont pour effet de saper l'équité et l'intégrité de son système fiscal »[36].

L'objectif est de définir les éléments qui doivent concourir à accepter une concurrence équitable qui ne soit pas de nature à générer des distorsions au niveau des investissements. A suivre l'OCDE, « un régime fiscal préférentiel a été considéré comme potentiellement dommageable s'il présentait des caractéristiques montrant qu'il constituerait une pratique fiscale dommageable même en l'absence d'évaluation globale de tous les facteurs à prendre en compte pour déterminer si le régime était effectivement dommageable »[37].

Pour recenser les régimes fiscaux dommageables l'OCDE a rédigé un guide, appelé « note d'application », permettant aux Etats de faire une auto - évaluation de leurs régimes préférentiels mais aussi pour ceux qui sont potentiellement dommageables. Une première évaluation a été faite en 2000, permettant de pointer 47 régimes fiscaux préférentiels[38], en 2004 18 régimes étaient abolis ou sur le point de l'être, 14 avaient été modifiés[39]. Les efforts de collaboration faits par les Etats membres de l'OCDE sont certainement louables, même si la portée réelle des engagements pris peut être discutée, mais la réalité à l'échelle de la planète est beaucoup plus complexe.

Certes les pays membres de l'OCDE se sont engagés, dans le cadre de contacts bilatéraux, à intensifier leur dialogue sur cette question avec les Etats qui n'appartiennent pas à la zone de l'OCDE. On voit mal comment les premiers pourraient obliger les seconds à recenser, et à démanteler leurs régimes fiscaux privilégiés sachant que ceux-ci sont souvent un élément d'attractivité. De ce point de vue, la situation des places offshore est exemplaire. Les centres financiers offshore sont des territoires

---

[36] OCDE, *Projet de l'OCDE sur les pratiques fiscales dommageables* (rapport d'étape), 2004.
[37] Idem.
[38] Ils ont été regroupés en catégories : les assurances, la banque, le régime des sièges sociaux, les régimes des centre de distributions...
[39] OCDE, *Projet de l'OCDE sur les pratiques fiscales dommageables* (rapport d'étape), op. cit.

où coexistent une réglementation générale onshore (territoriale) pour les activités financières domestiques et une réglementation offshore dérogatoire et extra - territoriale pour les activités financières internationales. Certains auteurs ont démontré, de façon convaincante, que les places offshore sont structurellement liées au fonctionnement du commerce et de la finance internationale, ce qui explique à la fois leur opacité mais aussi la mise en œuvre de systèmes fiscaux dommageables pour le reste de la planète[40]. Les incantations de l'OCDE ont ici peu de prise.

La collaboration des Etats n'est pas seulement recherchée, encouragée, pour éradiquer les dispositifs fiscaux dommageables, elle l'est aussi pour résoudre les différends fiscaux internationaux. Là aussi, comme dans d'autres domaines, l'OCDE entend jouer un rôle déterminant. Dans le modèle de convention que propose l'organisation internationale la méthode de résolution des différends préconisée est la procédure amiable. Le principe est repris dans les conventions fiscales bilatérales. A suivre l'OCDE « la résolution efficace des différends par les autorités compétentes (AC) dans le cadre des procédures actuelles des conventions fiscales constitue un aspect fondamental d'une obligation inscrite dans le droit international : la mise en œuvre de bonne foi d'une convention fiscale dans son ensemble »[41]. Autrement dit les Etats sont invités à parvenir à un règlement satisfaisant des litiges. Bien que la procédure amiable soit de la compétence des Etats, l'OCDE a dégagé des lignes directrices pour en améliorer l'efficacité.

La procédure amiable n'est pas la seule qui peut être mise en œuvre, l'arbitrage peut être considéré comme une procédure de substitution. Dans le cadre de cette procédure des tiers neutres et indépendants, auxquels les parties concernées délèguent un pouvoir de décision, règlent des litiges. Même si cette procédure est actuellement peu utilisée, « 60 conventions fiscales bilatérales contiennent actuellement une disposition prévoyant une forme quelconque d'arbitrage »[42].

---

[40] GODEFROY Thierry, LASCOUMES Pierre, *Le capitalisme clandestin. L'illusoire régulation des places Offshore*, La Découverte, Coll. « Cahiers Libres », 2004, 263 pages.
[41] OCDE, *Améliorer le processus de résolution des différends fiscaux internationaux*, 2004.
[42] Idem.

Certaines organisations internationales influentes, l'Association fiscale internationale et la Chambre de commerce internationale, sont favorables à cette procédure. Quelle que soit la procédure retenue il s'agit de résoudre des différends fiscaux, dans des conditions satisfaisantes pour tous, car s'ils ne l'étaient pas ils auraient indéniablement des conséquences sur les activités économiques et financières des Etats.

En formulant des propositions sur toutes ces questions l'OCDE est dans son rôle, elle participe à la « gouvernance mondiale » dans sa dimension fiscale en respectant la philosophie qui est la sienne : la libéralisation des échanges et la concurrence.

L'IMPÔT MONDIAL : UNE UTOPIE POUR DEMAIN

L'empreinte de l'OCDE sur les orientations de la politique fiscale des Etats est indéniable. Toutefois les modèles de fiscalité des pays de l'OCDE, pour ne retenir que ceux-là, restent très différents d'un pays à l'autre. Une étude statistique de l'organisation internationale montre que le Danemark perçoit près de 60 % de ses ressources sous forme d'impôt sur le revenu des personnes physiques et sur les bénéfices des sociétés, la France en tire moins de 25 %, le taux tombe à moins de 20 % pour les Etats-Unis[43]. Ces différences reflètent des choix nationaux en matière de fiscalité qui sont déterminés à leur tour par les priorités économiques, politiques et sociales.

Prenons garde d'oublier que les Etats, tous les Etats, sont dans une logique de concurrence sociale, financière et fiscale. L'enjeu est d'attirer aujourd'hui les investissements qui assureront l'emploi de demain. L'OCDE peut très certainement offrir un cadre réglementé et transparent, à condition d'en réformer le fonctionnement, à une concurrence fiscale qu'elle souhaite régulière. Mais si l'on veut, comme le souhaite l'ONU, lutter contre la pauvreté et soutenir le développement durable à l'échelle de la planète alors il faut envisager de nouvelles contributions financières, dont la fiscalité internationale est un volet.

---

[43] *Statistiques de recettes publiques*, OCDE, 2005.

Les contributions fiscales internationales en devenir

Après chaque catastrophe naturelle, sécheresse, famine ou tsunami par exemple, la charité mondiale s'organise à l'initiative des Etats et des organisations non gouvernementales. Il s'agit de répondre à l'urgence. Une autre forme d'intervention est l'aide publique au développement. Celle-ci revêt souvent la forme de dons ou de prêts consentis dans des conditions favorables en durée et en taux. Selon les statistiques de l'OCDE les aides de cette nature sont passées de 78 milliards de dollars en 2004 à 106,5 milliards en 2005[44]. Cette technique d'intervention n'est pas exempte de critiques car l'aide publique n'est pas équitablement répartie, des considérations politiques jouent dans la distribution. Autrement dit, ce ne sont pas les pays les plus pauvres qui profitent le plus de l'aide publique au développement. Quand bien même le seuil magique de 100 milliards de dollars a été dépassé, celui-ci ne suffira pas à diviser par deux la pauvreté d'ici 2015, conformément aux objectifs dits du millénaire fixés par l'ONU.

Il faut rechercher d'autres contributions notamment fiscales, ce qui ne signifie pas qu'il faille faire l'économie d'une réflexion approfondie et globale concernant l'aide publique au développement. Pour combattre l'instabilité sur les marchés internationaux de devises l'économiste américain et lauréat du prix Nobel, James TOBIN avait proposé d'appliquer une taxe, comprise entre 0,1 % et 1 %, sur les opérations de conversion de monnaies. L'objectif n'était pas directement de réduire la pauvreté à l'échelle mondiale mais d'augmenter les recettes d'organisations internationales et de rendre les politiques économiques nationales moins vulnérables aux choses externes. Analysant cette proposition, reprise par certains et contestée par d'autres, le Parlement européen devait conclure que « la faisabilité de la taxe TOBIN dépend en fait moins de facteurs techniques et économiques que des développements politiques au niveau international »[45]. Cette analyse vaut pour toutes les contributions fiscales internationales que l'on pourrait être amené à créer. Elle s'applique à la proposition faite par la France de mettre en place une contribution de solidarité prélevée sur les billets d'avion même

[44] *Statistiques OCDE*, 2006.
[45] Parlement européen, *La faisabilité d'une « tax Tobin » internationale, Direction générale des études*, 2000, 34 pages.

si dans une déclaration commune de l'assemblée générale de l'ONU où figure le principe de nouvelles sources de financement innovantes, les Etats reconnaissent la volonté « de certains pays de mettre en place une contribution sur les billets d'avion, pour financer la lutte contre la pauvreté et les grandes pandémies »[46]. Malgré l'onction de l'organisation internationale, en dehors du Chili, du Brésil, de la France et du Royaume-Uni, la proposition n'entraîne pas l'adhésion[47]. La France a mis en place le dispositif au 1er juillet 2006[48]. Il devrait permettre d'encaisser 210 millions par an au profit des pays les plus pauvres pour les aider, notamment dans la lutte contre le sida[49]. Cette proposition qui rencontre l'hostilité des transporteurs aériens, n'est pas la mieux partagée par la communauté internationale.

A l'évidence la France cherche à être à l'initiative de la recherche de nouvelles contributions financières internationales. Un rapport a été demandé par le Président de la République, en 2003, à un groupe de travail[50]. Devant les difficultés à mettre en oeuvre une taxation mondiale il est proposé de retenir le principe d'une taxe régionale qui « permettrait, dans un premier temps, de créer une dynamique et d'espérer un effet d'exemplarité et d'entraînement »[51]. De ce point de vue on pourrait imaginer que l'Union européenne crée une contribution spécifique dont le produit serait affecté au développement des pays les plus pauvres. La taxe sur les billets d'avion pourrait être celle-là, d'autant que la Commission européenne en a repris l'idée le 1er septembre 2005. Mais il y a loin de la coupe aux lèvres si l'on songe aux difficultés à faire accepter le principe d'un impôt communautaire[52]. Une autre formule pourrait être, à suivre les propositions du groupe de travail, d'encourager les contributions volontaires qui peuvent prendre la

---

46 Le Monde, 16 septembre 2005.
47 Le Monde, 2 mars 2006.
48 Les tarifs sont les suivants : pour les vols intérieurs ou à destination d'un pays de l'espace économique européen 1 euro en classe économique, 10 euro en classe affaires ; pour les vols internationaux (aller simple) 4 euro en classe économique et 40 euro en classe affaires.
49 Le mensuel du gouvernement, 2006, 1, p.7.
50 LANDAU Jean-Pierre, *Les nouvelles contributions financières internationales*, La documentation française, Coll. « Rapports Officiels », 2004, 146 pages.
51 Idem, p. 69.
52 LAMBERT Thierry, « Le projet d'impôt communautaire : enjeux et débats », *Union européenne : intégration et coopération* (ouvrage collectif), P.U.F., 1995, p.61-84.

forme de contributions additionnelles aux impôts existants ou taxes portant, par exemple, sur les paiements par cartes de crédit[53].

La légitimité de ces prélèvements reposerait en quelque sorte sur des considérations morales de nature à les rendre plus supportables. Il est à craindre que les sommes qui pourraient être ainsi dégagées ne soient pas à la hauteur des financements pour lutter contre la pauvreté dans le monde. Dans le tour d'horizon de l'exploration des diverses formules de taxation internationale, le groupe de travail retient les taxes à vocation environnementale, sans véritablement renouveler la problématique.

Plus originale est la proposition de tarification de certains biens communs de la planète, notamment des détroits car « cette tarification pourrait être établie en référence au gain associé au passage par le détroit par rapport à l'utilisation des routes maritimes alternatives plus longues »[54]. Parmi les multiples propositions formulées il en est une, empreinte d'une utopie sympathique : la taxation des ventes d'armements dont les exportations dans le monde s'élèvent à 50 milliards de dollars par an[55]. Qui peut imaginer que les Etats-Unis, la Grande-Bretagne, La France et la Russie, qui sont les quatre premiers exportateurs d'armements[56], acceptent sans rechigner une proposition de cette nature ?

Quelle que soit la solution retenue, ou envisagée, la création d'une contribution fiscale internationale est un projet ambitieux qui ne peut être mené à bien que par une volonté politique affirmée, dans un consensus qui fait aujourd'hui défaut.

L'impôt sans territoire et sans consentement

Le droit fiscal international repose sur un certain nombre de concepts : la territorialité, la domiciliation, l'établissement stable, l'Etat de la source, l'Etat de résidence, toutes choses aujourd'hui indispensables pour les opérations internationales[57]. Les

---

[53] LANDAU Jean - Pierre, op.cit., p.74 et s.
[54] Idem. p.89.
[55] Idem. p.89.
[56] Le Monde, 22 décembre 2005.
[57] THOMAS Jérôme Nirmal, *Le contrôle fiscal des opérations internationales,* L'Harmattan, Coll. « Finances Publiques », 2004, 395 pages.

conventions fiscales internationales sont les outils privilégiés pour la mise en œuvre de ce droit. Ce sont des traités internationaux ayant essentiellement pour objet l'élimination des doubles impositions internationales et, le plus souvent, le souci de lutter contre l'évasion fiscale internationale[58]. En réalité, « les conventions fiscales ont pour objet de régler les difficultés que le caractère international de certaines situations imposables est de nature à engendrer tant pour les Etats que pour les contribuables »[59]. Tout ceci est loin d'être négligeable dans le contexte actuel, mais parfaitement inadapté à la mise en place d'un impôt mondial.

Passons rapidement sur les difficultés techniques que l'on rencontrera pour faire vivre un impôt à l'échelle de la planète. De multiples problèmes administratifs, juridiques, économiques et sociaux se dresseront comme autant d'obstacles. Loin de nous l'idée d'en sous - estimer l'ampleur et les difficultés à les surmonter. Mais l'essentiel n'est peut-être pas là.

L'impôt mondial serait par nature un impôt qui ne se laisserait pas enfermer dans les limites d'un territoire, ou d'un Etat. Ce serait en outre un impôt pour lequel on a du mal à imaginer la forme du consentement qu'il doit recueillir. Finalement c'est toute la problématique de la souveraineté nationale qui se trouve renouvelée. Avec le consentement à l'impôt tel que nous le connaissons aujourd'hui[60], c'est à la fois la souveraineté de l'Etat et dans l'Etat qui est posée. En effet il appartient à chacun d'entre eux d'élaborer le système fiscal, de le mettre en œuvre, dans le respect des engagements internationaux. La doctrine généralement considère que la souveraineté fiscale, variante de la souveraineté, se définit comme suit : « une entité territoriale déterminée, bénéficiant ou non de la souveraineté politique est réputée jouir de la souveraineté fiscale dès lors qu'elle dispose d'un système fiscal présentant deux caractéristiques essentielles, d'une part une

---

[58] LEVINE Pierre, *La lutte contre l'évasion fiscale de caractère international en l'absence de conventions internationales*, L.G.D.J., Coll. « Bibliothèque de Science Financière », 1988, 480 pages.
[59] JARNEVIC Jean-Pierre, « Conventions fiscales internationales », *Dictionnaire encyclopédique de finances publiques* (ouvrage collectif), Economica, 1991, p.505-508.
[60] BARILARI André, *Le consentement à l'impôt*, Presses de Sciences Po, Coll. « La Bibliothèque du Citoyen », 2000, 146 pages.

autonomie technique, d'autre part une exclusivité d'application dans le territoire en question »[61].

On peut d'ores et déjà constater que la souveraineté fiscale absolue, conçue comme une puissance qui n'est soumise à aucune autre, n'existe ni à l'échelle de la planète où les conventions fiscales internationales règlent les rapports entre les Etats, ni même dans l'Union européenne. En effet, les Etats ont accepté l'idée de faire des abandons partiels de souveraineté vers une entité, l'Union européenne, qui les dépasse. C'est ce qui a permis, par exemple, d'installer depuis le 1er janvier 1993 le mécanisme de la TVA intracommunautaire. On peut dire aussi que la jurisprudence de la Cour de justice des communautés européennes a été un puissant vecteur participant à la construction d'un « ordre fiscal communautaire, c'est-à-dire un système juridique cohérent et autonome comportant des normes fiscales qui s'intègrent dans les ordres juridiques des Etats membres »[62]. La portée de la souveraineté fiscale des Etats membres a souvent été limitée par la Cour de justice des communautés européennes, au nom du respect des traités[63]. Cet abandon, ou transfert, partiel de souveraineté n'est possible qu'en raison de l'application des traités et de présence vigilante d'une juridiction chargée d'en surveiller l'usage. Malgré tout la chose ne se fit pas sans difficultés, même si aujourd'hui elle semble totalement acceptée.

L'expérience communautaire ne manque pas d'intérêt car la mise en œuvre, demain, d'un impôt mondial va heurter les souverainetés. On peut imaginer un abandon au moins partiel de souveraineté à une autorité légitime, qui produirait des textes contraignants à l'égard des Etats. Il est à craindre que la légitimité de cette organisation internationale soit, à cette occasion, fortement discutée, sauf si la décision de créer un impôt mondial est prise non pas par consensus, mais à l'unanimité avec une forte adhésion au

[61] GEST Guy, TIXIER Gilbert, *Droit fiscal international*, P.U.F., Coll. « Droit Fondamental », 2ème édition, 1990, p.15.

[62] MAITROT DE LA MOTTE Alexandre, *Souveraineté fiscale et construction communautaire. Recherche sur les impôts directs*, L.G.D.J., Coll. « Bibliothèque de Science Financière », 2005, p.139.

[63] De ce point de vue l'encadrement des aides fiscales nationales est tout à fait exemplaire cf. LAMBERT Thierry, « Les aides fiscales nationales au sein de l'Union européenne ou la liberté sous surveillance », *Regards croisés sur le système fiscal : Allemagne, France, Italie, Russie* (dir. Marc Leroy), L'Harmattan, Coll. « Finances Publiques », 2005, p.205-224.

projet. Si le texte adopté, ayant pour objet la création d'une contribution mondiale, n'a pas un caractère contraignant, on peut penser que les Etats en acceptent le principe dans le cénacle de l'organisation internationale et en diffèrent, dans la nuit des temps, l'application.

Une autre solution peut être envisagée. Rien n'interdit qu'une organisation internationale, l'ONU par exemple, incite fortement les Etats à mettre en œuvre de nouvelles contributions financières, notamment fiscales, dans le cadre d'un plan pluriannuel les associant à des opérations précises de développement. Dans cette perspective on peut imaginer une contribution fiscale exceptionnelle dont le produit serait affecté, notamment, à la lutte contre le sida. L'inconvénient du dispositif tient au fait que la ressource ne serait pas pérenne. Mais les Etats pourraient tirer profit d'avoir contribué à une action humanitaire planétaire.

Moins ambitieux mais peut-être plus efficace est l'effet boule de neige. Quelques Etats peuvent décider de mettre en place une contribution, dont le produit serait affecté à l'une des grandes causes de l'humanité. Puis on peut compter, ou espérer, une extension du mécanisme au niveau régional. Finalement on peut penser qu'avec le temps, la contribution finira par être reprise par tous les Etats de la planète. C'est semble-t-il l'espoir de ceux qui ont initié la taxe des billets d'avion.

Quelle que soit la méthode suivie nous sommes devant la nécessité d'inventer d'autres formes de consentement à l'impôt.

Conclusion

La mondialisation nous oblige à repenser nos cadres juridiques. Les Etats doivent demeurer et rester les auteurs essentiels de la norme juridique internationale par des négociations bilatérales ou multilatérales. Ce n'est pas toujours le cas. Par exemple on peut considérer, avec d'autres[64], que ce sont les grands cabinets d'audit qui ont réussi à imposer leurs nouvelles normes comptables à l'ensemble de la planète. Aujourd'hui le forum fiscal mondial se

[64] CAPRON Michel (dir.), *Les normes comptables internationales : Instruments du capitalisme financier*, La Découverte, Coll. « Entreprise et Société », 2005, 192 pages.

déroule à l'OCDE, et non à l'ONU, au sein duquel les pays anglo-saxons sont particulièrement influents. Cet aspect institutionnel ne doit pas être négligé d'autant que la mondialisation produit à la fois plus de richesse, mais aussi plus de pauvreté. En matière de contribution fiscale internationale nous n'avons pas de modèle préexistant et sommes contraints d'inventer du neuf. Faut-il laisser aux seules fondations privées, à l'exemple de celle de Bill & Melinda Gates[65], le financement et la réalisation des objectifs mondiaux ?

[65] L'américain Bill GATES qui a décidé de consacrer 95 % de sa fortune à la lutte contre les maladies et l'analphabétisme a eu des prédécesseurs célèbres parmi lesquels John Davidson ROCKEFELLER (1839-1937), Andrew CARNEGIE, industriel américain d'origine écossaise qui au début du XX siècle donna plus de 380 millions de dollars et aida à la création du California Institut of Technology. Créée en janvier 2000, la Fondation Bill & Melinda GATES a pour but d'apporter à la population mondiale des innovations en matière de santé et d'acquisition de connaissances. Songeons qu'il lui a été possible de dépenser 9,26 milliards de dollars pour vacciner 55 millions d'enfants. En 2005, elle a donné 750 millions de dollars à l'Alliance mondiale pour les vaccins, 250 millions à l'Organisation mondiale de la santé, 300 millions pour la recherche contre la malaria...

THE 2005 UPDATE TO THE MODEL TAX CONVENTION

Roberto SUCCIO
Expert-comptable, Professeur associé
Faculté d'économie, Université de Turin

THE PUBLIC DISCUSSION DRAFT : GENERAL SURVEY

The OECD Committee on Fiscal Affairs has a well-established policy of consulting with business and other interested parties. As part of this policy, it has been decided that prior to issuing an update to the Model Tax Convention. All the changes to the Articles and the Commentary that will be included in the update are issued as a draft for a final round of public comments even if they have been previously released in separate reports.

The contents of the 2005 update result primarily from the following previously released documents : "Proposed changes to the Commentary on Article 8": that report was first released for public comments in April 2004.

A few changes were made on the basis of the comments received and the final version of the report was made public on 15 December 2004[66] about taxation of income derived from international transport.

"Cross-border income tax issues arising from employee stock-option plans": the final version of that report, which was approved by the Committee on Fiscal Affairs on 16 June 2004, was made public on 3 September 2004[67]. The final version took into account comments received on two previous drafts of the report which had

---

[66] See http://www.oecd.org/dataoecd/20/53/34083450.doc
[67] See http://www.oecd.org/dataoecd/35/53/33700277.pdf

been made public in March 2002 and July 2003. This text is about taxation of ESOP (Employees stock option plans).

"Proposed changes to the Commentary on Article 5 concerning multiple permanent establishments": a draft version of that report was released for public comments on 12 April 2004[68]. A number of changes were made on the basis of the comments received, which were supportive of the amendments to the Commentary proposed in the draft.

This note includes the final version of the amendments (changes made to the April 2004 draft are underlined in this note). "Changes to Articles 25 and 26 of the Model Tax Convention": the document that includes these changes was approved by the Committee on Fiscal Affairs on 1 June 2004 and made public on 23 July 2004[69].

"Technical issues related to cross-border pensions": a draft version of that report was released for public comments on 14 November 2003[70].

A number of changes were made on the basis of the comments received. In this paper any comments are not included to changes about pensions, whose topic needs a separate explanations.

GENERAL INTRODUCTION : THE ROLE OF OECD MODEL IN INTERNATIONAL TAX LAW

The new model incorporates changes to the model approved by the OECD Council on July 15. The changes were released in draft form on March 15, 2004.

The OECD model is largely based on a web of standards (rather than rules) whose precise meaning is determined ex post on a case-by-case basis. In effect, key rules of the OECD model do not have precise meaning before the taxpayer acts (rules) ; rather, their precise meaning is provided after the taxpayer acts (standards).

---

68 see http://www.oecd.org/dataoecd/34/9/31483903.pdf

69 See http://www.oecd.org/dataoecd/28/4/33614065.pdf

70 See http://www.oecd.org/dataoecd/12/21/34562290.pdf

The central role of the OECD model web of standards is to enforce some structural fictions. Let' s take a look to the main provisions.

CROSS-BORDER INCOME TAX ISSUES ARISING FROM EMPLOYEE STOCK-OPTIONS PLANS

This note deals exclusively with ESOPs and not with other forms of equity-based remuneration such as share grant or share purchase plans, phantom stock plans, share appreciation rights or employee options granted by non-corporate employers (e.g. mutual fund trusts granting options to acquire units of the trust).

The fact that the benefits from an employee stock-option are taxed at different times in different countries is a clear source of difficulties.

Typically, a country may tax the benefits resulting from an employee stock-option plan at one or more of the following events:

- when the option is granted ;
- when the option vests or irrevocably vests ;
- when the option is exercised or otherwise disposed of ;
- when there are no longer any restrictions on the sale of the shares acquired under the option ;

or

- when the shares acquired under the option are sold.

This timing difference may also result in questions as to whether relief should be given at all and if yes, on what income. For instance, if the State of residence does not tax stock-options but considers instead that the whole amount of a gain realised upon the sale of the shares is a capital gain, it may be reluctant to exempt the income taxed in the State of source on a different event (for example: the exercise of the option) or to grant a credit for that tax. Even if the State of residence agrees to give a credit, it will usually restrict the credit to the amount of domestic tax levied on the same income, which would require it to identify the portion of what it views as a capital gain that corresponds to what has been taxed by the State of source.

The Committee agreed that the above allocation method would be the most appropriate one. It therefore decided to add the following paragraph 12.14 to the Commentary on Article 15 :

"12.14 Where, based on the preceding principles, a stock-option is considered to be derived from employment exercised in more than one State, it will be necessary to determine which part of the stock-option benefit is derived from employment exercised in each State for purposes of the application of the Article and of Articles 23A and 23B. In such a case, the employment benefit attributable to the stock-option should be considered to be derived from a particular country in proportion of the number of days during which employment has been exercised in that country to the total number of days during which the employment services from which the stock-option is derived has been exercised. For that purpose, the only days of employment that should be taken into account are those that are relevant for the stock-option plan, e.g. those during which services are rendered to the same employer or to other employers the employment by whom would be taken into account to satisfy a period of employment required to acquire the right to exercise the option".

As we see, this splitting criteria is not complete ; what about a worker whose services have been rendered to different companies of the same group ? No specification criteria is added, on the topic.

PERMANENT ESTABLISHMENT : THE CONCEPT…

The OECD has intended to release an important discussion draft on the attribution of profits to permanent establishments (thereinafter : PE).

First, <u>the digital economy phenomena</u> has resulted in commenters and countries asking whether current treaty rules are still appropriate, given that PEs were designed in the 19th century, he said.

The OECD has provided a forum for government officials of OECD member countries and nonmember countries, and business representatives, to discuss whether the current rules are "outdated or need to be supplemented or replaced".

The other aspect of PEs, is to clarify "what the concepts are about." That involves establishing the nexus for taxing business profits and determining how much of the profits should be attributed to a particular country once it has been determined there is a sufficient nexus to justify income taxation.

On the other hand, every different kind of business activity could have a different treatment of its own PE. When taxing nonresident enterprises, there must be some threshold for a source country to have the right to tax the profits of a nonresident enterprise. The first question is whether the source country has a taxing right that is analyzed in terms of the PE threshold.

There are two forms of PE threshold : a fixed place or a dependent agent.

Surely, the PE concept is "in crisis," as shown by the OECD's decision to ratchet down the period for which a construction site cannot be a PE from one year to six months. Despite that act of desperation, the concept of PE is not going to be saved by temporal notions, in his view. The PE is enjoying the protections of the host country, no matter what, and taking advantage of the local market. It is unreasonable, therefore, for its owners to expect to pay no tax to the host country.

The E-commerce is exacerbating the problem. Reuven Avi-Yonah of the University of Michigan Law School and Dale Pinto of Curtin University in Australia didn' t turn around the bush : they argued that the PE concept is obsolete (see their intervention in As the discussions at the September 12-16 International Fiscal Association World Congress in Buenos Aires) because of its reliance on physical presence. The pair suggested that economic activity in the source country provide the nexus for taxation.

Source countries, Pinto noted, provide the profits, as the business benefits from the legal system, economic climate, and infrastructure even when there is no PE. The view that companies should pay for government benefits was seconded by Ian Roxan of the London School of Economics, who added that social and indirect benefits should also be added to the mix.

Now that the definition of a permanent establishment ("PE") has been cleared, at least with respect to the application of the existing rules, the focus turns to : what profits can be attributed to e-commerce activities?

...AND THE APPLICATION IN ELECTRONIC COMMERCE

The allocation of the taxing rights between the jurisdiction of the enterprise and the jurisdiction of the permanent establishment are determined under article 7 of the OECD Model Tax Convention.

Article 7 of the OECD also covers various provisions and its application of a PE carrying on retail e-commerce activities ("e-tailing"). Thus, according to the recent discussions under article 7 of the OECD, the necessary steps were illustrated that are required to attribute profit to a permanent establishment, in the context of a specific example of an enterprise that was distributing products over the internet through a web site which was hosted on a server that was situated in a permanent establishment in another country.

In those discussions, four different variations of the example were developed and analyzed. The first variation was based on an extreme case of a stand-alone computer server that would be performing on automated functions (in particular, online processing of transactions and transmission of digitized products) without having any personnel in the permanent establishment. The second variation considered a situation where multiple servers performing identical tasks. The third variation assumed the presence of personnel in the permanent establishment to provide online services and maintain the server. The fourth and final variation assumed that the development of the hardware and software that was used by the permanent establishment was entirely performed in the permanent establishment. The report also provided an analysis of the likely outcome of the application of the arm's length principle to the four examples and identified some issues arising under the current interpretation of article 7 that may prevent, in some circumstances, a profit attribution to the permanent establishment that is fully consistent with the arm's length principle.

Therefore, based on the analysis under each scenario stated above, the OECD report encapsulated that "under the arm's length principle, the amount of profit to be attributed to the permanent establishment will be related to the nature of the functions that it performs (taking into account the assets used and risks assumed). Given the importance of intangible assets in the earning of profits from e-commerce activities, it is also be essential to determine which part of the enterprise economically "owns" or has created the intangible assets used by the permanent establishment. In the context of the stand-alone computer server (and the multiple server variation), the functional and factual analysis is likely to show that the permanent establishment is performing only routine functions and is reliant on other parts of the enterprise to provide the intangible assets necessary for it to perform most, if not all, of those functions. Accordingly, the activities of the permanent establishment are very unlikely to warrant it being attributed with a substantial share of the profit associated with the distribution activities of the enterprise conducted through the server. Further, it is suggested that the nature of this type of server-permanent establishment, especially its lack of personnel, is likely to mean that tasks performed by the server would likely be conducted under a "contract service provider" arrangement that would leave all substantial assets and risks with the head office and attribute to the permanent establishment the profits associated with the physical operation of the computer server.

About the profit attributable to the Permanent Establishment where personnel are present, and according to the discussion under article 7 of OECD, "where personnel are present in the permanent establishment to perform maintenance and online services tasks, the quantum of the profit attributable to the permanent establishment would be commensurate with what independent service providers would be expected to earn in a similar situation".

But what is the attribution of profit to the permanent establishment under the last variation (in-house development of server and web site) which was examined under article 7 of OECD?

Per the analysis discussion under Article 7, the "last variation (in-house development of server and web site) is likely to produce a more substantial attribution of profit to the permanent establishment, as it assumes sufficient development risks to be considered as the economic owner of the intangible property developed to operate the server and the web site and, therefore, is entitled to the profit associated with the exploitation of such property".

Making a comparison between the UN Model Convention and the OECD Model Tax Convention, with respect to the attribution of profit to a permanent establishment, let' s notice that generally, a number of bilateral tax treaties adopt features of the UN Model Convention.

Article 7 of the UN Model Convention, generally does follow the principles of the corresponding article of the OECD Model Tax Convention with respect to the attribution of profit to a permanent establishment. However, there are some disparities between the two models.

The main disparity between the two models is that the UN Model extends source country taxing rights beyond the strict attribution of profit to a permanent establishment and grants a host country the right to tax profits which are attributable to sales made by the non-resident enterprise in the country's territory "of goods or merchandise of the same or similar kind as those sold through that permanent establishment". This is the so-called "limited force of attraction" principle.

Attribution of profits to a PE is nowadays one of the most difficult, and complex issues in international business taxation. Although, based on the current analysis and findings we can assume that the arm's length principle is the most appropriate principle to apply when attributing profit to a permanent establishment in the contexts of both electronic and traditional commerce. However, the OECD still welcomes the input from the business community provided to date and looks forward to continue communication, since such communication is an essential element of the process needed in order to reach the common goal of both Governments and corporations. Further, the intention of OECD is to hear comments and suggestions as to how to attribute profit to a permanent establishment in an e-commerce context, because this can assist in the ultimate development of an internationally agreed consensus on the interpretation and application of article 7 amongst business, OECD Member and non-member Governments.

In order to examine the issues covering the attribution of profit to a permanent establishment which involves electronic commerce activities, a detailed analysis of the steps are necessary to attribute, in accordance with the arm's length principle, profit to a permanent establishment that would be considered to exist under article 5 of the OECD Model Tax Convention as a result of the use by an enterprise of a stand-alone computer server in a foreign jurisdiction in the course of processing online retail transactions.

The assumption that the operation of a computer server by an enterprise in a country can give rise to a permanent establishment in that country is based on the conclusions reached by Working Party No. 1 on Tax Conventions and Related Questions, particularly, on the recently released additions which have proposed to the Commentary to the Model Tax Convention.

Recently most of the attention was focused on the question of in what circumstances do electronic commerce activities, especially the operation of a server in a particular jurisdiction, lead to the recognition of the existence of permanent establishment in that jurisdiction under Article 5 of the OECD Model Tax Convention. The Committee on Fiscal Affairs which has published a Report adding to the existing Model Commentary on Article 5 and will be incorporated in the next update of the Model Tax Convention, clarified that the application of the existing rules and provisions of the Article with respect to activities of web sites and operation of servers does create a permanent establishment.

Changes to the Commentary on the Model Tax Convention on Article 5 and redefining Permanent Establishment

The OECD's final draft changes to the commentary of Article 5 have answered many questions relating to the treatment of e-commerce and taxation. Explanations have been provided to give more guidance as to what types of activities will constitute a permanent establishment and the general exceptions.

Before examining the changes to the commentary, a review of the legal questions may prove useful in focusing the discussion :

- Whether a web site alone may constitute a permanent establishment ?

- Whether a business entity can be found to have a permanent establishment even in the absence of any personnel within that country ?

- Whether the previous 'preparatory or auxiliary' exception to permanent establishment apply to transactions in e-commerce, and if so, under what circumstances are the activities considered to be of a preparatory or auxiliary nature ?

Let' s see the possible answers one by one.

Whether a web site alone can constitute a permanent establishment?

Paragraph 42.2 of the new commentary begins by distinguishing between the use of computer equipment and the software that is used by, or stored on, that equipment. This distinction is important in that it recognizes the traditional notion of a fixed place of business. An example is given to demonstrate that a web site alone does not constitute a fixed place of business.

An Internet web site, which is a combination of software and electronic data, does not in itself constitute tangible property. It therefore does not have a location that can constitute a 'place of business' as there is no 'facility such as premises or, in certain instances, machinery or equipment' as far as the software and data constituting that web site is concerned".

Thus, in addition to the text of article 5 stating that a permanent establishment "means a fixed place of business through which the business of an enterprise is wholly or partly carried on," the commentary supports the conclusion that a web site alone is not sufficient to constitute a permanent establishment.

The second half of the distinction, relating to the computer equipment, recognizes that the servers on which the web sites are hosted may constitute a permanent establishment. The commentary explains that the server, unlike the web site, is "a piece of equipment having physical location and such location may thus constitute a 'fixed place of business' of the enterprise that operates that server".

In sum, the first step in determining whether there is a permanent establishment is distinguishing the software used to operate the web site from the actual computer equipment.

Computer equipment may give rise to a permanent establishment unlike computer software, tangible equipment may give rise to a permanent establishment.

Paragraph 42.3 of the commentary states that if the enterprise carrying on business through a web site has the server at its own disposal, for example, it owns (or leases) and operates the server on which the web site is stored and used, the place where the server is located could constitute a permanent establishment of the enterprise if the other requirements of the Article are met.

The 'other requirements' referred to in the commentary are (i) a fixed place of business (ii) through which the business of an enterprise is wholly or partly carried on.

Fixed Place.

Paragraph 42.4 elaborates on what constitutes a fixed place in regards to computer equipment. To determine if the computer equipment, i.e., a server, is fixed, it is not important whether the server can be moved, but rather if it is in fact moved. In order to constitute a fixed place of business, a server will need to be located at a certain place for a sufficient period of time so as to become fixed within the meaning of paragraph 1. However, the commentary does not provide any guidelines for what equals a sufficient period of time. This requirement will most likely be made on a case-by-case basis considering the facts and nature of the business.

Wholly or partly carried on.

Paragraph 42.5 states clearly that the question of whether an enterprise is wholly or party carried on at the fixed place of business needs to be determined on a case-by-case basis giving due regard to whether the enterprise has facilities at its disposal where it performs functions of the business. This approach shows how tricky is the question: to be or not to be a PE?

Whether a business entity can be found to have a permanent establishment even in the absence of any personnel within that country ?

A permanent establishment may exist even in the absence of any human personnel at the 'fixed' location. Paragraph 42.6 states ; "the presence of personnel is not necessary to consider that an enterprise wholly or partly carries on its business at a location when no personnel are in fact required to carry on business activity at that location".

The commentary further explains that this conclusion applies likewise to e-commerce as it does to other activities where automatic equipment is used.

Under the previous commentary, it was strongly argued that only the presence of human personnel could give rise to a permanent establishment. This argument was based primarily on a literal reading of the previous commentary using the words "persons" to describe when a permanent establishment would arise.

Whether the previous 'preparatory or auxiliary' exception to permanent establishment apply to transactions in e-commerce, and if so, under what circumstances are the activities considered to be of a preparatory or auxiliary nature ?

Generally, certain activities that are considered to be of an auxiliary or preparatory nature do not give rise to a permanent establishment. The point at which activity crosses the line from auxiliary or preparatory to core functions of the business is made on a case-by-case basis.

The commentary provides some examples of activity generally considered preparatory or auxiliary in nature :

- providing a communications link - much like a telephone line - between suppliers and customers ;
- advertising of goods or services ;

- relaying information through a mirror server for security and efficiency purposes ;
- gathering market data for the enterprise ;
- supplying information.

This list is not controlling, but it does provide examples by which courts may make comparisons. The auxiliary and preparatory exceptions do not, however, apply where the activity represents a core function, an essential profile of the business operation. However, careful analysis should be given to a situation where some core functions are performed in addition to functions that are considered to be auxiliary or preparatory. In this case, the core functions, performed on the equipment, may give rise to a permanent establishment but only if the equipment constitutes a fixed place of business.

The determination of what constitutes core functions for a particular enterprise clearly depends on the nature of the business carried on by that enterprise. A distinction should be made between the core functions of an enterprise and functions that are incidental to the core functions. An example provided by the commentary is an ISP whose business purpose is to provide computer servers to host web sites. In this example, the ISP's main purpose is to rent the computer servers and thus the servers represent a core business function. In most cases, the computer servers are located at a fixed place and therefore constitute a permanent establishment.

In contrast to the above example, the hypothetical nonresident alien engaged in the sale of goods over the Internet is not in the business of operating servers and he mere fact that it may do so at a given location is not enough to conclude that activities performed at that location are more than preparatory and auxiliary. In other words, the nonresident alien who uses computer servers to effectuate the operation of a web site does not have a permanent establishment by virtue of his use of the computer servers. In this case, a court must examine the types of activities performed to determine if they are preparatory or auxiliary to the business of selling goods.

A typical case-by-case approach to the problem. If it is the case that the hypothetical seller of goods owns or leases the computer server, a permanent establishment will arise only if the functions performed on the server transcend the bounds of auxiliary or preparatory activities. For example, if the seller owns or leases a computer server hosting a web site used for advertising or catalogue display, then the activity is considered to be auxiliary or preparatory in nature even though the seller may have a fixed place of business through the server.

Where the seller performs core functions of his business via the web site located on his server (either owned or operated), then the activity is removed from the auxiliary or preparatory exception and becomes a permanent establishment. If, in the hypothetical, the business performs functions, related to the sale that are typically, performed at that location (for example, the conclusion of the contract with the customer, the processing of the payment and the delivery of the products are performed automatically through the equipment located there), these activities cannot be considered to be merely preparatory or auxiliary.

This situation could easily arise where a seller uses what is often referred to as "intelligent" software that is capable of processing requests, sales and concluding contracts online.

In the event of a nonresident alien or foreign corporation using so called intelligent software capable of concluding contracts, he must still meet the other requirement of a fixed place of business in order to have a permanent establishment. If the seller has a server at a fixed location that performs core business functions like concluding sales contracts, then he will be deemed to have a permanent establishment in the U.S. The seller's income that is attributable to the permanent establishment is therefore taxable by the U.S. pursuant to Article 7 of the Model Tax Treaty.

Whether an agreement between a business entity and an ISP gives rise to a permanent establishment by virtue of the agency relationship ?

As a general rule, the agreements between Internet service providers and businesses or individuals for the use of space on the server will not give rise to a permanent establishment. The reason for this is that an ISP lacks authority to conclude contracts in the name of the business renting space from the ISP. Alternatively, an ISP will not give rise to a permanent establishment because an ISP is ordinarily acting as an independent agent in the ordinary course of its business.

An additional question that can be asked is whether the web site itself can be considered an agent of the business and therefore constitute a permanent establishment? Paragraph 42.10 of the new commentary answers this question in the negative.

A closer look at both Articles 3 and 5 will lead to the conclusion that a web site cannot be considered an agent of the business. Article 5, paragraph 5 uses the word "person" to describe how an agency relationship may give rise to a permanent establishment. Article 3 provides a general definition of the word "person" as "an individual, an estate, a trust, a partnership, a company, and any other body of persons." Because a web site does not fit into any of these categories, it would not be considered an agent of the business. In the absence of an agency relationship, the web site would not give rise to a permanent establishment.

MANAGEMENT FEES AD ADMINISTRATIVE COSTS IN A TRANSFERT PRICING PERSPECTIVE

One of the main question discussed in international tax law, is about the expense allocation problem, in group taxation. Some of the most difficult issues affecting the potential deferral of cross-border services income arise when a foreign person uses another person's services to conduct business. The attribution of an agent's activities to its principal can change the analysis of the taxation of cross-border services.

Certainly permitting subsidiaries and permanent establishments to deduct administrative costs avoids double taxation. But everybody is supposed to worry that the ultimate aim of the OECD project on attribution of profits to PEs might be to push deduction of administrative expenses back to the country of the parent on the grounds that they are headquarters expenses for stewardship. The result might be that those costs are not deductible anywhere.

According to some authors, in international tax law there is no difference between a PE and a subsidiary, so they should not be treated differently.

In North America, in almost all cases, transfer pricing legislation in Canada and the United States, as well as the OECD guidelines, use the term "intra-group services" to describe services rendered for the benefit of a subsidiary(s) within a multinational enterprise (MNE) group by either the parent company or another subsidiary within the group. The OECD guidelines state that "[n]early every MNE group must arrange for a wide scope of services to be available to its members, in particular administrative, technical, financial and commercial services. Such services may include management, coordination and control functions for the whole group".

The whole of chapter 7 of the OECD guidelines is dedicated to the transfer pricing of intra-group services. The OECD guidelines essentially delineate two possible options for the provision of services between related parties, as follows :

- Intra-group services are performed by one member of a group to meet an identified need of one or more specific members of the group.
- An associated enterprise undertakes activities that relate to more than one member of the group that may involve shareholder activities, or centralized services performed on behalf of all members of the group.

According to the OECD guidelines, the first type of transaction is more direct and, hence, easier to identify and evaluate. The main controversies arise when dealing with the second type of transaction.

Broadly speaking, the OECD guidelines outline two main issues that need to be addressed when evaluating intra-group services in the context of transfer pricing as follows : One issue is whether intra-group services have in fact been provided (that is, justifying the existence of an intra-group service); and the other issue is what the intra-group charge for such services for tax purposes should be in accordance with the arm's-length principle. First, to determine whether those intra-group services have been rendered, all relevant intra-group transactions must be aggregated and then segregated to identify and incorporate relevant intra-group services that have been rendered. Then, the services must be evaluated on the basis of whether they provide a respective group member with economic or commercial value to enhance its commercial position in the market that it operates.

The OECD guidelines also stipulate the requirements to prove that an intra-group service abides by the arm's-length principle; that is, the test for "willingness to pay" for an activity vis-a-vis performing it in-house by an independent enterprise. In other words, if the activity is not one for which the independent enterprise would have been willing to pay or perform for itself, the activity ordinarily should not be considered as an intra- group service under the arm's-length principle.

This determination of whether an intra-group service has been rendered also validates it as a "chargeable service" for which the relevant management, administrative, or other fees can be charged.

The OECD guidelines also identify shareholder- related services and duplicate services as nonbeneficial activities for the recipient entity. Therefore, those activities cannot be considered chargeable intra-group services. To summarize, the OECD guidelines state that once it has been determined that an intra-group service has been rendered by a related party, it is necessary to determine whether the amount of the charge, if any, is in accordance with the arm's length principle.

In other words, the relevant considerations include the value of the service to the recipient and how much a comparable independent enterprise would be prepared to pay for that service in comparable circumstances, as well as the costs to the service provider.

The OECD guidelines also indicate that the transfer pricing methods to be used to determine an arm's-length transfer price for intra-group services include the comparable uncontrolled price (CUP) method and the cost plus method.

The CUP method is usually applied when there is a comparable service provided between independent enterprises in the recipient's market, or by the associated enterprise providing the services to an independent enterprise in comparable circumstances.

The cost plus method is applied in the absence of a CUP where the nature of the activities involved, assets used, and risks assumed are comparable to those undertaken by independent enterprises.

In conclusion, services that are performed by one member of a controlled group either for the joint benefit of the group or exclusively for another member must be charged at arm's length per the OECD guidelines.

This topic should be considered more by Tax Administrations, whose power to audit is not easy to perform, but surely it deserves further attention in an economic perspective.

Transfert Pricing : the imputation of charge in ESOPs

The discussion draft, before the updates mentioned above, has been investigating when it is appropriate to impute a transfer pricing charge between a multinational and a subsidiary when the multinational provides stock options to employees of the subsidiary.

The benefits for managers, and the tax avoidance profiles, are quite evident. The impact of stock options on transfer pricing methods, including cost plus methods for service businesses when most of the costs are employees' wages, is to be considered.

Regarding comparables, the question is what should be the transfer pricing treatment when three multinationals issue stock options, but because of different accounting treatment, one of the multinationals treats the options as an expense on its accounts, and the other two don't. The discussion draft has discussed how stock options affect cost contribution arrangements.

The "key" issue regarding profit methods is comparability, which is the "foundation" of the arm's- length principle. Given the integration of business functions, however, it is "harder and harder" to find these comparables, he said, so do we say comparability is not so important or do we say that it remains the "bedrock" of the arm's-length principle.

The OECD has decided -in the paper mentioned above- that looking at comparability for "all transfer pricing methods" and not just for "profit methods" is a priority for its project on profit methods. The OECD has received some "thought provoking" comments from the business community on this issue.

The OECD is attempting to apply transfer pricing principles to permanent establishments, but the PE is a "difficult concept," as we have just said. The OECD has a lot of experience allocating profits within a multinational enterprise group under article 9 of the OECD model income tax treaty, which incorporates the arm's-length principle: and under the Model treaty, a PE is treated as if it is a separate enterprise. The arm's- length principle is applied to dealings between the fictional enterprise and the other parts of the enterprise of which it is a part.

The tricky step is deciding what the PE should look like; to do that, the OECD has applied transfer pricing principles, particularly the concepts of functional analysis. It is the risks that direct where profit is attributed under the arm's-length principle. The current PE rules aren't very clear; for example, they don't deal with how to attribute the capital of a bank, on which the current model commentary is "silent.", and is very difficult to find further details in official documents.

Although it may be possible to argue that arm's length pricing is optimal (or at least workable) for traditional multinational entities, multinational banks are an exception. This is because of their unique nature, derived from both the kinds of services provided (and consequent financial products) and their organizational structure. Simply put, there are no comparable arm's length prices for the transactions of multinational banks. Everything a multinational bank does is unique to that bank, which means that it is impossible to find separate unrelated taxpayers entering into similar transactions. For example, it is not possible to enter the unrelated local bank to find a comparable price. Further contributing to the problem is that none of the other indirect ways of calculating comparable or arm's length prices works for multinational banks because they are such unique entities.

On the topic, the updates are not specific even if this could be a good opportunity to make proposals or to give suggestions.

EXCHANGE OF INFORMATIONS

Under revised paragraph 1 of article 26, the competent authorities must exchange information that is "foreseeably relevant" to carrying out the provisions of the treaty or domestic law. "Foreseeably relevant", in the update version, replaces "necessary" as the determining criterion for exchanging tax information. The OECD, however, states in its commentary to article 26 that the change in wording relates not to substance, but to "achiev[ing] consistency" with the OECD Model Agreement on Exchange of Information on Tax Matters.

The commentary warns against "fishing expeditions" by tax authorities. The new commentary includes a VAT example. State A wishes to verify VAT input tax credits claimed by a company situated in its territory for services performed by a company resident in state B. Under paragraph 1, state A may request from state B confirmation that the cost of services was properly entered into the books and records of the company in state B.

New paragraph 4 of article 26 provides that a treaty partner must use its information-gathering measures to obtain requested information even though the treaty partner may not need the information for its own tax purposes. The new paragraph brings a concept into paragraph 4 that was previously found in the commentary.

New paragraph 5 provides that a treaty partner may not decline to supply tax information solely because the information is held by a financial institution, fiduciary, or because the information relates to ownership interests. The OECD says the new paragraph was added to the treaty to reflect the current practices of most OECD members.

The new model includes important changes regarding:
- the tax treatment of activities related to international shipping and air transport ;

- cross-border income tax issues arising from employee stock option plans ;
- tax issues arising from cross-border pensions ;
- the issue of multiple permanent establishments.

The new model also includes changes made by a number of OECD members and nonmembers to their observations, reservations, or positions on the model. Serbia's and Montenegro's positions on the model have been added to the commentary.

Improving Access to Bank Information for Tax Purposes : the 2003 Progress Report and the OECD strategy in comparison with the Russian context

In April 2000, the Committee on Fiscal Affairs published a report, Improving Access to Bank Information for Tax Purposes (hereafter the 2000 Bank Report). The Committee on Fiscal Affairs has monitored closely progress made in the implementation of the 2000 Bank Report and has undertaken a formal comprehensive review in 2003 of the steps taken by member countries. This report describes progress made with respect to all of the measures set out in the 2000 Bank Report and identifies areas where progress still needs to be made.

One of the important achievements of the 2000 Bank Report was to set out an ideal standard of access to bank information, namely, that "all Member countries should permit access to bank information, directly or indirectly, for all tax purposes so that tax authorities can fully discharge their revenue raising responsibilities and engage in effective exchange of information with their treaty partners".

The 2000 Bank Report and the measures identified therein were addressed not only to member countries but also to non-OECD economies (NOEs). The Committee's objective was to encourage better access to banking information for all tax authorities. Considerable progress has been made in this respect. The OECD has held several seminars on exchange of information and access to bank information since the publication of the 2000 Bank Report: in Brazil (attended by 11 NOES and jointly organised with the Inter-American Center of Tax Administrations (CIAT), in China and in

Budapest (attended by 14 NOEs) in 2001, and in Chonan (Korea) in November 2002. Others are scheduled in Russia and Africa.

These topics were also discussed at the Conference on Counteracting Capital Flight organised in Russia in 2000.

Under Russian law, the Ministry of Taxation only has access to business bank accounts and the Federal Tax Police has access to both business accounts and personal accounts if there is a suspicion of tax crime in Russia. The Ministry of Taxation has however reported that the Federal Tax Police was dissolved by the President on 11 March 2003.

In Russia there is an automatic reporting by financial institutions to the tax administration of transactions by physical persons equal to or higher than US$10,000. It is possible to open numbered accounts in Russia but the account holder must provide his identity and TIN number to the bank. Russia can provide bank information to satisfy a request from a tax treaty partner. The Russian Model Agreement on Cooperation and Mutual Assistance specifically requires exchange of bank information. The idea of a tax amnesty to repatriate Russian capital invested abroad has also become very popular, like in Italy, with ministers and the president making proposals for the creation of favourable conditions for the return of capital.

Debates on the repatriation of capital through a tax amnesty have been held in Russia for many years now, but until recently, they were mostly of a hypothetical nature. Things are beginning to change since the International Bank for Reconstruction and Development in Moscow published a report on the situation of the Russian economy where it is said that Russian GDP growth is directly linked to the repatriation of fugitive capital.

A joint OECD/IOTA4 roundtable on Access to Financial Information was held in Budapest in April 2002 with representatives of both tax and financial authorities and private sector banking representatives from OECD and IOTA countries to develop a better understanding between financial and tax experts on the information needs of tax authorities and the confidentiality needs of the banking sector. Prior to the meeting, participants were asked to complete a questionnaire on their access to bank information based on the questionnaire used by the OECD in preparation of the 2000 Bank Report. Albania, Bulgaria, Croatia, Latvia, Macedonia, Moldova, Estonia, Romania and Slovenia have indicated that they can obtain bank information to satisfy a request for information from a tax treaty partner.

The meeting was used to encourage countries to review their current laws and practices on access to bank information for tax purposes with a view to allowing access for both civil and criminal tax purposes.

THE NEX ART. 27 OF OECD MODEL ABOUT COLLECTING TAXES

This article provides new rules under which Contracting States may agree to provide each other assistance in the collection of taxes. The safety of Budget laws and tax system is strictly connected to the topic. In some States, national law or policy may prevent this form of assistance or set limitations to it.

Also, in some cases, administrative considerations may not justify providing assistance in the collection of taxes to another State or may similarly limit it. During the negotiations, each Contracting State will therefore need to decide whether and to what extent assistance should be given to the other State based on various factors, including :

- the stance taken in national law to providing assistance in the collection of other States' taxes;
- whether and to what extent the tax systems, tax administrations and legal standards of the two States are similar, particularly as concerns the protection of fundamental taxpayers' rights (e.g. timely and adequate notice of claims against the taxpayer, the right to confidentiality of taxpayer information, the right to appeal, the right to be heard and present argument and evidence, the right to be assisted by a counsel of the taxpayer's choice, the right to a fair trial, etc.) ;
- whether assistance in the collection of taxes will provide balanced and reciprocal benefits to both States;
-vwhether each State's tax administration will be able to effectively provide such assistance;

- whether trade and investment flows between the two States are sufficient to justify this form of assistance;
- whether for constitutional or other reasons the taxes to which the Article applies should be limited.

The article should only be included in the Convention where each State concludes that, based on these factors, they can agree to provide assistance in the collection of taxes levied by the other State. The article provides for comprehensive collection assistance.

Some states may prefer to provide a more limited type of collection assistance. This may be the only form of collection assistance that they are generally able to provide or that they may agree to in a particular convention. For instance, a State may want to limit assistance to cases where the benefits of the Convention (e.g. a reduction of taxes in the State where income such as interest arises) have been claimed by persons not entitled to them.

Throughout the Commentary on Article 27, the State making a request for assistance is referred to as the "requesting State" whilst the State from which assistance is requested is referred to as the "requested State".

Paragraph 1 contains the principle that a Contracting State is obliged to assist the other State in the collection of taxes owed to it, provided that the conditions of the Article are met. Paragraphs 3 and 4 provide the two forms that this assistance will take.

The agreement should also deal with the issue of the costs that will be incurred by the requested State in satisfying a request made under paragraph 3 or 4. In general, the costs of collecting a revenue claim are charged to the debtor but it is necessary to determine which State will bear costs that cannot be recovered from that person. The usual practice, in this respect, is to provide that in the absence of an agreement specific to a particular case, ordinary costs incurred by a State in providing assistance to the other State will not be reimbursed by that other State. Ordinary costs are those directly and normally related to the collection, the same costs that are expected in normal domestic collection proceedings, as it happens.

Paragraph 2 defines the term "revenue claim" for purposes of the Article. The definition is a general statement : it applies to any amount owed in respect of all taxes that are imposed on behalf of the Contracting States, or of their political subdivisions or local authorities, but only insofar as the imposition of such taxes is not contrary to the Convention or other instrument in force between the Contracting States. It also applies to the interest, administrative penalties and costs of collection or conservancy that are related to such an amount.

Paragraph 3 stipulates the conditions under which a request for assistance in collection can be made.

Paragraph 5 first provides that the time-limits of the requested State, i.e. time limitations beyond which a revenue claim cannot be enforced or collected, shall not apply to a revenue claim in respect of which the other State has made a request under paragraph 3, or 4.

Paragraph 6 ensures that any legal or administrative objection concerning the existence, validity or the amount of a revenue claim of the requesting State shall not be dealt with by the requested State's courts and administrative bodies. Thus, no legal or administrative proceedings, such as a request for judicial review, shall be undertaken in the requested State with respect to these matters.

CONCLUSION

The updates are still a work in progress, and like for the weather in New England, U.S, we can only say “wait and see”. About exchange of informations, ideally, all Member countries should permit tax authorities to have access to bank information, directly or indirectly, for all tax purposes so that tax authorities can fully discharge their revenue raising responsibilities and engage in effective exchange of information.

Some countries would need to undertake more substantial revisions to their laws or practices than others to achieve this level of access. As a result, incremental steps towards that goal may need to be taken by such countries. Switzerland has a reservation to article 26 of the OECD Model Tax Convention but, in the context of re-examining its policies as foreseen in paragraph 21, Switzerland would consider excluding from the application of the reservation the measures referred to in subparagraphs 21 a), b) and c).A conclusive word about the new version of the concept of PE. The OECD still welcomes the input from the business community provided to date and looks forward to continue communication, since such communication is an essential element of the process needed in order to reach the common goal of both governments and business. Further, the intention of OECD is to hear comments and suggestions as to how to attribute profit to a permanent establishment in an e-commerce context, because this can assist in the ultimate development of an internationally agreed consensus on the interpretation and application of Article 7 amongst business, OECD Member and non-member Governments.

BIBLIOGRAPHY

BARTLETT D. CLELAND, "Itaa Expresses Concern over Proposed Changes to OECD Model Treatyn", Release Date : February 24, 2004, Doc 2004-4390,6 original pages, in www.lexisnexis.com/lawschool.com, or 2004 TNT 42-23 : the author, member of the Information Technology Association of America, in a letter to Treasury, has expressed concerns over proposed changes to the definition of a permanent establishment in the OECD model treaty.

BELL, KEVIN A., "OECD to Roll Out Discussion Drafts on Permanent Establishment, Transfert Pricing", 101 Tax Notes 704, Release Date : November 05, 2003, Doc 2003-23843 in www.lexisnexis.com/lawschool.com, (2 original pages).

NETRAM CHRISTOPHER M., U.S., "OECD Officials Consider Dispute Resolution Techniques", Section 482-Transfer Pricing, Release Date : January 18, 2005, Doc 2005-1088, in www.lexisnexis.com/lawschool.com, see also in 106 Tax Notes 419.

L'HARMONISATION DES NORMES INTERNATIONALES DE COMPTABILITE AVEC LE SYSTEME FISCAL EN RUSSIE

Ludmila POPOVA
Professeur
Irina MASLOVA
Professeur
Boris MASLOV
Maître de conférences
Université Technique d'Etat d'Orel

(Traduction d'Alexandre OVCHYNNYKOV)

Les derniers changements politiques et économiques en Russie sont marqués par la transition du système d'économie planifiée vers l'économie de marché. Ce processus est à mettre en perspective avec la mondialisation du marché qui manifeste aujourd'hui la tendance à l'harmonisation et la standardisation de la comptabilité. Ainsi les normes internationales de comptabilité jouent un rôle croissant.

L'application de normes comptables est un processus qui pose beaucoup de problèmes. Le problème essentiel a sa source dans les principes qui régissent l'organisation de la comptabilité au sein d'une entreprise. Par conséquent le comptable doit organiser le processus d'établissement des comptes en conformité avec les principes établis. Cela dépend d'un côté de la qualification professionnelle et, de l'autre côté, de la volonté du gestionnaire de l'entreprise de rendre sa comptabilité transparente et sincère.

La différence essentielle de la comptabilité russe par rapport au système international s'explique par nos traditions d'économie d'administration qui privilégient le calcul de l'assiette des prélèvements (valeur des fonds propres, montant du bénéfice). Les normes internationales sont orientées vers l'information du marché et des investisseurs soucieux d'investir dans des entreprises. Nous voyons ici le problème de l'incompatibilité de la comptabilité russe avec les normes internationales. Autrement dit, si les autres pays discutent de la question du perfectionnement de l'information utilisée dans les conditions de l'économie de marché, en Russie, il est nécessaire de créer un nouveau système qui réponde aux besoins de marché.

Ni les entreprises ni le législateur ne sont disposés dans la Russie d'aujourd'hui à opérer cette transition vers les standards internationaux. Le Programme de la Réforme de la comptabilité contient les normes nationales, mais celles-ci se différencient beaucoup des normes internationales. D'après la « Conception du développement de la comptabilité en Fédération de Russie à moyen terme » (Instruction du Ministère des finances n°180 du 1er juillet 2004), il est obligatoire d'utiliser les normes internationales pour la comptabilité consolidée. Pour tous les autres cas, ce sont les normes nationales qui sont à utiliser. Seules les banques, depuis 2004, ont commencé à travailler d'après les normes internationales.

La question reste ouverte quant aux conséquences fiscales de la mise en œuvre des normes internationales par rapport à l'intérêt national comme la souveraineté fiscale de la Russie. Le respect de ce principe est assuré par le caractère national de la législation fiscale tandis que les règles de comptabilité acquièrent le statut supranational.

Dans les cas où le calcul de l'impôt est lié aux données de la comptabilité, la mise en œuvre des normes internationales influe sur la levée d'impôt. C'est pourquoi certains pays séparent la déclaration fiscale de la comptabilité.

Les problèmes complexes de la diffusion des normes internationales relèvent de deux types de corrélations entre les comptes fiscaux et la comptabilité. Les pays de droit codifié ont un haut niveau de corrélation et les pays de droit coutumier ont un bas niveau de corrélation (tableau 1).

Tableau 1. La corrélation des déclarations fiscales avec la comptabilité dans les pays étrangers

Niveau de corrélation	Contenu	Qualités (+) et défauts (-)	Pays
Haut niveau: droit codifié	Les règles de comptabilité ont le caractère de prescriptions légales. La comptabilité est destinée pour l'information des créditeurs et de l'administration fiscale. Les déclarations fiscales sont conformes à la comptabilité. Les normes comptables (ex : l'amortissement) sont fixées par les institutions fiscales. La déclaration fiscale prédomine avec le risquer de supplanter la comptabilité.	(+) économie ; simplicité ; l'absence des prévisions en matière fiscale à long terme ; le contrôle de l'observation des normes de la législation. (-) la tendance à minimiser les impôts dans les écritures comptables, ce qui n'exprime pas la réalité économique et complique l'évaluation de la situation financière de la personne juridique.	Allemagne Belgique Espagne France Grèce Italie Japon Suisse Norvège

Niveau bas	Pour déterminer la base fiscale les organes fiscaux font des corrections des postes comptables et n'influencent pas beaucoup sur leur formation. Les règles comptables sont déterminées par les normes non étatiques. Les comptes sont destinés en priorité aux investisseurs. La comptabilité et la fiscalité sont en parallèles.	(+) l'image de la situation économique permettant d'évaluer la position financière et les résultats des activités des personnes juridiques. (-) le coût de la tenue de la comptabilité, la nécessité des calculs des impôts à déclarer, la difficulté des contrôles des comptes et de la situation financière.	Australie Canada Danemark Etats-Unis Grande-Bretagne Irlande Nouvelle Zélande, Pays-Bas Pologne Tchéquie Slovaquie

Ces différences de corrélations entraînent des différences de caractérisation des systèmes fiscaux et de comptabilité des personnes physiques. Aujourd'hui il existe trois modèles typiques (cf. schéma).

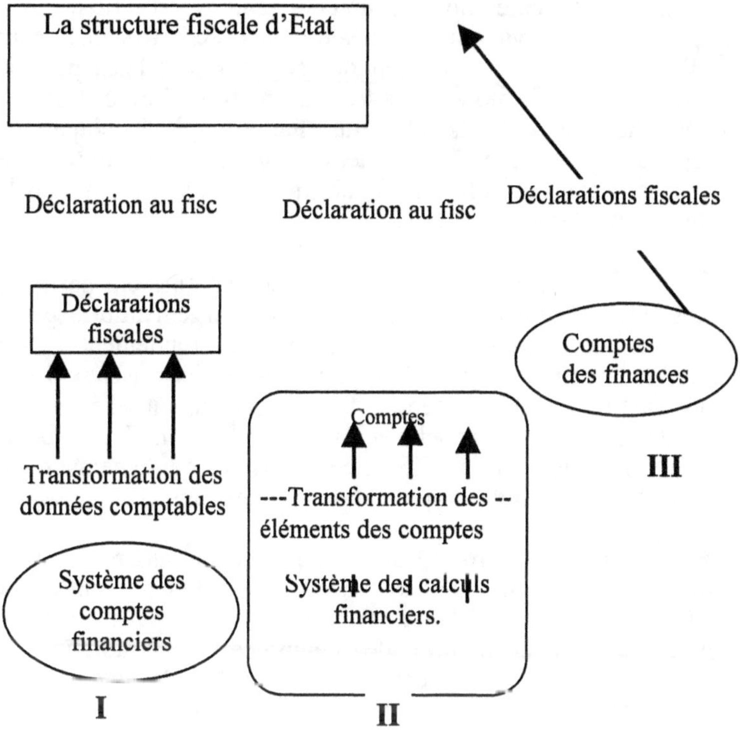

Schéma : Les différents systèmes de comptabilité

Le premier modèle – c'est le système de la fiscalité des entreprises qui ne dépend pas de la comptabilité ; il fonctionne isolément. La personne morale peut utiliser l'information de comptabilité pour ne pas doubler l'information. C'est le modèle des pays d'Angleterre et d'Amérique.

Le deuxième modèle – représente le système fiscal qui est relié à la comptabilité. Il s'agit de la transformation des éléments de comptabilité en tenant compte des exigences de la législation fiscale et des objectifs de rendement. C'est le modèle qu'on trouve dans le système du droit continental.

Dans le troisième modèle, la comptabilité est utilisée pour l'imposition. Cette variante est idéale pour les contribuables parce qu'elle n'exige pas la création des services parallèles pour les comptes fiscaux. Ce modèle est très rare puisque l'imposition et la comptabilité ont des buts différents. Par exemple la plupart des entreprises russes cherchent à tenir compte au maximum des exigences fiscales dans leur comptabilité, ce qui se traduit dans les écritures comptables.

En fait ce modèle d'imposition existe en Russie à partir des années 1990. A cette époque le législateur a largement utilisé dans les textes les expressions de type « le rendement », « la rentabilité » par rapport aux obligations des services fiscaux d'Etat. L'introduction en 2002 de cette notion dans le chapitre 25 du Code fiscal de Russie qui s'appelle « Impôt sur les bénéfices » devait assurer juridiquement la différence. Mais les règlements de ce chapitre et les modalités d'application suscitent une critique sévère.

Premièrement, l'introduction de telles règles augmente d'une manière significative les dépenses d'une entreprise. Deuxièmement, la législation fiscale de notre pays est très compliquée. Elle comporte de nombreuses contradictions, à l'intérieur même du droit fiscal, sans même parler des incohérences dans le rapport avec d'autres branches du droit. Troisièmement, les services fiscaux d'Etat sont souvent critiqués en ce qui concerne leur travail d'explication de la législation aux contribuables. Il est nécessaire de s'occuper du perfectionnement professionnel des fiscalistes, améliorer leur environnement de travail, sans quoi le contrôle fiscal de qualité n'est pas possible.

La logique du législateur est plus que critiquable pour fixer les modalités de calcul de l'impôt. Toute la législation fiscale contenue aujourd'hui dans le Code et dans une série des actes infra législatifs doit répondre aux exigences de logique. En aucun cas elle ne doit être contradictoire. Enfin, tous les impôts doivent être analysés ensemble, comme un système.

Il faut déterminer une terminologie claire, établir les principes identiques pour les différents impôts utilisant les mêmes principes d'imposition pour que le système fiscal devienne unifié et clair pour les contribuables. Il faut bien comprendre que le système fiscal est un instrument d'Etat et il faut avant tout l'orienter vers les contribuables parce que de ce système dépend la perception psychologique de l'Etat par les citoyens. C'est un facteur important. Mais actuellement cette circonstance n'est pas une priorité chez les législateurs. Par exemple, les amendements du Code fiscal en date du 21 octobre 2005 font en sorte que désormais il n'est plus exigé du tribunal de constater une infraction à la loi de la part du contribuable afin de le rendre coupable, une simple faute suffit. Maintenant cela dépend de la décision de l'administration fiscale.

Il est nécessaire de réformer le système d'imposition parce que la mise en application des normes internationales conduira à des changements de bases fiscales de certains impôts.

Ainsi on peut proposer quelques conclusions :

1. La mise en application des normes internationales est déjà une nécessité objective exigée par le processus d'intégration de la Russie dans l'espace de l'économie mondiale.
2. La difficulté de la mise en œuvre des normes internationales dans les comptes des personnes physiques s'explique autant par des problèmes techniques que psychologiques. Le problème essentiel vient de la non stabilité du système fiscal qui se trouve en état de formation et a un caractère de transition.
3. Il est nécessaire de préparer une répartition nette des systèmes de comptabilité et de fiscalité pour que les normes internationales ne déséquilibrent pas la souveraineté fiscale de la Russie.

Enfin, nous voudrions souligner que, d'après notre opinion, l'adoption des normes unifiées en matière fiscale est un processus qui doit être simultané dans les différents Etats. Malheureusement, aujourd'hui en Russie l'application des normes internationales dépend plus de la volonté politique du gouvernement que des réalités économiques.

IFRS – ITALIAN TAX ISSUES

Alessandro VICINI RONCHETTI
Professeur à l'Université de Turin

The matter concerning Tax issues connected to the implementation of new accounting principles, the so called IAS (International Accounting Standards) or, as recently renamed, IFRS (International Financial Reporting Standards) will represent one of the focus point that from a Tax perspective will involve all the European countries and their connected legislation.

In the paper will be analyzed Tax impact that IFRS will involve in the Italian Tax legislation and how Italian Tax Legislator introduced in the Tax system the new accounting principles

PREMISE

Art. 4 of the IAS Regulation requires that all companies which have their registered seat within Europe and are listed at one European stock exchange have to draw up their consolidated accounts in conformity with the IAS/IFRS "endorsed" under Art.3 par.2 of the regulation.

Before going into details concerning IFRS tax implications a few premise regarding the constitutional aspect related to the IFRS as a "private rule". It has to be pointed, in fact, that IFRS are a product of private standard-setting. The International Accounting Standards Committee, located in London, is a private organization governed by its Trustees and a Board (the International Accounting Standards Board) which has "complete responsibility for all IASC technical matters including the preparation and issuing of International Accounting Standards".

The private character of this type of standard setting has led to a discussion about the legality of a provision enshrined in European or domestic tax law of a Member State which refers details of income measurement to the IFRS which have been issued by the IASB7120. While the mere "information purpose" under capital market law may easily be fulfilled by such reference to the recommendations of a private body, it is argued that the definition of a taxable event has to observe strictly the "rule of law" and may not be influenced by decisions taken outside the public parliament.

Otherwise, not only the private property rights of the taxpayer but also the budgetary sovereignty of the national parliament may be endangered. With regard to IFRS a lot of this criticism can be opposed by pointing to the fact that under Art.3 par.2 of the European IAS Regulation the IAS/IFRS need to be formally "endorsed" by the European Commission before they gain binding force under EC law. By this procedure the "endorsed" accounting standards leave their purely private character behind and become an integral part of the "acquis communautaire" of EC law.

ITALIAN TAX APPROACH TO IFRS

Italian Tax legislator, issued a specific Legislative Decree concerning the criteria to be applied for the calculation of the taxable income of the enterprises that will adopt IFRS principles.

The above legislative measures were necessary due the fact that according to Italian Corporate Tax law, the starting point for the calculation of the taxable income is established by the net profit (or loss) resulting from the profit and loss officially approved by the shareholders ordinary meeting. As a consequence, due to the fact that the corporate taxable base is strictly connected to profit resulting from profit and loss, Italian Tax legislator could not avoid to legislate on the specific matter.

Not all Italian companies are involved in the new accounting principles. At present, in Italy there are companies who do not (or cannot) draw up financial statements according to IFRS principles

---

[71] Joann Weiner, " European Officials Consider Importance of Coordinating EU Company Tax Policies ", *Tax Notes International*, 2003, p.1001

and companies that must (or can) draw up their financial statements according to the new accounting principles. Due to the above, Italian tax legislator should had to harmonize the introduction of new accounting principles with rules concerning determination of corporate taxable base. In fact, issuing the Legislative Decree number 38/2005, Italian Tax legislator tried to achieve the above mentioned goal.

In particular Legislative Decree number 38/2005 provides for the following main principles :

- to maintain the actual corporate taxation system which provides for the determination of the corporate taxable income starting from the net profit realized for civil purposes (i.e. profit and loss) introducing specific adjustments in order to take into account the new accounting principles ;
- introducing specific tax rules indispensable for the correct application of corporate tax rule by the companies adopting IFRS. In particular, Legislative Decree provides for specific rules for those activities that have been subject to remarkable changes respecting the ordinary Italian accounting principles applicable. In particular, transactions like: leasing, out of balance transactions, depreciation intangible assets have been subject to specific new tax rule. Such new tax rules provide for the same tax treatment (and therefore the same taxable base) aside from the kind of accounting principles adopted by each company ;
- to avoid that the First Time Adoption (FTA) of the new accounting principles could lead to an inappropriate taxation or costs undeductibility.

As above premised Italian law regarding company taxation affirms a “mile-stone” principle: taxable income is determined applying to the net profit (i.e. the profit resulting from the Financial Statement) adjustments (plus and/or minus) according to Italian tax rules on corporate taxation (Presidential Decree No 917/1986). As a consequence, incomes and expenses accrued in financial statement could not be automatically reflected for income tax purposes too.

From a tax point of view, Italian tax legislator provided specific rules so as to avoid any potential decrease or postponement of the taxable base. According to the said principle, corporate taxable income base usually does not agree with financial net profit.

The reasons above mentioned caused the theorization of the principle according to which there are items according to civil law (Financial statement) and items according to Tax purposes (relevant for tax purposes). The above requirement has been called "doppio binario" (i.e. two different crtieria). The "doppio binario" theorization implies that corporate taxable base and correlative net financial profit follow rules that cannot be the same and therefore the staring point is always the same but almost never they coincide at the end of the procedure.

In order to understand all tax issues that implementation of IFRS could involve for Italian companies, it is necessary another fundamental premise.

Italian tax law provides, as a general tax principle, that deductibility of expenses for tax purposes must be connected to the accrual of such expenses to the financial statement. As a consequence no tax deduction can be requested if the connected cost is not indicated in the profit and loss. Such a particular rule involved (for past periods) that particular expenses were accrued in the profit and loss without any financial assumption but only with the scope to achieve the tax deduction of the cost. The said practice involved not correct drawing up of financial statements, since certain kind of expenses, in particular accruals, were allocated just to achieve the connected deduction for tax purposes.

Starting from January 1, 2004, Italian tax reform cancelled, partially, such a practice, allowing deduction for only tax purposes, with regard to depreciations of tangible and intangible assets, accruals and other depreciations. As a consequence of that, the part of the above practice which caused the drawing up of Financial Statements with certain "unfounded" expenses, should not occur in the future.

Even though the possibility to deduct for tax purposes certain expenses do not accrued in the profit and loss, implied more administrative difficulties, due to the fact that more data sheets (tax and books) will be necessary to be formalised.

IFRS – MAIN FEATURES

Just a few remarks regarding the background on which IFRS have been set up. IFRS principles have been implemented in countries in which the economic context is very different from the Italian one. In particular in EU countries the more utilized method way of financing the companies is usually realized through financial market. As a consequence the Financial Statement should answer to the request of correct information to the shareholders-money lender respecting to the prevalent principle to which Italian civil law applied to drawing up Financial Statements: prudential criteria. Due to the above, Italian Financial Statements were drew up according to the principle that third creditor should had to be guaranteed.

IFRS, introduce new criteria, unknown by the Italian legislator. In particular, the main features of IFRS can be summarized as follows :

- Substance over the form criteria ;
- Fair value criteria (fixed assets tangibles and intangibles, investments) ;
- Out of balance transaction (Financial instruments, IRS, Options call and put, etc.) criteria ;
- Purchase method approach for certain extraordinary operations.

The introduction of IFRS involves, therefore, not only new rules but also a new approach event though not immediate for all the companies, which involves a new philosophy.

Due to the above, the differences between book values and tax values will always be more crucial.

Summarizing, the actual position from Italian perspective is that a specific law (legislative Decree n. 38/2005) provides for specific rules applying to certain transactions (such a rule provides for a similar treatment for companies subject to IFRS and companies not subject to IFRS).

The above involves that, due to the fact that IFRS principles provide for several changers respecting to Italian Gaap, for the changes do not "covered" by the Legislative Decree n. 38/2005, book values (resulting form Financial Statement) should be taken into account as the "starting point" for the determination of corporate tax base. Given the above, we have to analyze the potential tax issues that the said treatment could involve.

FAIR VALUE APPROACH

As we know IFRS provide for "fair value" approach. First of all it has to be pointed out that "cost method" is still applicable, to be precise it still remains the recommended method while the fair vale method is an accepted method. Nevertheless we have to analyze the potential tax consequences connected to the adoption of the said method.

From an Italian perspective, we can say that there should not be any taxation. In particular, Italian tax law provides for tax neutrality with regard to capital gains/losses not realized. As a consequence due to the fact that the fair value principle is applicable to assets (tangible and intangible) that can benefit from the above tax neutrality, we can affirm that the new accounting criteria will not involve any tax consequence.

LEASING FEE RENT TAX DEDUCTION

From a IFRS point of view there are two accounting methods for leasing. The economic method and the financial method. The first one implies that the asset is depreciated by the lessor and the renter deducts for tax purposes the rent fee (included interest). This method is very simple to be applied. International accounting practice provides for the equalization of the leasing contract with a sale with deferred payment.

The second method, in fact, involves such an approach: the substance prevails over the form. The asset is accounted and depreciated by the renter at the same time the renter will account the debt of the lessor.

We have to point out that with regard to this specific matter, Italian tax law, as amended by Legislative Decree n. 38/2005, provides for a double potential tax treatment. Rent costs and interest expenses are tax relevant both in case of IFRS adoption and in case of Italian Gaap adoption.

PARTICIPATION EXEMPTION

IFRS principles provide for a fair estimation of certain kind of assets at the end of the year. According to Italian tax law, investments can benefit from participation exemption rule if they are accounted as fixed assets, on the contrary, participation exemption on capital gain cannot be applied if the investment is accounted in the current assets. The classification provided by tax law has been therefore derived from Italian civil law in force at that moment (investments could be classified as fixed asset or as no fixed asset).

With the introduction of IFRS principles there are several kind of investment classifications that can be applied. In particular according to IFRS 27, 28 and 39 Financial instruments will be classified between controlled companies, associated companies and securities for selling out. As a consequence the classification criteria provided by civil law and IFRS are not compliance with Italian participation tax law regime.

Due the above, Italian companies will have to implement a double accounting regarding investments/securities classification (for IFRS purposes and for tax purposes).

THIN CAPITALIZATION RULE CONSEQUENCES

Another tax issue deriving from IFRS adoption, from Italian perspective, is connected to Thin Capitalization rule. According to Thin Cap rule, loan granted or guaranteed by shareholders owing more the 25% or by subject controlled by shareholders, implies interest expenses not deductible for tax purposes in the case in which the amount of loan exceed the 1:4 ratio loan : net equity.

As we know, net equity is one of the items on which IFRS adjustments can be reflected. Therefore such an item should not be taken into account as it will be exposed in the Financial Statement, but according to Italian Law it will have to be reclassified according to civil law. The above matter, at present has not been subject to clarification by the Ministry of Finance and therefore there is not a definite position on this regard.

An opportunity to evaluate a change to the corporate tax determination regime ?

IFRS, introducing new accounting principles, stimulated a discussion among doctrines and authors with regard to the maintenance of the actual corporate taxation regime or to leave it.

In particular we are asking ourselves whether a taxation regime do not connected to the financial statement could represent a better taxation method or not.

Maybe due to the fact that Financial Statement are going to be drew up according to principles that are focused on shareholders money lender point of view, the mentioned new principles would lead to reduce the connection between net profit arising form Financial Statement and taxable income which must be compliance with "ability to paid" principle.

Nevertheless we have to mention opposite interpretation issued by leading doctrine 72 according to which, from a deeper analysis the two items (commercial purposes and tax purposes) at the end lead to a analogous result. I believe that, the discussion could not be made without considering the EU position on the matter.

In October 2001 the European Commission released a Communication to the Council, the Parliament and the Economic and Social Committee on an "Internal Market without tax obstacles", accompanied by an impressive study produced by the Commission's services on "Company taxation in the internal market", which together set out the framework for further integration of business taxation in Europe. The Commission's communication and the study established the political aim of

[72] Wolfgang Schön , International Accounting Standards – a „Starting Point" for a Common European Tax Base? Eatlp Meeting, Paris, 2004

supplying companies and groups of companies engaged in cross-border commercial activities with a uniform tax base which would apply to all profits of the company or group within the jurisdiction of the European Union (or at least a group of Member States), thus leading to a substantial reduction of compliance costs, to elimination of economic double taxation and to cross-border loss compensation. As a consequence I believe that Italian Tax legislator should not avoid to consider the position that EU will take about the matter.

Finally I would like to point out that tax issues mentioned in the present report will surely cause several administrative complications, due to the fact that there will be book accounts, tax accounts and IFRS accounts, but probably our legislator should not have any other solution.

The fact the IFRS principles could not been introduced immediately for every kind of company (to many difficulties in particular for little and medium sized companies) obliged our legislator to maintain the relevance for tax purposes of civil accounting. Otherwise, a different tax treatment between companies subject to IAS principles and company not subject (note that there are group of companies that will have to draw up IAS financial Statements, other category of companies that could opt for IAS and finally other companies that for the first period could not apply IAS) to such a principle will be occurred. The question is whether the possible different taxation caused by the accounting methods could be acceptable from a constitutional point of view or not.

Obviously the present "compromise" chosen by our legislator could not be maintained several years since IAS method will inevitably became the sole accounting principle.

LE NOUVEAU SYSTEME IAS (IFRS) ET LES NORMES COMPTABLES EN Allemagne

Michael PREISSER
Professeur à l'Université de Lüneburg

(Traduction d'Agnès TISSERAND)

INTRODUCTION GENERALE

La globalisation des marchés des marchandises et des capitaux rend de plus en plus indispensable l'internationalisation de l'élaboration des comptes annuels. Pour cela l'Europe a opté pour les standards IAS/IFRS[73]. D'après la loi de réforme du droit comptable (BilReG = Bilanzrechtsreformgesetz) [74] les groupements de sociétés cotés en bourse doivent présenter leur bilan selon IAS/IFRS à partir du 01.01.2005 (§ 315 a Abs. 2 HGB [Handelsgesetzbuch = Code de commerce]). Les groupements non cotés ont le droit de choisir pour présenter leur bilan les normes IAS/IFRS au lieu de se conformer au droit commercial (§ 315a Abs. 3 HGB).

L'application des IAS au bilan de fin d'année de la société particulière n'est pas prévue. Cela a pour conséquence que les groupements qui doivent impérativement rendre leurs comptes selon IAS/IFRS et les groupements qui présentent volontairement leur bilan selon IAS/IFRS doivent produire un bilan selon HGB en plus du bilan IAS/IFRS. Ce bilan individuel conforme au Code du commerce doit être porté au registre du commerce. Au moment de la publication dans l'indicateur fédéral peut quand même apparaître un bilan présenté selon les standards internationaux, au lieu du

---

[73] IAS = International Accounting Standards ; IFRS = Internatinal Financial Reporting Standard.
[74] Du 04.12.2004 (BGBl = Bundesgesetzblätter I 2004, 3166).

bilan annuel conforme au Code de commerce (§ 325 Abs. 2a HGB).

OBJECTIF DES STANDARDS IAS/IFRS

Le principal objectif est l'harmonisation globale et le rapprochement par rapport aux traditions anglo-américaines en matière de bilan par la création et l'observation de normes comptables transparentes. Le bilan annuel dressé d'après IAS/IFRS sert exclusivement à l'information des destinataires externes [75]. Par le bilan IAS/IFRS c'est une véritable image de l'évolution du patrimoine, des finances et des recettes, du cashflow, du flux de capital et du capital propre qui doit être transmise aux destinataires (actionnaires, investisseurs, clients, créanciers).

STRUCTURE DES REGLES IAS/IFRS

L'ensemble de règles IAS/IFRS est structuré de la façon suivante :

Niveau 1 **Les standards**
IAS 1 : organisation et définition
IAS 2 à 41 et IFRS 1 : Détail des états financiers

Niveau 2 **les interprétations** de l'IFRIC (International Financial Reporting Interpretations Committee)

Niveau 3 **Cadre conceptuel**

Description des objectifs et des principes des états financiers
Définition des éléments des états financiers (en particulier actifs, passifs, produits et charges)

[75] A la différence du bilan selon HGB, qui sert à la protection du créancier et suit le bilan « prudent ».

On respecte toujours cet ordre. Les standards individuels précèdent les interprétations et le cadre.

Contenu du cadre conceptuel :
Objectif du bilan
Informations utiles à la décision

Hypothèses de base de l'état financier
Continuité d'exploitation (going concern)
Comptabilité d'engagement

Caractéristiques qualitatives des états financiers
Intelligibilité
Pertinence (dont importance signitificative)
Fiabilité (dont prudence)
Comparabilité

Résultat

True and fair view

Explications :

Les hypothèses de base going concern et comptabilité d'engagements sont complétées dans le cadre conceptuel par des caractéristiques qualitatives des états financiers. Celles-ci se divisent en intelligibilité, pertinence, fiabilité et comparabilité.

La communication des informations utiles à la décision n'est garantie que si les informations des comptes sont pertinentes, c'est-à-dire significatives et par là fiables. L'utilité des données de l'état financier pour les décisions économiques tient par ailleurs au fait que les informations sont intelligibles et comparables à l'intérieur des périodes de comptes.

Le principe de prudence, qui domine la comptabilité en droit commercial, se trouve dans le système IAS/IFRS à une place secondaire, comme composant de la fiabilité. La fiabilité des informations exige une recherche prudente des données, d'autant que des estimations et des évaluations doivent être apportées. C'est le cas par exemple lors de l'appréciation des créances et des stocks.

ELEMENTS DE L'ETAT FINANCIER

L'état financier comprend selon IAS 1.7
- le bilan
- le compte de résultat (GuV = Gewinn- und Verlust rechnung)
- le tableau de variation des capitaux propres
- le tableau des flux de trésorerie
- l'annexe (notes)

Il est recommandé à l'entreprise de publier, en plus de l'état financier une note sur la situation de l'entreprise, qui décrit et explique les caractéristiques essentielles de sa situation (patrimoine, finances, produit), ainsi que les principales incertitudes auxquelles l'entreprise est confrontée.

STRUCTURE DE L'ETAT FINANCIER

Principes de base

Les principes suivants s'appliquent à la présentation de l'état financier selon IAS 1 :
- permanence dans la présentation (IAS 1.27)
- importance relative et regroupement des éléments (IAS 1.29)
- interdiction de la compensation (IAS 1.33)
- comparaison entre exercices (IAS 1.38)

La permanence dans la présentation correspond à peu près à celle qui figure dans § 265 1 HGB. L'importance relative et le regroupement des éléments peuvent être comparés avec § 265 7 HGB. A propos de l'importance relative il faut observer qu'un poste, trop réduit pour être individualisé dans le bilan ou le compte de résultat, peut cependant être assez important pour être expliqué séparément dans l'annexe. Une compensation des actifs et des passifs aura lieu exceptionnellement seulement dans le cas où cela est prévu expressément dans un standard particulier. La fourniture des valeurs de l'année précédente est obligatoire - ce qui est différent de HGB- pour tous les éléments de l'état financier, surtout aussi dans l'annexe.

Structure du bilan

IAS 1 ne prescrit aucun standard comparable avec § 266 HGB. IAS 1 établit seulement des données minimales et des possibilités de structuration. La principale règle d'organisation est la distinction entre actifs et dettes à court et à long terme. A la question de savoir ce qu'il faut comprendre par « actif à court terme », IAS 1 donne la définition suivante :

Un actif est à court terme (« current ») lorsque :

- il est destiné à être vendu ou consommé durant le cycle d'exploitation de l'entreprise, ou
- il fait partie de la trésorerie ou des équivalents de trésorerie, ou
- il est destiné à être réalisé dans les douze mois suivant la clôture de l'exercice.

Les dettes sont classées comme courantes par IAS 1.60, lorsque leur règlement

- est prévu durant le cycle d'exploitation de l'entreprise ou
- dans les douze mois qui suivent la clôture.

IAS 1.86 prescrit de réaliser comme composante à part entière de l'état financier un tableau de variation des capitaux propres. Il va de soi qu'il faut entreprendre ce tableau dans le bilan. Les capitaux propres dans le bilan seraient donc à présenter ainsi :

- capital versé
- gains et pertes après réévaluation
- gains et pertes selon l'évolution des instruments financiers
- gains et pertes par rapport à des variations monétaires
- résultats (réserves et reports à nouveau)
- Excédent

Un bilan établi en respectant les règles contenues dans IAS 1 aurait la présentation suivante[76] :

Actif :

Actifs immobilisés
Immobilisations incorporelles
Immobilisations corporelles
Immeuble de placement
Actifs financiers
Impôts différés

Actifs circulants
Stocks
Créances clients
Autres créances
Impôts à recouvrer
Trésorerie et équivalents de trésorerie

Total des actifs

Passif :

Capitaux propres
Capital versé
  Capital souscrit
  Réserve
Réserve de réévaluation
Bénéfices accumulés
  Réserves
  Report
Résultat (actionnaires)
Intérêts minoritaires (groupe)

Passifs à long terme
Emprunts à long terme

[76] Proposition de présentation d'après Lüdenbach, IAS/IFRS, HdB Sonderdruck, Haufe Verlag, 56/57.

Autres dettes à long terme
Obligations au titre des retraites
Autres provisions à long terme
Impôts différés

Passifs à court terme
Emprunts à court terme
Dettes fournisseurs
Autres dettes à court terme
Provisions à court terme
Impôts exigibles

Total des capitaux propres et des passifs

La pratique des IAS par les groupes de sociétés en Allemagne présente des modifications en particulier dans le maintien de l'identité particulière des comptes de régularisation[77].

Présentation du compte de résultat

Le compte de résultat doit présenter au moins les postes suivants :

a) recettes
b) résultat opérationnel
c) charges financières
d) Quote-part dans le résultat net des entreprises associées et des coentreprises comptabilisées selon la méthode de la mise en équivalence
e) Charge d'impôt sur le résultat
f) résultat des activités ordinaires
g) postes extraordinaires
h) intérêts minoritaires
i) résultat de l'exercice

La présentation des coûts opératoires selon la méthode du coût global ou du chiffre d'affaires – correspondant à la présentation

[77] Lüdenbach, IAS/IFRS, HdB Sonderdruck, Haufe Verlag, 54.

prévue par § 275 HGB – ne peut pas être faite, ni dans le compte de résultat ni dans l'annexe.

Si on considère la présentation des coûts opératoires dans le compte de résultat lui-même, voici des suggestions de présentation pour le compte de résultat :

- Méthode des coûts globaux

Recettes
Autres produits d'exploitation
Variation des stocks
Consommation de matières
Charges de personnel
Amortissements
Autres charges d'exploitation
Charges d'exploitation globales
Résultat opérationnel
Résultat financier
Résultat avant impôt
Impôt sur les bénéfices
Résultat après impôt
Part revenant aux intérêts minoritaires
Part revenant aux actionnaires de la société

- Méthode par le chiffre d'affaires
Chiffre d'affaires
Frais de prodution
Marge brute
Autres produits
Coûts de distribution
Charges administratives
Autres charges d'exploitation
Résultat opérationnel
Résultat financier
Résultat avant impôt
Impôt sur les bénéfices
Résultat après impôt
Part revenant aux intérêts minoritaires
Part revenant aux actionnaires de la société

6. PRESENTATION DU BILAN SELON LE FOND

Les actifs

Dans le cadre conceptuel l'actif est défini au niveau 1 comme suit :

- une ressource, dont une entreprise peut disposer et
- dont la jouissance apportera des avantages économiques futurs à l'entreprise (Rahmenkonzept 49a).

L'avantage futur consiste à augmenter le cashflow de l'entreprise, par exemple par la vente de l'actif ou par la vente des produits fabriqués avec l'actif (RK 53).

Au niveau 2 on détermine si un actif est à inscrire au bilan. Les critères qui déterminent si un actif doit être comptabilisé résultent des questions suivantes :

- le profit futur est-il vraisemblable et
- les coûts (ou d'autres échelles de valeurs, par exemple la valeur d'usage) sont-ils vraiment fixés et peuvent-ils être mesurés ?

Les passifs

Le concept de passifs figurant au bilan est traité à deux niveaux dans le cadre conceptuel. La définition d'un passif est la suivante :

- une obligation actuelle d'une entreprise,
- dont le règlement conduira probablement à une sortie de ressources (RK 49b).

Au niveau 2 (comptabilisation des passifs) il est prescrit

- que la sortie de ressources est vraisemblable
- et doit être précisément mesurable.

PRESENTATION VERTICALE DU BILAN

Les mesures d'évaluation dans le cadre conceptuel sont les suivantes (RK 100) :

- coûts historiques

- coût actuel / coût de remplacement
- valeur de vente / remboursement
- valeur en espèces / valeur actuelle.

Les valeurs d'évaluation ci-dessus sont complétées dans les standards IAS en fonction des cas particuliers. C'est dans les standards particuliers que l'on trouve quelle mesure il faut utiliser.

Sous ce rapport la prise en compte du temps est d'une importance particulière concernant la valeur de clôture , par exemple IAS 16.30.

LES OPTIONS

Les options pour la disposition du bilan et l'évaluation se partagent entre
- la méthode de référence (benchmark treatment) et
- la méthode alternative

Ces possibilités de choix correspondent à de vrais droits, qui ne sont pas réduits par des principes supérieurs. Cependant ils ont – comme en droit commercial- leur limitation dans la permanence de l'évaluation. Il faut observer que la méthode alternative conporte une certaine contrainte : quand on l'utilise, des données supplémentaires sont exigées en annexe.

LE PRINCIPE DE MATERIALITE

Le principe de matérialité concerne surtout les prescriptions de comptabilisation et d'évaluation pour les comptes annuels. L'utilisation de la matérialité peut par exemple avoir les conséquences suivantes :
- dans le domaine de l'inscription au bilan

des postes qui s'excluent individuellement peuvent être regroupés, s'ils sont immatériels
- dans le domaine de l'évaluation

on peut renoncer à des dévaluations, si la baisse de valeur n'est pas significative, lors d'actualisations.

LE PRINCIPE DE LA PRESENTATION SINCERE ET FIDELE (true and fair presentation)

Le principe de la présentation fidèle doit permettre que, dans les comptes, la situation du patrimoine, des finances et du résultat , de même que les cashflows soient présentés de façon sincère. Dans IAS 1.10 il est ajouté que l'application correcte des IFRS conduit dans presque tous les cas à une présentation fidèle.

Le principe marque certes la comptabilité IAS, mais ne représente pas un « principe numéro un ». Cela veut dire qu'il n'est absolument pas permis de déroger à l'application des règles particulières en utilisant le principe de la présentation fidèle. IAS 1.13 ouvre cependant au management la possibilité de s'écarter des exigences du standard dans un cas particulier, lorsque l'application fidèle serait source d'erreur, au point d'oublier les objectifs de l'état financier figurant dans le cadre conceptuel.

De telles exceptions doivent être signalées et il faut indiquer leurs conséquences sur le résultat de l'exercice, les actifs, les passifs, les capitaux propres et le cash flow.

INSCRIPTIONS AU BILAN

Inscription des actifs

Selon F. 49 et 83 il faut mettre au poste des actifs un actif

- qui représente un profit économique futur
- sur lequel l'entreprise a tout pouvoir de décision économique
- qui est vraisemblablement à l'origine d'un profit économique futur
- ses coûts d'acquisition ou de fabrication peuvent être mesurés de façon sûre.

A propos des immobilisations incorporelles on note les particularités suivantes (IAS 38) :

1) Nécessité d'être identifiable

Une immobilisation incorporelle doit pouvoir être clairement distinguée du goodwill (fonds de commerce) ;

2) Pouvoir de décision

3) Avantage économique futur

4) les coûts peuvent être mesurés avec fiabilité.

Pour la valeur de l'entreprise (goodwill) existe le devoir d'inscription à l'actif (IAS 22.41). Pour cela IAS 22.59 prévoit la possibilité d'identifier une valeur négative, appelée « badwill ».

Inscription des passifs

Capitaux propres

Les capitaux propres obéissent à cette répartition minimale (IAS 1.73) :

- Capital souscrit
- Primes d'émission
- Résultats cumulés (réserves, profit de l'exercice, perte de l'exercice)

Provisions

Des provisions peuvent être constituée (IAS 37.14) seulement si
-il y a une obligation juridique ou implicite
-résultant d'un événement passé
-l'extinction de l'obligation conduit à une sortie de ressources,
-le montant de l'obligation peut être estimé de manière fiable.

Cependant toute obligation ne peut pas être comptabilisée comme provision. Il existe des cas particuliers (une probabilité minimale qui est chiffrée dans IAS 37.23 à plus de 50%).

Pour les provisions liées à des risques de pertes, et les provisions pour restructurations, il y a des prescriptions particulières dans IAS 37.68 et 37.70.

Les règles sur les provisions pour retraites et les autres provisions concernant les salariés se trouvent dans IAS 19. Pour les provisions de retraite il y a dans IAS des règles qui s'écartent des dispositions du §6a EStG (Einkommenssteuergesetz = loi relative à l'impôt sur le revenu).

Les provisions pour charges (§249.2 HGB) ne constituent pas selon IAS des obligations.

Dettes

En ce qui concerne les dettes, il faut d'après IAS 1.60 – 1.65 individualiser au moins les postes suivants :
- Dettes fournisseurs et autres dettes
- Impôts exigibles
- Dettes à long terme

IAS 1.67 exige l'identification de postes supplémentaires, quand ils sont nécessaires pour représenter la situation patrimoniale et financière de l'entreprise conformément à la situation réelle.

Impôts exigibles et différés

IAS 12.5 fait la distinction entre impôts exigibles et impôts différés. Concernant les impôts différés, le droit commercial introduit les différences suivantes :
- Les règles du droit commercial valent seulement pour les sociétés de capitaux. Les règles IAS sont indépendantes de la forme juridique.
- Selon le droit commercial la provision est obligatoire pour les impôts différés ; l'inscription à l'actif d'impôts différés fait l'objet d'un choix .

12. EVALUATION

Immobilisations corporelles

L'évaluation est pour l'essentiel réglée comme suit :
- dans IAS 16 et 38 évaluation initiale (avec les coûts d'entrée ou les coûts de production)
- dans IAS 16 et 38 relativement à l'amortissement (répartition du montant des amortissements de manière systématique sur leur durée d'utilisation – IAS 16.41

- dans IAS 36 concernant les provisions pour dépréciation (selon les trois notions de valeur recouvrable, prix de vente net ou valeur d'utilité) – IAS 36-19

Les amortissements fiscaux (§254 Code du commerce) ne sont pas autorisés par IAS.

En plus, il y a des prescriptions pour le traitement des subventions publiques (IAS 20), pour les acquisitions en monnaie étrangère (IAS 21) et pour l'éventuelle inscription à l'actif des coûts d'emprunts (IAS 23).

Un rattrapage de valeur après une provision pour dépréciation est – contrairement au droit commercial – prescrite de façon absolue pour toutes les formes d'entreprises (IAS 36.99). Une réévaluation peut être entreprise en vue d'établir une valeur actuelle en fonction du coût historique (IAS 16.29).

12.2 Immobilisations incorporelles

Les immobilisations incorporelles lors du premier recensement doivent être mises avec les coûts d'entrée ou de production. La valeur de bilan des immobilisations incorporelles se déduit de façon systématique de la durée d'utilisation estimée. A propos de la durée d'utilisation il y a toujours la présomption que l'immobilisation incorporelle est disponible pendant vingt ans. La méthode d'amortissement utilisée doit restituer le temps dans lequel l'entreprise bénéficie de l'utilité économique. Si ce temps ne peut pas être donné de façon sûre, il faut utiliser la méthode d'amortissement linéaire.

La valeur du fonds lors de la première déclaration doit être estimée - comme celle des autres immobilisations incorporelles- avec les coûts d'acquisition.[78]

Après l'inscription initiale une immobilisation incorporelle doit être estimée avec les coûts d'entrée / coûts de production après déduction des amortissements cumulés et des pertes de valeur

[78] La valeur d'origine du fonds ne peut pas – comme dans le droit commercial- être inscrite à l'actif (IAS 38.36).

(méthode de référence). Une alternative possible est l'évaluation avec un montant réévalué (qui correspond à la juste valeur à la date de réévaluation) après déduction des amortissements ultérieurs cumulés et des pertes de valeur (IAS 38.64).

Actifs financiers

Lors de l'évaluation initiale les actifs financiers doivent être estimés avec les coûts d'acquisition, qui correspondent à la juste valeur du service rendu. Lors de l'évaluation ultérieure les instruments financiers doivent être évalués à leur juste valeur. Les IAS partent du principe que la juste valeur pour la plupart des instruments financiers peut être fixée de façon fiable. Si cette présomption n'est pas vérifiée (par exemple s'il n'existe pas de prix du marché), alors IAS 39.101 recommande de déduire la juste valeur du prix du marché d'instruments financiers équivalents.

Des valeurs mobilières de placement

-qui sont détenues à des fins de commerce – de spéculation (trading assets) et

-qui peuvent être vendues, sans appartenir à la première catégorie (available-for-sale-assets)

doivent être comptabilisées avec la juste valeur de la date de clôture, même si celle-ci est plus haute que les coûts d'acquisition. Pour les available-for-sale-assets, l'évolution de la valeur entre les dates de clôture est neutre par rapport au résultat (elle est créditée sur le capital).

Les créances à court terme sans taux d'intérêt fixe sont à placer avec le montant originel. A chaque clôture de bilan il faut faire un contrôle, pour voir s'il y a des références objectives justifiant une baisse de certaines créances, qui conduiraient à les comptabiliser à une valeur inférieure. Ces observations ne doivent pas être faites individuellement pour chaque créance, mais peuvent être faites pour des groupes en fonction de l'âge et de l'exigibilité. Ainsi peuvent être faites non pas des évaluations forfaitaires au sens strict, mais des réévaluations forfaitaires en tenant compte des expériences passées de l'entreprise. (IAS 39.110g).

Les créances en devises étrangères doivent être estimées lors de l'évaluation ultérieure avec le cours de la date de clôture. Le cours du jour de clôture est aussi utilisé s'il conduit à une valeur supérieure de la créance. L' écart de conversion représente alors une charge ou un produit.

Stocks

Principe (IAS 2.6) :

Evaluation avec la valeur la plus basse des coûts d'acquisition ou de fabrication et de la valeur nette de réalisation. Dans le cadre des coûts d'acquisition il faut tenir compte des frais accessoires d'acquisition et des réductions de coûts d'acquisition (IAS 2.8). A propos des coûts de production IAS 2.10 prescrit de façon impérative l'introduction des charges indirectes.

Dettes

Lors de la première évaluation l'estimation de la dette résulte des coûts d'acquisition (IAS 39.66). Les coûts d'acquisition se mesurent d'après la juste valeur du service rendu. Il s'ensuit que des dettes à long terme s'il y a accord de « damnum » ne doivent pas être comptées – comme en droit commercial- avec le remboursement, mais avec la dépense.

Lors de l'évaluation ultérieure les dettes sont à mettre en principe avec les coûts d'acquisition prolongés. Des exceptions existent pour des dettes qui ont été faites à des fins commerciales. Ces dernières doivent être évaluées à la juste valeur (IAS 39.69).

Provisions

Lors de l'estimation des provisions il faut prendre en considération l'évaluation la meilleure possible de la dépense nécessaire pour remplir l'engagement le jour de la clôture du bilan (IAS 37.36). L'évaluation la meilleure possible de la dépense nécessaire est le montant que l'entreprise devrait payer pour le règlement de l'obligation au jour de clôture (IAS 37.37).

Les principales différences entre les comptes selon HGB et selon IAS/IFRS

Résumé[79] des différences HGB –IAS/IFRS

	HGB	IAS/IFRS
Immobilisations incorporelles		
Frais de développement	Pas d'inscription à l'actif	Choix effectif
Good-will	Choix d'inscription possible	Obligation d'inscription
Actif immobilisé		
Amortissements	Acceptation possible des amortissements fiscaux	Pas d'amortissement fiscal possible
Réévaluation	Interdite	Permise
Participations	Coût d'acquisition ou valeur inférieure	Coût d'acquisition ou juste valeur
Titres (trading assets et available-for-sale-assets)	Coût d'acquisition ou valeur inférieure	Valeur à la date de clôture, même si sup. aux coûts d'acquisition
Stocks		
Commandes à long terme	Réalisation du produit lors des comptes, éventuellt à réception	Réalisation après travail effectif
Coûts de production	Coûts individuels, ou globaux	Coûts globaux
Valeur forfaitaire	Permis pour mat. prem., fournitures, consommables	Eventuellement permise (materiality)
Créances en devises	Principe de la moindre valeur	Conversion au cours de clôture

79 D'après Lüdenbach, IAS/IFRS, HdB Sonderdruck, Haufe Verlag, 327.

Impôts différés, actifs	Choix possible	Obligation d'inscription
Provisions pour charges	Permis	Non permis
Provisions pour retraites	En principe sans évolution de carrières, actualisation 6%	Avec évolution de carrières, intérêts
Dettes en devises	Principe de la valeur la plus haute	Conversion au cours de clôture

14. **IAS dans le bilan fiscal**

La question de savoir s'il y aura une liaison entre IAS et le bilan fiscal ne peut trouver de réponse qu'en relation avec le principe de l'obligation légale. A ce propos certains envisagent l'acceptation obligatoire des IAS pour les comptes et les autres se demandent si en droit fiscal le bilan commercial est retenu pour le bilan fiscal. L'acceptation obligatoire des IAS pour les comptes n'est certainement qu'une question de temps. Le pronostic concernant le maintien ou l'abrogation de l'obligation légale est beaucoup plus incertain. Dans les différents modèles d'imposition des politiques et des scientifiques, qui contiennent des avis sur la recherche de revenus fiscaux, il y a aussi bien des propositions pour conserver l'obligation légale que pour trouver des revenus fiscaux autonomes sans lien avec le droit commercial. Il faut attendre pour voir dans quelle direction se développera le droit fiscal dans les prochaines années.

LES ENJEUX EUROPEENS

LA TVA DANS LA PERSPECTIVE DE L'ELARGISSEMENT DE L'EUROPE

Jean-Luc ALBERT
Professeur à l'Université de Jean Moulin Lyon 3
Centre d'Etudes et de Recherches en Finances Publiques et Fiscalité

L'élargissement de l'Union européenne le 1er mai 2004 à dix nouveaux Etats a été considéré comme un phénomène majeur de la vie de l'union mais aussi comme un moment fort de la géopolitique européenne. Cet élargissement a impliqué pour les « dix » non seulement l'acquisition du statut de membre de plein exercice avec les droits y afférents, mais aussi l'intégration par ceux-ci dans leurs législations nationales de l'ensemble de l'acquis communautaire et en particulier en matière de TVA.

Ainsi, les « dix » ont-ils connu la mise en œuvre du régime de taxation des échanges intra-communautaires en vigueur depuis le 1er janvier 1993 à la fois entre eux mais aussi avec les anciens Etats membres, et ce nonobstant la disparition des barrières douanières et la prohibition des taxes et mesures d'effet équivalant aux droits de douane. Ce que certains ont baptisé de « choc » fiscal pour les entreprises concernées impliquait que les « dix » soient en mesure de s'adapter à cette situation dans les meilleurs délais.

La Commission européenne eut à appréhender la situation individuelle de chaque Etat candidat au travers de rapports successifs qui se sont échelonnés entre 1997 et 2003, rapports généralement non publiés au journal officiel de l'union et ayant traité notamment des questions fiscales au travers de l'expertise de l'intégration progressive dans les législations nationales des exigences communautaires aux fins de permettre l'affirmation à

« 25 » du marché intérieur unique dès l'élargissement réalisé. Cette démarche est et sera appliquée à tout Etat candidat à l'adhésion[80]. Au sein de la fiscalité indirecte, l'acquis communautaire était considéré comme comprenant « essentiellement » l'harmonisation de la législation en matière de TVA et de droits d'accises.

L'objectif « affiché » était, concernant la TVA, de voir chacun des Etats candidats appliquer « un impôt général non cumulatif sur la consommation, prélevé à tous les stades de la production et de la distribution des biens et des services », l'harmonisation impliquant « une égalité de traitement fiscal de toutes les transactions intérieures et des importations ».

Ainsi, dans un processus continu, les « dix » ont-ils progressivement intégré les législations communautaires en matière de TVA, impôt considéré par MM. Grosclaude et Marchessou comme présentant pour les échanges transnationaux « une supériorité décisive due à sa transparence »[81].

De fait, si l'Estonie fut considérée, comme la majorité des Etats, dès 2003, comme ayant satisfait « pour l'essentiel »[82] aux engagements et aux obligations découlant des négociations d'adhésion en ce qui concernait notamment la TVA, il n'en allait nullement de même pour ce qui était de la Pologne qui en ce domaine et en matière de droits d'accises ne respectait, selon la commission, « qu'en partie ses engagements »[83], nonobstant le fait que tous les Etats ont obtenu lors des négociations des périodes transitoires plus ou moins longues d'adaptation. Ce fut, par exemple, le cas de Malte qui conserve jusqu'au 1er janvier 2010 un taux nul pour les denrées destinées à l'alimentation humaine et les produits pharmaceutiques[84]. Pour sa part, la Pologne bénéfice,

[80]Ce qui comprend les candidats actuels comme la Roumanie, la Bulgarie ... en outre, il existe un programme européen de coopération en matière fiscale qui s'adresse aux fonctionnaires des Etats nouveaux adhérents soutenu financièrement, le programme « Fiscalis » (2003-2007).
[81]Jacques Grosclaude – Philippe Marchessou, *Droit fiscal général*, p.311, éd. Dalloz, 4ème éd. 2005, 588p.
[82] Cf. Fiscalité – Estonie – reprise de l'acquis communautaire, Commission européenne, 12 janvier 2004.
[83] Cf. Fiscalité – Pologne – reprise de l'acquis communautaire, Commission européenne, 14 janvier 2004.
[84] Cf. Fiscalité – Malte – reprise de l'acquis communautaire, Commission européenne, 16 janvier 2004.

autre exemple, d'un taux réduit notamment pour les services des restaurants jusqu'au 31 décembre 2007.

L'intégration dans le système communautaire ne s'est donc pas faite, et ne se fait généralement pas, de façon unilatérale et homogène et immédiate. Elle tient compte des spécificités et particularismes fiscaux, sociaux, administratifs, juridiques nationaux.

Le traité d'adhésion d'Athènes, conclu le 16 avril 2003[85] , posait cependant comme principe, en particulier, l'engagement des nouveaux Etats membres à être liés par les actes des institutions de l'union qui leur sont applicables conformément notamment aux traités originaires[86]. Etaient ainsi visées la sixième directive modifiée 77/388/CE du 17 mai 1977 en matière d'harmonisation des législations des Etats membres relative aux taxes sur le chiffre d'affaires –système commun de la TVA – assiette uniforme-, ou encore la huitième directive 79/102/CEE du 6 décembre 1979 touchant aux modalités de remboursement de la TVA aux assujettis non établis à l'intérieur du pays...[87]

Depuis lors, le règlement n°1798/2003 du Conseil du 7 octobre 2003 concernant la coopération administrative dans le domaine de la TVA[88] s'est substitué à celui de 1992 en ce domaine, et ce dans le cadre d'une crainte européenne permanente, celle de la fraude à la TVA[89].

---

[85] JOUE, 23 sept. 2003, p. 17 et s.
[86] Article 2.
[87] Sur le système commun de la TVA, cf. Philippe Dérouin – Philippe Martin, *Droit communautaire et fiscalité*, p.283 et s., éd. LITEC Fiscal, 2004, 495p.
[88] Entré en vigueur le 1er janvier 2004, JOUE, 15 oct. 2003, L 264/1.
[89] Régulièrement rappelée, comme par le Syndicat national unifié des impôts qui énonçait qu'en 1997 la fraude fiscale notamment en matière de TVA intracommunautaire avait été évaluée à 34,3 milliards d'euros, *Les Echos*, 16 sept. 2004, p.2. Sur ce point, voir Rapport de la Commission au Conseil et au Parlement européen du 16 avril 2004 sur le recours aux mécanismes de la coopération administrative dans la lutte contre la fraude à la TVA (COM 2004) 260). Voir aussi Michael Ridsdale, "Abuse of rights, fiscal neutrality and VAT", *EC tax review*, 2005/2, p.82 et s.

Il convient enfin de rappeler que le système communautaire en matière de TVA demeure « temporaire » ou « transitoire » et que le secteur des services est encore en cours de « modernisation »[90].

En revanche, les différentiels de taux ont perduré au 1er janvier 2004 avec des différences encore très significatives entre Etats membres : le taux normal de TVA se situant ainsi entre 15% à Chypre et Malte et 25% en Suède et au Danemark. Pour autant, le règlement 1777/2005 du Conseil du 17 octobre 2005[91] rappelait encore cet objectif fondamental qu'est l'uniformisation du système actuel de la taxe sur la valeur ajoutée.

La présentation qui suit, centrée sur la TVA intracommunautaire, est articulée autour des deux axes : la TVA intracommunautaire, facteur d'effacement des frontières fiscales ; la TVA intracommunautaire, facteur d'obligations particulières pour les assujettis.

LA TVA INTRACOMMUNAUTAIRE, FACTEUR D'EFFACEMENT DES FRONTIERES FISCALES

La Commission européenne présidée par Jacques Delors avait initié dans son Livre blanc sur l'achèvement du Marché intérieur paru en 1985 un projet tendant, à effet au 1er janvier 1993, à passer d'un marché commun à un marché « espace sans frontières internes… », formulation qui sera pratiquement reprise par le Traité de 1986 portant Acte unique européen[92].

Cet objectif supposait la disparition des frontières physiques, techniques mais aussi fiscales entre les Etats membres et ce, en ce domaine, avec la disparition des concepts d'importation et d'exportation, marqué jusqu'alors par des ventes export exonérées de TVA, pour éviter une concurrence fondée sur un différentiel fiscal et une perception de la TVA dans le pays vendeur, en dépit

[90] Cf. Commission européenne, proposition modifiée de directive du Conseil portant modification de la directive 77/388/CEE en ce qui concerne le lieu des prestations de services, Bruxelles, COM (2005).
[91] Règlement portant mesures d'exécution de la directive 77/388/CEE relative au système commun de taxe sur la valeur ajoutée, JOUE, 29 oct. 2005, L.288/1.
[92] Article 8. Cf. Thierry Debard..., *Dictionnaire du droit de l'union européenne*, p.125, éd. Ellipses, 2002, 181p.

de l'affirmation continue de la nécessité du passage au système du pays d'origine.

La Commission proposait alors un rapprochement des taux et la création d'un organisme de compensation tout en affichant le principe de la taxation dans le pays d'origine[93].

Elle ne sera pas suivie par les Etats membres[94] qui vont adopter un programme « minimum » refondant le régime « transitoire » de la TVA en distinguant les achats directs des particuliers (relativement faibles) et qui vont connaître le principe de la taxation dans le pays d'origine des achats transfrontaliers des entreprises assujetties qui resteront soumises au régime d'une libre circulation des produits, l'entreprise acquéreuse « s'auto appliquant la TVA sur les acquisitions intracommunautaires ».

Dès lors, les concepts d'exportation et d'importation vont disparaître pour les échanges entre Etats membres au profit de ceux de livraison et d'acquisition intra-communautaire pour les échanges de biens opérés entre assujettis (que l'on retrouve aux articles 258 et suivants du CGI français), tandis que dans le cadre du commerce international non communautaire, vont demeurer les concepts d'importation et d'exportation avec des règles distinctes et un outil administratif, le Document administratif unique (DAU)[95].

---

93 « Traditionnellement, on relie la suppression des frontières fiscales au passage au système du pays vendeur », Gabriel Montagnier, *TVA intracommunautaire*, cours de droit fiscal, 2000-2001. Univ. Lyon 3.

94 « Jaloux de leur souveraineté fiscale », Patrick Serlooten, *Droit fiscal des affaires*, p. 547, éd. Dalloz, 1999, 666p. « Son adoption s'est jusqu'ici heurtée aux difficultés de définition d'un système acceptable de compensation permettant la récupération par le pays où a lieu la consommation finale du montant de la taxe perçue dans le pays de départ, ainsi qu'à l'insuffisance des progrès accomplis en matière de rapprochement des taux », Bernard Castagnède, *Précis de fiscalité internationale*, p.25, éd. PUF, 2002, 376p. Directive 91/680 du Conseil, du 16 décembre 1991, complétant le système commun de la taxe sur la valeur ajoutée et modifiant, en vue de l'abolition des frontières fiscales, la directive 77/388/CEE, JOUE, L.376, du 31 déc. 1991, pp. 1 – 19. Fiscalité et marché unique européen, rapport d'étape, Commission présidée par Marcel Boiteux, Documentation française, 1988, 92p.

95 Article 291 du CGI : les importations de biens sont soumises à la TVA ; la base de calcul est la valeur en douane selon l'article 292 du CGI. Hormis les biens exportés puis réimportés, les exportations hors communauté sont exonérées de TVA française, article 262 du CGI. Le régime des prestations de service est ici en

Le principe adopté sur le plan communautaire en matière d'échanges de biens est alors celui de l'exonération de TVA dans l'Etat membre de départ de la livraison[96] et de l'assujettissement à la TVA dans l'Etat membre d'arrivée de celle-ci. Il faut alors distinguer les ventes entre non assujettis c'est-à-dire entre particuliers des Etats membres de celles opérées entre assujettis, sous réserve du traitement particulier qui sera fait aux professionnels exonérés et aux personnes publiques qualifiées de « Personnes bénéficiant du Régime Dérogatoire » (PBRD). Concernant les services, et là aussi dans l'attente d'un régime définitif, le principe général retenu, que l'activité soit strictement interne ou intra-communautaire, sera celui de l'imposition dans l'Etat du fournisseur et non dans celui de consommation. Pour la Commission européenne cela induit habituellement une imposition sur le territoire de l'Etat où a lieu la consommation réelle.

Il en résulte en droit français que, selon l'article 259 du CGI, « le lieu des prestations de services est réputé se situer en France lorsque le prestataire a en France le siège de son activité ».

Deux situations sont ensuite prises en compte : le cas des prestations matériellement localisables qui sont imposées en prenant en compte le régime précité (art. 259 A du CGI) avec des adaptations sectorielles[97], et celui des prestations immatérielles qui repose sur le lieu d'implantation du prestataire, de l'assujettissement du client à la TVA (art. 259 B et C du CGI)[98]. Toutefois, le développement des services à distance[99] conduit à terme à un renouvellement de la réflexion juridique en ce domaine.

---

partie régi par l'article 262 qui prévoit l'exonération de TVA pour ces prestations assurées hors communauté.

[96] Article 262 ter du CGI.

[97] Comme en ce qui concerne les transports.

[98] Le 259 B se positionne en dérogation du principe énoncé au 259 : le lieu des prestations est en France lorsque le prestataire est établi hors de France pour un preneur assujetti localisé en France (siège, établissement, domicile, résidence habituelle) et ce pour un ensemble de services comme les cessions et concessions de droits d'auteurs, de brevets, de droits de licence … Ce régime s'applique aussi pour l'essentiel aux prestations assurées dans les mêmes conditions à partir d'opérateurs situés hors de la Communauté au profit de preneurs non assujettis à la TVA, avec des adaptations touchant à la location, au crédit-bail.

[99] Selon l'article 259 D du CGI : le lieu des services fournis par voie électronique est réputé se situer en France pour des prestations réalisées par des opérateurs

Ce système relativement aisé à appliquer ne devrait pas être remis fondamentalement en cause par la Commission européenne. En réalité, si l'on s'en tient à ses propositions de 2005[100] la règle générale devrait a priori être celle, en tant que lieu d'imposition, du lieu de la consommation effective sauf pour ce qui est des prestations de services rendues à des assujettis pour lesquelles la règle générale s'agissant du lieu des prestations serait fondée sur celui d'établissement du preneur plutôt que sur celui où le prestataire est établi, même si des adaptations sont suggérées en matière de biens immeubles, de services de restaurant et de restauration, de location de moyens de transport, de services pouvant être fournis à distance…

Le régime des prestations rendues à des non-assujettis serait en revanche celui déjà existant selon lequel le lieu des prestations « est celui où le prestataire a établi le siège de son activité ». De fait, le régime des prestations de service paraît soulever moins de difficultés de mise en œuvre que celui applicable aux livraisons et acquisitions de biens. Pour autant, certaines difficultés liées à des questions de définition en matière de prestations de services ont été indéniables au regard de la lecture qu'a pu en faire la CJCE qui est apparue avec le temps jouer un rôle de « régulateur » juridique dans un processus juridico-politique souvent figé par l'exigence de l'unanimité dans les prises de décision communautaires. Tel fut, notamment, le cas en 2001 avec l'interprétation qui fut donnée par le juge communautaire aux prestations de publicité[101]. Il convient d'abord d'en présenter les règles générales, puis d'en appréhender leurs implications.

---

assujettis localisés hors de la Communauté au profit de personnes non assujetties domiciliées, résidentes ou établies en France.

[100] La règle générale serait alors la suivante en matière de prestations de services : « le lieu des prestations de services rendues à des assujettis est l'endroit où le preneur a établi le siège de son activité économique ou un établissement stable auquel la prestation de service est rendue », article 9 du projet de la proposition modifiée de directive du conseil portant modification de la directive 77/388/CEE en ce qui concerne le lieu des prestations de services (Commission européenne, Bruxelles, COM 52005 final).

[101] Suite à un arrêt de la CJCE rendu le 15 mars 2001, il fut ainsi nécessaire de redéfinir la notion de prestation de publicité et ses conséquences au regard de l'article 259 B du CGI. Instruction DGI du 5 octobre 2001, 3 A-11-01, TVA-Territorialité. Lieu d'imposition des prestations de services. Dérogations au principe de l'article 259 du CGI. Définition des prestations de publicité, BOI, n°182, 12 oct. 2001.

Les principes et mécanismes généraux

L'analyse qui suit portera exclusivement sur la question des biens, excluant les services pour lesquels le processus juridique communautaire est encore en cours de mise en forme comme indiqué précédemment. En ce domaine, les ventes entre particuliers obéissent au principe du pays d'origine ceci incluant les moyens de transports non neufs[102].

La question est plus complexe en ce qui concerne les relations économiques entre professionnels assujettis. En effet, les ventes entre assujettis c'est-à-dire réalisées entre acheteurs professionnels obéissent toujours au régime transitoire qui perdure[103] pour ce qui est des biens, des transferts de biens et des prestations liées à l'échange de biens et maintient le système du pays de destination.

Les principes y afférents et mécanismes généraux sont les suivants et relèvent d'un schéma apparemment simple :
- une livraison intra-communautaire, c'est-à-dire un transfert du pouvoir de disposer d'un bien comme un propriétaire, est exonéré de TVA dans l'Etat membre de départ,
- une acquisition, c'est-à-dire l'obtention du pouvoir de disposer comme un propriétaire d'un bien meuble corporel, est imposée dans l'Etat membre d'arrivée.

Dans ce dernier cas, l'imposition n'est plus liée au franchissement de la frontière mais à « l'acquisition intracommunautaire » chez l'acheteur, lequel s'applique la TVA de son pays (en remplissant le formulaire administratif adéquat) c'est-à-dire en s'alignant sur le régime de droit interne.

---

[102] Pour les véhicules non réputés neufs s'applique la TVA du pays d'origine tandis que pour les véhicules neufs acquis par des particuliers et des PBRD l'imposition a lieu dans le pays d'immatriculation. Il en va de même pour les assujettis ordinaires. Art. 298 sexies du CGI. Les ventes à distance faites à un particulier et à une PBRD sont régies par les dispositions des articles 258 A et 258 B du CGI ; dans ce cas sous réserve de certaines conditions de seuils financiers : système du pays d'origine en dessous du seuil ; système du pays de destination au-dessus. Montant du plafond annuel des ventes à distance d'une même entreprise à destination d'un même Etat membre : 100.000 euros, dès le franchissement du seuil. Ce seuil n'est pas le même selon les Etats.

[103] Reconduit automatiquement.

C'est donc l'Etat d'achat qui encaisse la TVA. Ce régime permet d'éviter la double imposition ou à l'inverse l'absence d'imposition. Ces mécanismes simples obéissent à un impératif : l'identification de l'acheteur et du vendeur.

Ainsi, dans chaque Etat, tout assujetti doit se voir attribuer un numéro TVA dénommé « identifiant TVA », accessible par voie télématique des autres pays. L'acquéreur doit ainsi communiquer son numéro au vendeur. Cet impératif permet l'exonération de TVA pour le vendeur lequel doit prouver (par tous documents justificatifs) l'expédition et le transport d'un bien vers un autre Etat membre. Ce numéro doit figurer sur la facture. Le risque fiscal est clair : l'assujettissement à la TVA pour le vendeur car l'acquéreur est assimilé à un non assujetti.

C'est ce que put confirmer encore récemment la Cour de cassation dans un arrêt rendu le 23 mars 2005, la Cour ayant confirmé un arrêt de la cour d'appel de Nîmes selon lequel « les factures adressées à des entreprises italiennes ne mentionnaient pas ce numéro ; que les opérations en cause ne pouvaient, dès lors, être exonérées de TVA »[104]. En sens inverse, celui qui fournit doit communiquer à ses clients son numéro identifiant.

Ce régime applicable aussi aux nouveaux Etats à compter du 1er mai 2004 ne concerne que les opérations marquées par un franchissement de frontière (intérêt pour le mouvement du bien et non pour le contrat). Ceci induit une opération d'échange de numéro avec le numéro attribué par l'Etat membre d'arrivée des marchandises où est imposable l'acquisition.De fait, le système communautaire s'est constitué un «filet de sécurité » fiscale. Les entreprises fournissent un ou plusieurs numéros à leurs fournisseurs en fonction du pays d'arrivée des marchandises.

Mais, dans le cadre d'un contentieux fiscal dans quelle langue les documents saisis à titre de preuve doivent-ils être rédigés ? En français ou dans toute autre langue communautaire ?

C'est cet original débat qui a conduit la Cour de cassation à statuer en 2003 dans le cadre d'un recours fondé notamment sur

---

[104] Cass., Ch. crim., 23 mars 2005, n°04-83039, X… François, Y… Patricia, épouse X…, inédit.

l'ordonnance de Villers-Cotterêts de 1539 en son article 111, l'article 2 de la constitution qui fait du français la « langue de la République » et les décisions du Conseil constitutionnel du 15 juin 1999[105] et du 6 décembre 2001[106], en ce que « l'usage du français s'impose aux personnes morales de droit public et aux personnes de droit privé dans l'exercice d'une mission de service public ». La société concernée invoquait alors un double argument :

- les particuliers ne peuvent se voir imposer l'usage d'une langue autre que le français, l'article 2 n'interdisant pas l'utilisation de la traduction,
- l'administration fiscale serait irrecevable à produire des documents officiels dans une langue étrangère (en l'espèce l'allemand) obtenus dans le cadre d'une réponse à une demande d'assistance administrative TVA fondée sur la directive 77/799/CEE et le règlement 218/92/CEE.

De fait, la Cour de cassation devait rejeter l'argumentaire tout en notant qu'il ne ressortait pas de la procédure que la pièce en question « ait été produite en allemand et, au surplus, sans traduction en langue française ; qu'en outre l'ordonnance de Villers-Cotterêts ne concerne que les actes de procédure ; qu'il appartient au juge du fond, dans l'exercice de son pouvoir souverain, d'apprécier la force probante des éléments qui lui sont soumis »[107]. Elle mettait ainsi fin en termes méthodologiques à d'indéniables perspectives contentieuses.

Les implications d'un tel régime

Le dispositif précité induit certaines exigences formelles[108] dont le non respect a une incidence directe sur le régime d'assujettissement.

---

[105] Cons. const., 15 juin 1999, n°99-412 DC, JO, 18 juin 1999, p.8964 et s.
[106] Cons. const., 6 déc. 2001, n°2001-452 DC, JO, 12 déc. 2001, p. 19712 et s.
[107] Cass. Ch. crim., 5 nov. 2003, n°02-86061, soc. HC Strack Gmbh, inédit.
[108]Cf. Décret n°2002-28 du 8 janvier 2002 fixant les obligations des assujettis établis dans un autre Etat membre de la Communauté européenne et qui sont redevables de la TVA ou qui doivent y accomplir des formalités, JO, 9 nov. 2002, p. 518 et s.

La facture se doit de comporter[109] :
- un numéro TVA intracommunautaire du vendeur,
- un numéro TVA intracommunautaire de l'acquéreur,
- une mention exonératoire de TVA de l'Etat membre de départ.

Un traitement plus spécifique est en outre organisé en cas de vente triangulaire comportant là aussi des mentions obligatoires.

Ainsi, est clairement affirmée la nécessité pour les factures d'être conformes à la réglementation communautaire (pour rendre possible une déduction par l'acquéreur), mais aussi aux exigences nationales.

Pour le Conseil d'Etat français la « méconnaissance des dispositions de l'article 298 – I sexies du CGI relatif aux acquisitions intracommunautaires de moyens de transports neufs par toute personne non assujettie et à leur soumission à la TVA serait irrecevable », a fortiori lorsque la facture émise par le fournisseur communautaire est libellée au nom du mandant et non de la société mandatée[110].

Concernant les transferts de biens pour les besoins de sa propre entreprise vers un autre Etat membre (par un assujetti ou pour son compte), l'assimilation est opérée avec la livraison, ce qui induit une exonération dans l'Etat membre de départ et une affectation assimilée à l'acquisition imposable à la TVA dans l'Etat membre d'arrivée (tout comme pour ce qui est de la livraison de stock). Dans ce cadre certains Etats paraissent avoir adopté des dispositions en contradiction avec l'analyse de la Commission européenne.

Par ailleurs, en ce qui concerne les prestations intracommunautaires c'est-à-dire de service liées aux échanges de biens (transports et accessoires du transport, intermédiaires, travaux…), le preneur établi ou identifié à la TVA d'un Etat membre autre que celui du prestataire est redevable de la TVA aux taux et conditions définies par cet Etat. Le preneur doit communiquer au prestataire le numéro de TVA

---

109 Obligations précisées par la directive 91/680/CEE du Conseil, article 28 nonies, Obligations des redevables.
110 CE, 8 déc. 2003, M. Guy X..., n°251275, Rec., p.

intracommunautaire sur lequel le service lui a été rendu. Ici la facture devra comprendre :

- le numéro identifiant TVA du prestataire sous lequel le service a été rendu,
- le numéro identifiant TVA du preneur sous lequel le service a été reçu,
- une mention spécifiant que le prestataire bénéficie de l'auto-liquidation.

La structuration de ce numéro identifiant est cependant adaptée à chaque Etat membre. Pour la Lituanie, il s'agit de : LT + 9 caractères ou 12, pour la Pologne, il s'agit de PL + 10 caractères numériques, pour la Slovaquie, il s'agit de SK + 10 caractères numériques. Pour la France, il s'agit de 13 caractères, à savoir FR (code du pays) + deux chiffres (clé informatique) + numéro propre de l'entreprise à 9 chiffres (numéro SIREN). Exemple pour l'université Jean Moulin Lyon 3 (PBRD) :
FR75.196924377.

Deux précisions doivent enfin être apportées :

- Concernant des opérations de livraison pour montage dans un autre Etat, l'assujettissement aura lieu au lieu de livraison qui sera celui situé sur le lieu de montage. Si l'acquisition est réalisée dans un Etat non membre, le lieu de livraison par importation est l'Etat membre d'importation.
- Pour ce qui est des personnes bénéficiant d'un régime dérogatoire (PBRD), catégorie qui englobe notamment les professionnels non assujettis, les personnes publiques...[111] l'assimilation est faite avec le régime des particuliers dans la limite d'un plafond annuel d'acquisition sauf pour ce qui est des achats de matériels de transport neufs où la taxation s'opère dans le pays d'immatriculation. Le régime est plus clair en ce qui concerne les achats soumis aux droits d'accises la taxation s'opérant toujours dans l'Etat de destination.

---

[111]Cf. Instruction n°02-077 M21 du 25 sept. 2002 TVA intracommunautaire, BOCP, sept. 2002.

Le non respect des exigences déclaratives[112] est sanctionnable sur la base des dispositions fiscales nationales. S'il n'existe pas d'harmonisation ou d'unification communautaire en ce domaine le juge communautaire a néanmoins pu s'immiscer en estimant récemment que les mécanismes nationaux devaient conférer une effectivité au droit communautaire, tout en respectant les principes communautaires. En 1993, celui-ci avait même été amené à constater une « disproportion manifeste » entre le régime douanier français relatif aux importations reposant sur la confiscation des biens et une amende située entre une et deux fois la valeur de l'objet et les sanctions en matière de TVA en régime dit intérieur se « limitant à une amende proportionnelle au montant de l'impôt éludé »[113].

LA TVA INTRACOMMUNAUTAIRE, FACTEUR D'OBLIGATIONS PARTICULIERES POUR LES ASSUJETTIS

La fin de tout contrôle et de toute formalité fiscale, douanière, lors du franchissement des frontières n'induit pas, pour les entreprises en particulier, la fin des exigences administratives et des contrôles, même si « le paiement de la TVA intracommunautaire s'effectue selon les mêmes modalités que la TVA intérieure, les obligations déclaratives à finalité statistique ou fiscale (étant) modifiées ou allégées », selon l'analyse de messieurs Bienvenu et Lambert[114].

De même les contentieux ne sont pas rares en ce domaine. Ainsi, la cour administrative d'appel de Nancy, par un arrêt du 28 avril 2005, a-t-elle affirmé la non déductibilité de la TVA dans le cadre d'une location intracommunautaire d'ensembles routiers en estimant que le loueur «étant établi dans un autre Etat membre de la communauté européenne, la location de ces ensembles routiers

[112] Avec des différences encore significatives entre les Etats, certains ne pratiquant pas encore la facturation électronique, d'autres n'ayant pas encore instauré d'administration adéquate.

[113] CJCE, 2 août 1993, Commission c/ France, C-276/91, Rec., 1993, p.I-4413, CAA Nantes, 29 déc. 2999, n°97-759, SA Paramédical, AJDA 2001, p.270, concl. J-F Millet, RJF, 10/01, n°1262.

[114] Jean-Jacques Bienvenu, Thierry Lambert, *Droit fiscal*, P.U.F., p.359, 3ème éd. 2003, 446p.

n'était pas imposable en France ». De fait, la société loueuse s'est vu refuser le droit à déduction de la TVA facturée par son commissionnaire en douanes, arrêt plus évident que la position même de l'administration fiscale qui était allée jusqu'à considérer que « les documents douaniers qui mentionnent à tort un transfert de propriété avaient un caractère fictif »[115].

En matière de prestation de services, l'administration fiscale dut même reconnaître que, pour l'application de l'article 262 1 1e du CGI sur l'exonération de TVA pour les prestations de services directement liées à une opération d'exportation de bien, « des hésitations ont pu se produire pour l'application de cette exonération à certaines prestations d'expertise effectuées sur des biens destinés à l'exportation, mais qui n'apparaissent pas directement liées à l'opération d'exportation »[116].

Toutefois, interrogé en matière d'acquisition intracommunautaire de véhicules neufs, le ministre du budget devait énoncer que « tout moyen de transport acquis en provenance d'un autre Etat membre ne peut être immatriculé en France que si le redevable de la TVA remet préalablement aux services de la préfecture le certificat fiscal visé par les services fiscaux dont les mentions ne sont pas opposables à l'administration. L'administration conserve ainsi, compte tenu des informations dont elle peut ultérieurement avoir connaissance, la possibilité de réclamer à l'acquéreur la taxe due au titre de l'opération en cause »[117].

Ces quelques exemples illustrent bien les difficultés du régime actuel. En fait, selon l'analyse de MM. Grosclaude et Marchessou, la situation actuelle non définitive de gestion de la TVA « est beaucoup plus complexe à gérer que le système antérieur, tant par les administrations que par les contribuables », estimant que « le résultat en est une extrême complexité des solutions » et allant

---

[115]SARL AUTO SERVICE TRANSPORT FRANCE (ASTF), n°01NC00197, inédit.

[116]Instruction fiscale, DGI, n°3-A4-03, BOI, 2 déc. 2003, NORBODF 03 300/GJ, *Le moniteur*, 26 déc. 2003, p.291.

[117]Rép. Min. Q. n°15059, Gérard Charasse, JOAN, 13 oct. 2003, p.7822. Dans le même sens et plus récemment toujours sur la question de l'acquisition de véhicules en Allemagne « de nombreux acheteurs français (s'étant) vu adresser des redressements fiscaux pour fraude à la TVA », Rép. Min., Q. n°16832, JO Sénat, 7 juil. 2005, p.1825.

jusqu'à rappeler que « seul le passage au régime définitif permettrait de mettre un terme à la fraude que provoquent les failles du régime provisoire et une insuffisante coopération des administrations fiscales nationales »[118]. Pour autant, la dualité répressive délit douanier[119]/délit fiscal autorise un contrôle efficace, du moins peut-on le penser, des assujettis.

Les entreprises assujetties sont ainsi soumises à des obligations et contraintes particulières, et font face à une volonté accrue des Etats de développer une assistance administrative destinée notamment à lutter contre la fraude fiscale.

Des entreprises soumises à des obligations et contraintes particulières

En soulignant en 2004 auprès du ministre français de l'économie, des finances et de l'industrie que « lors des vérifications, l'administration fiscale rejette systématiquement les notes de frais, pièces de caisse et fiches de débit qui ne s'apparentent pas complètement à une facture en bonne et due forme, soit comportant les nom, dénomination, adresse, voire désormais le numéro de TVA intracommunautaire du client »[120], le député Jean-Louis Dumont, tout en appelant à la clémence du dit ministre, ne faisait en fin de compte que découvrir une certaine rigueur administrative dans les exigences formelles imposées aux entreprises en ce domaine.

La réponse ministérielle ne pouvait, au-delà des nécessités de « réalisme et de discernement » évoquées par le ministre, que rappeler que les entreprises imposées au bénéfice réel avaient « l'obligation de tenir, à l'appui de leur comptabilité, les pièces de recettes et de dépenses destinées à justifier l'exactitude des résultats indiqués dans leur déclaration » et qu'en matière de dépenses « le bien-fondé des déductions opérées repose, en principe, sur la production d'une facture ou de tout autre document formant preuve certaine ».

---

[118]Grosclaude – Marchessou, *Droit fiscal général*, op. cit. p.327.

[119] Au travers des importations sans déclaration, des fausses déclaration d'origine, l'utilisation indue de titres du commerce extérieur … cf. Cass., Ch. crim., n°95-86136, 5 mai 1997, Kohn Albert – soc. El international, BACC, 1997.

[120]Rép. Min., Q. n°32743, Jean-Louis Dumont, JOAN, 1e juin 2004, p.4043.

De fait, le droit français est marqué par une addition de contraintes formelles que l'on retrouve tant au sein du code de commerce que du code général des impôts ou encore du code des douanes. On peut ainsi souligner deux éléments marquants :

- la facture : Le contenu de la facture qui est défini au code de commerce (art. L.441-3) comme devant obligatoirement comprendre un ensemble de mentions (nom des parties, adresses, date de la vente ou de la prestation de service, ... le prix unitaire hors TVA... la date de règlement, etc. Le Code général des impôts, au travers de l'article 289 II renvoie à un décret les éléments attendus en matière fiscale, la facture se devant de comporter notamment les éléments d'identification des parties.
- les déclarations spécifiques liées aux échanges de biens entre Etats membres au travers de la Déclaration d'Echanges de Biens (DEB) (art. 289 C du CGI), déclaration périodique comprenant à la fois l'état récapitulatif des éléments visés à l'article 289 B du CGI et comprenant notamment le numéro d'identification sous lequel l'assujetti est identifié à la TVA dans l'Etat membre où les biens cédés ont été livrés[121], et une déclaration statistique[122].

C'est sur le fondement de l'article 289 C 5 du CGI qu'apparaissent les agents des douanes qui peuvent « exiger sans préavis, à des fins de contrôle statistique, la communication des documents nécessaires à l'établissement de la DEB chez toute personne physique ou morale tenue de souscrire celle-ci ».

Or, il faut bien le constater, les contentieux fiscaux et douaniers ont été relativement significatifs en France en particulier dans le cadre de poursuites pénales consécutives à des contrôles des services douaniers et/ou fiscaux[123]. Le droit national et notamment

[121] Et notamment le total des livraisons de biens effectuées par l'assujetti, déclaration au titre du mois au cours duquel la taxe est devenue exigible.
[122] Avec une obligation de conservation de 6 années à compter de la date de l'opération faisant l'objet de la déclaration. Sur la confirmation de l'obligation de déposer chaque mois des déclarations de chiffre d'affaires mentionnant le montant des opérations réalisées et le détail des opérations taxables : Cass., Ch. crim., 17 novembre 2004, n°04-80573, X.. Bernard, inédit : « il ne pouvait en effet ignorer la condition posée par ladite directive, à savoir que la facture établie par le fournisseur fasse état de la TVA ; que les factures produites en cours d'audience ne permettent pas d'affirmer que la TVA était incluse ».
[123] Au regard des enquêtes fondées sur le Livre des Procédures Fiscales, Cass., Ch. crim., 14 novembre 2002, n°00-30270, X... Y... Daravuth, inédit : « la

pénal se doit de donner toute son effectivité sur le plan interne au droit communautaire et d'en assurer le respect.

La lutte contre la fraude fiscale est un objectif de valeur constitutionnelle, ce qui autorise notamment « le droit de communication créé... au profit des services d'enquêtes douanières, fiscales et boursières... »[124]. Le code des douanes autorise en effet les administrations des douanes à exiger la communication de documents de toute nature relatifs aux opérations intéressant celle-ci (art. 65-1 du code des douanes). A cet égard, le non respect des obligations déclaratives ou des déclarations incomplètes, inexactes ont induit diverses actions pénales que la Cour de cassation a pour l'essentiel validées[125]. L'intéressant des procédures ainsi mises en œuvre repose sur la possibilité d'assurer un croisement entre les différentes déclarations : déclaration de chiffre d'affaires, déclaration relative aux acquisitions intracommunautaires, déclaration mensuelle de TVA.

Ainsi, la Cour de cassation devait-elle constater dans un arrêt rendu en 2002[126] qu'une société avait fait état dans ses déclarations mensuelles de TVA d'un certain volume d'acquisitions intracommunautaires, à titre d'exemple 9,1 millions de francs en 1998 alors que la banque SEIC[127] qui centralise au niveau national les déclarations relatives aux échanges de ce type sur cette même année faisait apparaître un volume de 14 millions de francs, ceci induisant pour l'administration fiscale une « minoration du montant de ces acquisitions » ; or, le service des douanes, pour sa part, notait sur un montant d'exportations de 1,6 millions de francs

---

preuve des agissements frauduleux présumés peut, compte tenu des procédés mis en place et de leur persistance, être apportée de façon inopinée ».

[124]Cons. const. Déc. n°2001-457DC, 27 déc. 2001, Loi de finances rectificative pour 2001, JO, 29 déc. 2001, p. 21172 et s.

[125] Sur les prérogatives et droits de cette administration : Cass., Ch. crim., 5 mai 1997, n°95-86136, en matière d'importation sans déclaration des marchandises et de fausses déclarations.

[126] Cass., Ch. crim. 13 février 2002, n°00-30312, soc. Charletty, inédit.

[127] Système d'Echange d'Information. La Commission européenne a en charge le réseau commun de communication/interface commune des systèmes (CCN/CSI). Il existe auprès de la Commission un comité permanent de la coopération administrative – SCAC-. C'est le système informatisé d'échange d'informations sur la TVA (système VIES : VAT Information Exchange System) qui régit les relations communautaires en ce domaine (livraison trimestrielle par chaque Etat d'un état récapitulatif du montant des livraisons intracommunautaires déclarées par les opérateurs nationaux).

en 1998 contre 4,1 millions de francs dans ses déclarations de chiffre d'affaires.

La différence entre les informations détenues par chacune des deux administrations fiscale et douanière conduisait nécessairement à une révision de la situation fiscale de la société, nonobstant l'engagement de poursuites pénales. Minoration d'un côté, majoration de l'autre, il y avait là une double présomption qui paraissait établie :

- une présomption de « minoration de la base taxable à la TVA dans les déclarations de chiffre d'affaires par la déclaration à l'exportation de ventes qui n'auraient pas été réalisées »,
- une présomption qu'une partie des ventes déclarées à l'exportation a été réalisée en France et est par conséquent taxable à la TVA.

Les discordances déclaratives ne sont pas exceptionnelles ; elles traduisent en général une volonté de minoration des acquisitions et de majoration des livraisons aux fins de bénéficier du régime fiscal applicable, à savoir l'absence de TVA au niveau des livraisons et un montant réduit de biens acquis revendus en France assujettis à la TVA[128]. Face à cette situation et à des circonstances parfois fruit d'une incompréhension ou d'une incapacité à répondre exactement à certaines de ces exigences, les procédures ont pu être allégées ou revues.

Ainsi, le décret 2004-468 du 25 mai 2004[129] a-t-il revu dans le sens d'un assouplissement les règles de preuve des exportations en permettant aux exportateurs ne détenant pas de déclaration d'exportation dûment visée par le service des douanes de sortie d'utiliser d'autres moyens de preuve[130].

---

128 Dans le même sens : Cass., Ch. crim., 15 décembre 2004, n°04-80945, X.. Rita, inédit.

129 « ... Tout document de transport des biens... tout document douanier visé... une déclaration du transporteur.... » Décret relatif aux formalités requises en matière de preuve des exportations de biens bénéficiant de l'exonération de la taxe sur la valeur ajoutée et modifiant l'annexe III au code général des impôts, JO, 2 juin 2004, p.9720 et s.

130 A contrario et sur une période antérieure : CAA Paris, 8 avril 2005, Sté Lynx Optique, RJF, 10/05, 1015.

De la même façon, et conformément au droit communautaire, la loi de finances rectificative pour 2001 avait-elle supprimé à compter du 1er janvier 2002 la représentation fiscale pour les assujettis établis dans un autre Etat membre de la Communauté européenne réalisant des opérations imposables en France[131].

Une coopération administrative accrue entre les Etats membres

Un rapport du Sénat français publié en 1997[132] mettait en avant le fait que le système transitoire en matière de TVA n'affectait pas le fonctionnement du marché commun mais devait être amélioré notant qu'avec la disparition du Document administratif unique (DAU) visé par le Bureau des douanes « les contrôles sont devenus plus difficiles ». Ce même rapport soulignait par ailleurs l'existence de trois mécanismes « potentiels de fraude », à savoir :

- le fait pour les entreprises d'effectuer des acquisitions intracommunautaires sans les déclarer (circuit commercial occulte, déductions abusives de TVA...),
- la pratique des déclarations de livraison intracommunautaires fictives,
- la constitution de circuits frauduleux (acquisition directe à l'étranger et réintroduction sur le territoire national sans déclaration, remboursement indu de TVA, système des « carrousels »[133] avec des documents papier déconnectés de la réalité des échanges de marchandises...).

Cette étude établissait les difficultés du système statistique communautaire pour appréhender la réalité des échanges tout en notant des écarts financiers importants traduisant des pertes de recettes avérées et constatait que de nombreuses opérations se faisaient sans échange d'information sur les numéros de TVA et la valeur des échanges entre Etats membres. S'appuyant sur des

---

[131] Ou des obligations déclaratives. Cf. Instruction DGI TVA redevable de la taxe. Suppression de la représentation fiscale pour les assujettis communautaires, BOI, 3 A-1-02, n°24 du 4 février 2002. Ces adaptations ont conduit la commission européenne à mettre en cause la Finlande dont la législation a conservé une obligation de représentation fiscale et ce en saisissant la CJCE le 1er juin 2005.

[132] *Pour ou contre le futur système de TVA en Europe ?*, Denis Badié, p.67-68, n°264, 1996-1997, 139p.

[133] Cf. Cass. Chambre crim., 15 déc. 2004, X.., n°03-85863.

études de la cour des comptes européenne, le Sénat français notait que « globalement au moins 20% des états récapitulatifs des entreprises étaient fournis avec retard ou pas du tout »[134].

Plus récemment, en 2004, le Syndicat national unifié des impôts (SNUI) estimait à au moins 45 milliards d'euros la fraude fiscale en France dont une partie non négligeable étant imputable à la TVA intracommunautaire[135]. Cependant, le conseil des impôts considérait en 2000 que « globalement, aucune dérive marquée du montant de la fraude n'a été constatée depuis la mise en place du régime transitoire en 1993 »[136] . Il soulignait aussi que la détection des fraudes avait donné des résultats décevants tant au niveau de la DGI que de la DGDDI. A ses yeux, le dispositif était insuffisant tant au niveau des systèmes d'information que de l'assistance administrative[137] ou encore des structures et méthodes et des procédures elles-mêmes ainsi que de « l'arsenal juridique répressif ».

Il faut toutefois noter que les difficultés liées à l'application du régime de la TVA intracommunautaire ne sont pas toujours imputables aux seules pratiques de fraude. Elles ont parfois pu aussi résulter d'une jurisprudence communautaire paraissant remettre en cause l'appréhension initiale des dispositifs communautaires, comme en 2001 en matière de prestations de publicité[138].

Sur le plan répressif, le droit français permet de réprimer certaines pratiques de deux façons : l'escroquerie à la TVA, la fraude fiscale. La première incrimination, relève de l'article 313-1 du code pénal, article général réprimant les pratiques

---

[134]Selon les domaines ce chiffre a pu varier entre 10 et 40% des documents. On notera que la fraude fiscale en matière de TVA en Allemagne a été estimée à 15 milliards d'euros par le comité des « sages », cf. Mise en garde sur la hausse de la TVA, *La Tribune*, 10 nov. 2005, p.4.

[135] *Les Echos*, 16/09/2004, p.2.

[136] Conseil des impôts, la TVA, rapport 2000.

[137] Baisse entre 1997 et 2000 des demandes émises par la France, niveau supérieur des demandes reçues par la France.

[138]En ce sens : instruction DGI du 5 octobre 2001, 3 A-11-01, TVA-Territorialité. Lieu d'imposition des prestations de services. Dérogations au principe de l'article 259 du CGI. Définition des prestations de publicité, BOI, n°182, 12 oct. 2001.

d'escroquerie[139], la seconde est plus spécifique et se trouve fondée sur l'article 1741 du code général des impôts[140]. Les deux administrations, fiscale et douanière, disposent en fait de compétences spécifiques d'action : la DGI, dans le cadre du contrôle fiscal fait usage de ses prérogatives traditionnelles mais exerce aussi un contrôle particulier en matière de facturation (art. L.45 et s et L.80F du LPF). L'administration des douanes assure aussi un contrôle des facturations en cas d'échange intracommunautaire, un contrôle sur les D.E.B. (tout comme la DGI) et un contrôle portant sur la circulation des marchandises.

Pour ce qui est de l'assistance administrative mutuelle entre Etats membres, celle-ci n'est, par ailleurs, nullement une chose nouvelle. Elle a connu un régime initialement fixé par la directive 77/799/CEE[141] pour être encore récemment étendue par la directive 2003/93/CE du Conseil du 7 octobre 2003[142] aux taxes sur les primes d'assurance. Grâce, justement, à l'assistance administrative TVA des Etats, il est ainsi possible par le recours au droit de communication et par l'interrogation des serveurs de détecter les flux d'échange et les identités des entreprises concernées[143].

En ce domaine, la mise en œuvre de la coopération administrative en matière de TVA fut d'abord organisée par un règlement n°218/92 qui a été abrogé par le règlement précité du Conseil n°1798/2003 du 7 octobre 2003 lequel a conduit à instituer « un système commun de coopération administrative et d'échange d'informations entre les autorités compétentes des Etats membres en vue d'assurer la bonne application de la TVA et de lutter contre la fraude » pour reprendre la formulation de la Commission européenne.

---

139 Système jugé plus efficace : emprisonnement de 1 à 5 ans, amende de 375.000 euros, remboursement de la TVA déduite, mais aussi dommages et intérêts à hauteur du montant de la TVA escroquée. En ce sens : Cass. Chambre crim., 9 févr. 2005, X., Y.. Norith, n°03-87710, inédit.

140 Amende de 37.500 euros et emprisonnement de cinq ans. Si opérations de vente sans facture ou avec des factures ne se rapportant pas à des opérations réelles ou ayant eu pour objet d'obtenir de l'Etat des remboursements injustifiés, amende de 75.000 euros et emprisonnement de cinq ans.

141 Concernant l'assistance mutuelle des autorités compétentes des Etats membres dans le domaine des impôts directs et indirects.

142 JOUE, L.264/23 du 15 oct. 2003.

143 Cass., Ch. crim., 5 nov. 2003, n°02-86060, soc. HC Starck Gmbh, inédit.

Présenté comme se situant dans le cadre des mesures d'harmonisation prises pour achever le marché intérieur, ce règlement communautaire[144] se veut à la fois instrument de clarification pour le respect par les assujettis de leurs obligations notamment déclaratives et outil d'une meilleure et plus efficiente coopération technique entre administrations de façon globale tant en matière de livraison de biens que de prestations de services.

Au-delà de la définition de ce qu'il faut entendre par autorité compétente[145] et l'identification des systèmes de liaison le dit règlement organise très clairement un processus relativement encadré de coopération administrative : délai général maximum de trois mois pour effectuer les communications demandées, possibilité pour des fonctionnaires de l'autorité requérante d'être présents dans les bureaux de l'Etat membre d'établissement de l'autorité requise, possibilité pour deux Etats membres d'organiser des contrôles fiscaux simultanés, chacun dans son territoire, échanges automatiques d'informations dans certaines circonstances par exemple lorsqu'il existe un risque de perte de recettes fiscales dans l'autre Etat membre, organisation par Etat d'une base de données électronique de stockage et de traitement des informations et ce pendant une période d'au moins cinq années, ce qui permet à tout autre Etat membre d'obtenir la communication automatique et sans délai en particulier des numéros d'identification TVA attribués par l'Etat membre recevant des informations, ainsi que la valeur totale de toutes les livraisons intracommunautaires de biens aux personnes titulaires de ces numéros « par tous les opérateurs identifiés aux fins de la TVA dans l'Etat membre fournissant les informations »...

Ces apports répondent-ils aux suggestions formulées par le Conseil des impôts en 2000 ? Ainsi, le régime de la TVA intracommunautaire, encore transitoire nous dit-on, se révèle-t-il relativement complexe par ses exigences formelles et le fruit d'un compromis politique et financier dans le cadre de ce programme « minimum » adopté il y a près de quinze années dont le dépassement apparaît encore aujourd'hui difficile à réaliser. Pour reprendre une formulation d'actualité française, la « rupture » n'est

[144] Présenté comme respectueux des droits fondamentaux et observant les principes de la charte des droits fondamentaux de l'Union européenne.
[145] En France, il s'agit alors du ministre de l'économie, des finances et de l'industrie.

pas encore d'actualité en matière de TVA. Elément essentiel de l'acquis communautaire, le régime de la TVA intracommunautaire s'impose ainsi à tout Etat candidat à l'adhésion avec les exigences réformatrices nationales que cela implique en droit fiscal, pénal[146], ... mais aussi sur le plan des institutions administratives et dans leur organisation.

---

[146] Sous l'attentive vigilance de la Commission européenne et dans le respect des décisions de la CJCE notamment dans l'interprétation du droit communautaire ; notons la récente décision de la cour du 16 juin 2005, Maria Pupino, C-105/03 de laquelle il découlerait que le droit national devrait être interprété de « manière conforme au droit communautaire dans le cadre de la coopération policière et judiciaire en matière pénale ».

HARMONISATION FISCALE ET RAPPROCHEMENT DES LEGISLATIONS, OU DE L'INADEQUATION DES MOYENS AUX OBJECTIFS

Laurence VAPAILLE
Maître de conférences à l'Université d'Evry Val d'Essonne
Membre du CERAP

« Le jeu du droit est marqué au moins autant par des comportements symboliques que par des calculs stratégiques ». François OST, *Raconter la Loi. Aux sources de l'imaginaire juridique*, Editions O. Jacob, 2005.

En matière de droit communautaire il existe une distinction essentielle entre, d'une part, la fiscalité indirecte mentionnée à l'article 93 et, d'autre part, la fiscalité directe qui ne fait l'objet d'aucune disposition particulière. S'agissant de la fiscalité indirecte, les directives et une jurisprudence abondante de la CJCE « ont permis l'harmonisation (...) dans la mesure nécessaire à la réalisation du marché unique »[147].

Cependant l'absence de dispositions afférentes à la fiscalité directe ne signifie pas pour autant que ce domaine reste hors du champ d'action de la CJCE. En la matière on peut noter une évolution au terme de laquelle on constate une très nette augmentation des décisions de la Cour de justice. Si seulement quatre arrêts ont été rendus entre 1986 et 1995, en revanche durant la décennie suivante la CJCE a statué à quarante-cinq reprises et ce mouvement semble perdurer puisque en 2005 plus de trente-cinq

[147] Olivier FOUQUET, « L'harmonisation européenne de la fiscalité directe par le juge », *Revue administrative*, 2002, n° 325, p. 55.

dossiers étaient pendants devant la CJCE[148]. La Cour de justice ne se reconnaît pas une vocation spécifique en matière fiscale, plus simplement elle n'opère pas de différence entre une règle fiscale et une règle relevant d'une autre branche du droit. Pour elle, il n'existe que « deux sortes de règles nationales : celles qui sont compatibles avec les principes d'un grand marché et celles qui ne le sont pas »[149].

Le constat de la place devenant prépondérante de la CJCE dans le domaine de la fiscalité directe[150] est la conséquence du silence du législateur communautaire. Il apparaît ainsi une sorte de paradoxe entre l'augmentation des litiges et l'absence de volonté politique afin de les prévenir en amont par la mise en œuvre de textes communautaires. Or la Cour de justice ne peut venir utilement et complètement pallier l'absence de textes en la matière. Son rôle n'est pas de construire un système juridique, fiscal ou non, mais de faire respecter le droit communautaire. Si on ne peut « évidemment pas reprocher à la Cour de justice de faire son travail, il faut bien reconnaître qu'il est essentiellement destructeur »[151]. De même si la jurisprudence de la CJCE est « le seul vecteur de l'harmonisation, il faudrait s'en inquiéter. Le gouvernement des juges n'est pas la voie royale de la démocratie mais la manifestation des carences de son fonctionnement »[152].

Cette forme d'harmonisation « rampante »[153] n'est pas un objectif en soi pour la Cour de justice mais la conséquence de son rôle qui est de veiller au respect des grandes libertés de circulation – personnes, biens, services et capitaux - en vue de la réalisation d'un marché intérieur. Par cette fonction elle a pu développer « une

---

[148] Melchior WATHELET, « Refus d'harmonisation fiscale et condamnations de la Cour de la justice : cohabitation diabolique ? Panorama de la jurisprudence de la CJCE en matière de fiscalité directe », *Revue de jurisprudence fiscale*, 7/2005, pp. 469-489, p.469.

[149] Bruno NGUYEN, « Bachmann, Warner, Schumacker, Wielokx et les autres ... ou quand la Cour de justice harmonise la fiscalité européenne », *Europe*, 1995, n°12, p. 1.

[150] Alexandre MAITROT DE LA MOTTE, *Souveraineté fiscale et construction communautaire : recherche sur les impôts directs*, 2005, LGDJ, Coll. «Bibliothèque de Science Financière», 537 pages.

[151] Melchior WATHELET, op. cit., p.482.

[152] Olivier FOUQUET, op. cit., p.57.

[153] Jean-Pierre CHEVALIER, *Harmonisation fiscale et intégration*, Colloque des facultés de droit de Montréal et de Poitiers, Souveraineté et intégration, 24-27 mai 1992, Publication de la faculté de droit de Montréal, 1993.

politique prétorienne d'harmonisation en étendant à la matière fiscale le champ d'application des principes de non-discrimination prévus par le Traité »[154].

Si la CJCE occupe à présent un tel rôle, cela est dû principalement à l'absence de texte communautaire. Or le législateur communautaire n'est pourtant pas complètement dépourvu de possibilités en matière fiscale. S'agissant de la fiscalité indirecte, l'article 93 dispose que « le Conseil, statuant à l'unanimité sur proposition de la Commission et après consultation du Parlement européen, arrête les dispositions touchant à l'harmonisation des législations relatives aux taxes sur le chiffre d'affaires, aux droits d'accises et autres impôts indirects dans la mesure où l'harmonisation est nécessaire pour assurer l'établissement et le fonctionnement du marché unique ».

En revanche dans le domaine de la fiscalité directe aucune disposition n'y fait directement référence, cependant sur le fondement de l'article 94 dont la vocation n'est pas spécifiquement fiscale mais générale, des directives peuvent être arrêtées. Selon cet article « le Conseil, statuant à l'unanimité sur proposition de la Commission et après consultation du Parlement européen et du Comité économique et social, arrête des directives pour le rapprochement des dispositions législatives, réglementaires et administratives des Etats membres qui ont une incidence directe sur l'établissement ou le fonctionnement du marché commun ».

Mais qu'il s'agisse de la notion d'harmonisation ou de celle de rapprochement, aucune des deux n'a reçu une définition claire et précise. Le terme « harmonisation » est très largement utilisé en matière fiscale, non seulement pour la fiscalité indirecte ce qui semble tout à fait approprié, mais aussi pour la fiscalité directe. En effet le terme « rapprochement » n'apparaît que très rarement[155], ainsi pour Guy Gest le rapprochement ne présente aucune particularité le distinguant de l'harmonisation[156]. Enfin l'immense

---

[154] Fabrice LAYER, « La jurisprudence de la CJCE en matière de non-discrimination et les règles de la fiscalité directe », *Les petites affiches*, 2001, n°238, p.13.

[155] Par exemple Jacques BUISSON, « L'érosion de la souveraineté fiscale dans les Etats membres de la Communauté : l'exemple de la France », Dalloz, 1999, p.132.

[156] « Réforme fiscale. Les contraintes d'origine communautaire en matière de fiscalité directe », *Revue française de finances publiques*, 1997, n°60, p.111 : « le

majorité des auteurs ne cite jamais le rapprochement mais utilise de manière indifférenciée la notion d'harmonisation qu'il s'agisse de fiscalité directe ou indirecte[157].

Cette absence de différenciation entre les deux notions est permise par « la fluidité même du vocabulaire (harmonisation, rapprochement) »[158] qui permet d'utiliser l'un pour définir l'autre ; ainsi l'harmonisation « désigne parfois un simple rapprochement entre deux ou plusieurs systèmes juridiques »[159]. Au final il semble difficile de donner une définition pour ces deux notions bien que celle d'harmonisation soit prédominante, ce terme est « une image plus qu'un concept », pour reprendre la formule de Paul Valéry, il est l'un de « ces mots qui chantent plus qu'ils ne parlent »[160]. D'ailleurs étymologiquement ce mot chante dès l'origine parce que la première utilisation qui en est attestée en 1842 a été faite dans le domaine de la musique[161].

Cependant cette absence de définition ne permet pas à elle seule d'expliquer le silence du législateur communautaire. Au contraire, on aurait pu penser qu'au regard de la plasticité de ces notions, les contraintes seraient d'autant plus lâches. Mais ces contraintes existent même si elles ne découlent pas des termes « harmonisation » et « rapprochement », en fait elles émanent à la fois de la difficulté de prendre des actes sur les fondements des articles 93 et 94, ainsi que sur le principe de subsidiarité.

Sur le fondement de l'article 93, l'harmonisation peut être réalisée par des « dispositions », ce qui signifie qu'il peut s'agir de celles énumérées à l'article 249[162] : règlement, directive, décision,

---

processus de rapprochement –dit communément harmonisation– des législations ».

[157] On peut citer Jean-Michel COMMUNIER, *Droit fiscal communautaire*, Bruylant, 2001, 555 pages, p.141 et suivantes.

[158] Pierre BELTRAME et Gabriel MONTAGNIER, « L'Europe des impôts, » *Actualité juridique de droit administratif*, 1990, p.248.

[159] Sous la direction de Gérard CORNU, *Vocabulaire juridique*, 7ème édition, 2005, Presses universitaires de France, Collection Quadrige, 970 pages, p.423.

[160] Pierre BELTRAME et Gabriel MONTAGNIER, op. cit., p.248.

[161] Sous la direction de Alain REY, *Dictionnaire historique de la langue française*, 1998, Le Robert, T.2 : « harmonie est un mot emprunté au grec harmonia « cheville, joint », par exemple en maçonnerie, d'où « assemblage », « juste rapport » en particulier « accord de sons ».

[162] « Pour l'accomplissement de leur mission et dans les conditions prévues au présent traité, le Parlement européen conjointement avec le Conseil (uniquement

recommandation ou avis. En revanche pour l'article 94, seules les directives peuvent être arrêtées[163] afin de procéder au rapprochement des dispositions législatives, réglementaires et administratives. Cependant dans les deux hypothèses, la règle de l'unanimité s'applique sans faille.

Ce principe de l'unanimité en matière fiscale pour lequel les Etats montrent un attachement fort, car il s'agit à la fois de l'expression et du symbole de leur souveraineté, est dans le même temps un obstacle majeur à l'intégration fiscale communautaire. De même selon le principe de subsidiarité, « l'action communautaire doit se concentrer sur les mesures indispensables pour l'achèvement du marché intérieur »[164]. Néanmoins malgré ces principes, l'intégration tend à se développer et même s'il « n'est pas encore possible de parler véritablement de politique fiscale »[165] elle est cependant de plus en plus évoquée, signe de la dynamique de ce phénomène de l'intégration. La difficulté de prendre des actes en matière fiscale, permettant d'encadrer sinon au moins d'accompagner cette dynamique, ne tend qu'à s'accroître avec l'élargissement (I) Alors que dans le même temps malgré l'absence de textes communautaires, la fiscalité est devenue un facteur essentiel à la résolution des problèmes de politique économique, il devenait nécessaire d'en renouveler l'approche (II).

---

dans le cadre du traité CE), le Conseil et la Commission arrêtent des règlements et des directives, prennent des décisions et formulent des recommandations ou des avis. Le règlement a une portée générale. Il est obligatoire dans tous ses éléments et il est directement applicable dans tout Etat membre. La directive lie tout Etat membre destinataire quant au résultat à atteindre, tout en laissant aux instances nationales la compétence quant à la forme et aux moyens. La décision est obligatoire dans tous ses éléments pour les destinataires qu'elle désigne. Les recommandations et les avis ne lient pas. »

[163] En excluant le règlement, les Etats ont la garantie de la maîtrise des modalités d'application à prendre en vue d'obtenir le résultat défini par la directive. En ce sens cf. Christian LOPEZ, « L'harmonisation fiscale : un élan ou un obstacle à la construction européenne ? », *Les petites affiches*, 2001, n°238, p.9.

[164] Communication SEC (90) 601 du 20 avril 1990 de Madame SCRIVENER, Commissaire européen sur les orientations en matière de fiscalité des entreprises.

[165] Dominique BERLIN, « Surveillance communautaire des droits fiscaux nationaux », *Jurisclasseur Europe*, fasc.1610 ; mise à jour au 15 février 2005, p.2.

LE BLOCAGE DU PROCESSUS DECISIONNEL EN MATIERE FISCALE

La situation actuelle manifeste une sorte de paradoxe entre, d'une part, l'expression d'un intérêt croissant pour la fiscalité en particulier à travers une réflexion sur l'évolution des objectifs qui lui sont dévolus ; et d'autre part, un instrument, la directive, qui a semblé être privilégiée comme moyen d'action, mais qui ne permet plus de traduire cette évolution.

La directive : un acte de moins en moins présent

La rareté de la directive en matière fiscale se vérifie tant quantitativement que qualitativement. Au plan quantitatif dans le cadre de la fiscalité directe, il en existe très peu [166] alors que c'est le seul acte pouvant être pris sur le fondement de l'article 93 en vue d'un rapprochement des dispositions nationales. Au niveau quantitatif, en matière d'impositions indirectes, elles sont plus nombreuses, notamment pour la TVA, que dans le domaine des impositions directes, mais elles n'emportent plus de modifications sensibles du régime actuel[167]. Cette situation est due, non pas à une absence de propositions de la part de la Commission[168], mais à un blocage dans le processus décisionnel, conséquence de la règle de l'unanimité.

Etat des lieux

Qu'il s'agisse de la fiscalité directe ou indirecte, on ne peut que constater que la directive est de moins en moins mise en œuvre. Pour la TVA, depuis la première directive du 11 mai 1967, le régime a incontestablement beaucoup évolué, au point où il s'avère que cette imposition est régie aujourd'hui au moyen des directives[169]. Actuellement est toujours appliqué le régime

---

[166] Théodore GEORGOPOULOS, « Le rôle créatif du juge communautaire en matière de fiscalité directe. De l'affaire sur l'avoir fiscal français à celle sur l'avoir fiscal finlandais », *Revue trim. de droit européen*, 2005, n°41, p.62.
[167] Jean-Jacques PHILIPPE, « Cinquante ans de TVA : de sa préhistoire à son actualité », *Droit fiscal*, 2005, n°7, p. 385
[168] Fabienne PERALDI-LENEUF, « L'articulation des compétences fiscales à l'échelon européen », *Droit fiscal*, 2001, n°44-45, p.1552.
[169] Jean-Jacques PHILIPPE, op. cit., p.384.

transitoire dans lequel l'opération est taxée dans le pays de destination. Pour les entreprises, il est compliqué notamment à cause des règles de localisation ou encore de l'hétérogénéité des législations nationales. Pour les consommateurs, sauf les frontaliers, la complexité du régime des ventes à distance dissuade les entreprises de pratiquer ce genre de ventes. Enfin pour les Etats, la fraude à la TVA intracommunautaire paraît trop importante[170].

Les dernières propositions de la Commission en matière de TVA concernaient le passage du régime transitoire au régime définitif : régime dans lequel il est prévu la taxation dans le pays d'origine des biens avec pour corollaire la mise en place d'un système de compensation[171]. En 1996 la Commission a fait une nouvelle proposition tendant, dans l'esprit de la directive de 1967, à la suppression des frontières fiscales, mais elle n'a jamais abouti et le régime transitoire, en place depuis 1992, semble devoir perdurer sine die. La priorité donnée par la Commission « à l'instauration du régime définitif (...) dont les Etats n'ont pas voulu, a ainsi contribué au blocage de processus de décision dans les années 1990 »[172].

Face à ce blocage la Commission n'a pas renoncé pour autant, officiellement, à la mise en place du régime définitif. Dans sa communication du 20 octobre 2003 intitulée « Bilan et mise à jour des priorités de la stratégie TVA »[173], elle indique que le marché commun fonctionnerait mieux si le système de TVA était fondé sur le régime de taxation dans l'Etat d'origine de la livraison, comme en 1996[174] et 2000[175]. Mais dans le même temps, la Commission

[170] Gabriel MONTAGNIER, « Harmonisation fiscale communautaire (janvier 1995 – février 1997) », Revue *trimestrielle de droit européen*, 1997, n° 33, p.356-358. Mirko HAYAT, « Où en est l'harmonisation fiscale dans l'Union européenne ? », *Gazette du Palais*, 7 et 8 juin 2000, p.971 : « on attribue à ce système, basé pour beaucoup sur la confiance, des fraudes à la TVA de grande ampleur ».
[171] Mirko HAYAT, ibid., p.971.
[172] « La taxe sur la valeur ajoutée, 19e rapport du Conseil des impôts », *Droit fiscal*, 2001, n° 29, p.1123.
[173] COM (2003) 614 final du 20 octobre 2003, *Bulletin fiscal Lefebvre* 1/2004, p.19.
[174] « Un système commun de TVA, un programme de travail pour le marché commun », COM (1996) 328 final du 22 juillet 1996.
[175] « Stratégie visant à améliorer le système de la TVA dans le cadre du marché intérieur, Communication de la Commission au Conseil et au Parlement européen

n'envisage plus sa stratégie en faveur du « régime définitif » comme seul objectif, elle détermine aussi des actions dans la continuité du régime actuel. Elle propose d'améliorer le système transitoire de TVA et « reconnaît sans détour l'impossibilité de mettre en œuvre les objectifs fondamentaux dégagés dès l'origine visant à instituer un régime de taxation dans l'Etat d'origine »[176]. Actuellement, il semble qu'il soit peu probable que le système soit sensiblement modifié, sous réserve de certaines améliorations techniques[177] ; bien que le Conseil réaffirme juridiquement et politiquement l'engagement pris en avril 1967 de mettre en place un système « définitif » d'imposition[178].

Il existe ainsi une « impossibilité de nature politique à mettre en œuvre les objectifs fondamentaux dégagés dès l'origine visant à instituer un système de taxation dans le pays d'origine »[179]. Or la directive ne peut remédier à cette absence de volonté politique des Etats[180]. On ne peut que constater la limite de la directive, elle ne permet pas de faire évoluer le droit communautaire en ce domaine. La directive ne constitue pas le seul instrument selon les termes de l'article 93, mais de manière générale sont mentionnées « les dispositions » ; donc l'harmonisation pourrait être effectuée grâce à d'autres instruments juridiques. Cependant force est de constater que la Commission procède par propositions de directives qui n'aboutissent pas[181]. Néanmoins cela ne signifie pas que la Commission ne communique pas sur le sujet de la TVA, très régulièrement sont publiées des communications[182]. Mais ces documents n'ont pas force contraignante, ils sont relatifs à l'harmonisation mais n'ont pas pour objectif d'y procéder, en particulier ces documents sont destinés à préparer la prise de décision de la directive[183].

---

du 7 juin 2000 ». COM (2000) 348 final du 7 juin 2000, *BF Lefebvre*, 9-10/2000, p.481 ; *Droit fiscal*, 2000, n°26, p.939.

[176] Jean-Pierre MAUBLANC, « La communication de la Commission relative à la TVA ou l'empirisme résigné sur le devenir du système », *Revue du marché commun et de l'Union européenne*, n° 481, 2004, p.528.

[177] Jean-Jacques PHILIPPE, op. cit., p.385.

[178] « Stratégie visant à améliorer… », op. cit., p. 937.

[179] Jean-Pierre MAUBLANC, op. cit.., p.528.

[180] Sous la direction de Dominique BERLIN, « Chronique de jurisprudence fiscale européenne », *Revue trimestrielle de droit européen*, 2005, n° 41, p.715.

[181] Jean-Jacques PHILIPPE, op. cit., p.384.

[182] Jean-Pierre MAUBLANC, op. cit., p.528.

[183] Geneviève BERTRAND, *La prise de décision dans l'Union européenne*, 2003, 2ème édition, la Documentation française, Coll. « Réflexe Europe », p.63.

Outre la TVA, les droits d'accises ont été aussi harmonisés – tabacs manufacturés, alcools et boissons alcoolisées, huiles minérales – par le biais de directives. Cette harmonisation a été effectuée par un « système trinitaire »[184]. Il existe une directive commune qui détermine les conditions générales de détention, circulation et de contrôle ; puis une directive répartissant les différents produits en catégorie pour leur taxation et enfin une directive qui fixe les différents types de produits[185]. Contrairement à l'harmonisation relative à la TVA, saluée comme une avancée majeure, l'harmonisation des accises « n'appelle que peu de commentaires, puisque d'harmonisation elle n'en a que le nom »[186]. En matière de droits d'accises, la force juridique de la directive n'a pas été un gage de réussite quant à l'ampleur de l'harmonisation.

La directive est définie à l'article 249 alinéa 3, elle « lie tout Etat membre destinataire quant aux résultats à atteindre tout en laissant aux instances nationales la compétence quant à la forme et aux moyens »[187]. En pratique la part de liberté reconnue aux Etats destinataires dépend du contenu et de la précision de la directive. Plus elle sera précise et moins les Etats auront de marge d'appréciation quant à sa mise en oeuvre. Dans le cas le plus extrême, la directive est reproduite à l'identique dans le droit national[188]. Il s'agit d'une méthode de législation à « deux étages »[189] mais le passage d'un étage à l'autre a un caractère plus ou moins précis en fonction du contenu du texte de la directive. Si la 6ème directive [190] a été reprise textuellement dans la législation française, en revanche pour les droits d'accises il s'agit plutôt de « directives-cadres »[191]. L'harmonisation faite au moyen de la

[184] Gabriel MONTAGNIER, op. cit., p.348.
[185] Directives 92-78 à 84 du 19 octobre 1992 ; JOCE n°L316 du 31 octobre 1992.
[186] Jacques BUISSON, op. cit., p.130.
[187] En principe elle n'a pas de portée générale, elle ne s'adresse pas aux particuliers mais à un ou plusieurs Etats membres, voire tous les Etats membres en créant à leur charge une obligation de résultat. Il appartient à chaque Etat de choisir les moyens pour y parvenir, ces moyens doivent être des actes juridiques contraignants.
[188] Louis CARTOU, Jean-Louis CLERGERIE, Annie GRUBER et Patrick RAMBAUD, *L'Union européenne*, 5ème édition, 2004, Dalloz, Coll. « Précis droit public-science politique », p.163.
[189] Pierre-Yves MONJAL, Les *normes de droit communautaire,* 2000, P.U.F., Coll. « Que sais-je ? », p.33.
[190] JOCE n° L 145 du 13 juin 1977.
[191] Louis CARTOU et al., op. cit., p.163.

directive peut avoir un contenu et une portée différents en fonction de la précision de la directive.

S'agissant de la fiscalité directe, la législation communautaire actuelle est peu étendue ; elle comprend :

- la directive sur l'assistance mutuelle en matière fiscale[192],
- les deux directives de 1990 relatives aux fusions[193] et au régime « mères-filles »[194],
- et les deux directives du 3 juin 2003 afférentes à la fiscalité de paiements d'intérêts entre sociétés associées[195] et à la fiscalité de l'épargne[196].

Les directives adoptées en 1990 ont été qualifiées, à l'époque, de « succès ponctuels mais importants en matière d'harmonisation des impôts directs »[197]. Mais une dizaine d'années plus tard elles sont considérées comme ne couvrant « qu'une part bien modeste des questions d'intérêt communautaire liées à la fiscalité directe »[198]. Ces directives avaient, d'autant plus, été analysées comme un signe favorable au droit communautaire que, dès 1975, la Commission avait présenté un projet de directive visant à l'harmonisation de l'impôt sur les sociétés[199]. Ce projet n'ayant pu aboutir et face à cet échec les directives de 1990 n'avaient pu être qu'interprétées positivement. Cependant il a fallu attendre treize ans pour que soient adoptées les directives relatives à la fiscalité des paiements d'intérêts entre sociétés associées[200] et la fiscalité de

---

192 N° 77-779-CEE du 19 décembre 1977 concernant l'assistance mutuelle des autorités compétentes des Etats membres dans le domaine des impôts directs, JOCE L 336, 27 décembre 1977.

193 N° 90-434-CEE du 23 juillet 1990 concernant le régime fiscal commun applicable aux fusions, scissions, apports d'actifs et échanges d'actions intéressant les sociétés d'Etats membres différents, JOCE L 225, 25 août 1990, p.1.

194 N° 90-435-CEE du 23 juillet 1990 concernant le régime fiscal commun applicable aux sociétés mères et filiales d'Etats membres différents, JOCE L 225, 25 août 1990, p.6.

195 N° 2003-49-CE du 3 juin 2003 concernant un régime fiscal commun applicable aux paiements d'intérêts et de redevances effectués entre sociétés associées d'Etats membres différents, JOUE L 157, 26 juin 2003, p.49.

196 N° 2003-48-CE du 3 juin 2003 en matière de fiscalité des revenus de l'épargne sous forme de paiements d'intérêts, JOUE L 157, 26 juin 2003, p.38.

197 Jean-Pierre LE GALL, « L'harmonisation européenne de la fiscalité directe des entreprises. Analyse et perspectives du rapport Ruding », *Droit fiscal*, 1993, n°13, p.624.

198 Théodore GEORGOPOULOS, op. cit., p.62.

199 23 juillet 1975, JOCE n° C 253, 5 novembre 1975.

200 N° 2003-49-CE du 3 juin 2003, op. cit.

l'épargne[201]. Le temps écoulé a eu pour effet de relativiser l'appréciation plutôt favorable portée sur les directives afférentes à la fiscalité directe.

Dans le cadre de la fiscalité directe c'est l'article 94 qui est appliqué, selon cette disposition, le rapprochement des dispositions nationales ne peut s'opérer que par le moyen de directives. A une moyenne de deux directives tous les treize ans, l'intégration communautaire ne sera pas réalisée avant un temps considérable. Dans cette perspective, l'évolution de l'appréhension des directives - de « succès ponctuels » à celle de « part modeste » - est justifiée et révèle les limites de la directive en tant qu'instrument juridique. Mais qu'il s'agisse de la fiscalité directe ou indirecte, la lenteur constatée dans l'avancée des travaux, voire la situation de blocage, est pour l'immense majorité des observateurs, mais aussi des acteurs, due au principe de l'unanimité.

Le principe de l'unanimité

Même si les dispositions des articles 93 et 94 s'appliquent à des domaines différents, dans les deux hypothèses – fiscalité directe et fiscalité indirecte – la règle de l'unanimité leur est commune. Déjà en 1995, Bruno Nguyen constatait que depuis la « mise en vigueur du Traité de Maastricht (...) les textes fiscaux nécessaires pour la constitution d'un véritable marché unique sont en panne »[202]. Selon cet auteur, la seule solution à cette situation aurait été l'abandon de la règle de l'unanimité. En 2005, la même analyse est toujours valable, qu'il s'agisse de fiscalité directe[203] ou indirecte[204].

Notamment le maintien de la règle de l'unanimité est à l'origine de la prolongation sine die du régime transitoire. Face à la contrainte devenue quasiment infranchissable à dépasser au sein d'une Europe à 25, il a été proposé que les mesures fiscales les

[201] N° 2003-48-CE du 3 juin 2003, op. cit.
[202] Bruno NGUYEN, op. cit., p.3.
[203] Melchior WATHELET, op. cit., p.481.
[204] Jean-Pierre MAUBLANC, op. cit., p.528 : « Le maintien de la règle de l'unanimité pour l'adoption des directives fiscales dans une situation d'élargissement de l'Union n'incite guère à l'optimisme ».

moins importantes soient prises à la majorité qualifiée[205] qui constitue la procédure la plus courante[206] et dont le domaine est en extension continue[207]. Mais les Etats ont refusé, ainsi lors du Conseil européen de Nice, il a été « décidé de maintenir la règle de l'unanimité en ce qui concerne toutes les dispositions des traités relatives à la fiscalité »[208].

Pour la TVA, eu égard à la résistance des Etats en faveur du maintien de la règle de l'unanimité, la Commission a renoncé – au moins de manière informelle – à proposer le passage au régime définitif. A présent les « chantiers de l'harmonisation TVA deviennent plus modestes, plus consensuels. (...) Ils semblent se concentrer sur la modernisation de la sixième directive et les simplifications de l'administration de l'impôt »[209]. Mais même en revoyant ses objectifs dans une perspective moins novatrice, les avancées restent encore longues à mettre en œuvre, car si le système transitoire n'est pas parfait, néanmoins il fonctionne en l'état. Les Etats hésitent devant la mise en oeuvre d'améliorations qui sont perçues comme autant d'atteintes à leur souveraineté. Au final, le gain obtenu[210] par une plus grande harmonisation ne paraît pas compensé par la perte de souveraineté à laquelle ils devraient consentir pour obtenir cette amélioration du système. Ainsi « l'immobilisme (...) procède de ce que le système actuel s'accommode d'une certaine flexibilité des taux de TVA en offrant aux Etats une marge de manœuvre qu'ils ne posséderaient pas dans le système définitif »[211].

Le maintien de la règle de l'unanimité n'est pas attaché au seul domaine de la fiscalité, la politique sociale reste aussi soumise à ce principe ; l'une comme l'autre constituent les « dernières

---

205 « Fiscalité : voir ensemble les enjeux fondamentaux, une interview de Mario MONTI, Commissaire à la Commission européenne », *Revue des affaires européennes*, 1996, p.85.

206 Louis CARTOU et al., op. cit., p.80.

207 Yves DOUTRIAUX et Christina LEQUESNE, *Les institutions de l'Union europénne*, 2005, 5ème édition, La documentation française, Coll. « Réflexe Europe », p.49 et s.

208 « Les activités de l'Union européenne en 2000 en matière de fiscalité directe et indirecte », *Droit fiscal*, 2001, n°15, p.624.

209 Mirko HAYAT, op. cit., p.972.

210 Jean-Pierre MAUBLANC, op. cit., p.529 : le régime définitif selon la Commission garantirait « la simplicité administrative, la réduction des coûts pour les entreprises et limiterait les possibilités de fraude à la TVA ».

211 Jean-Pierre MAUBLANC, ibid., p.529.

forteresses nationales »[212]. S'agissant de la fiscalité et de la politique sociale, les Etats veulent conserver la plus intacte possible leur souveraineté. Ces deux domaines sont étroitement liés à l'économie et les Etats veulent garder la haute main sur ces domaines sensibles dans lesquels et par lesquels ils peuvent agir sur l'économie et, par conséquent, démontrer leurs possibilités d'action politique.

Cette règle de l'unanimité a aussi pour effet indirect de conférer à chaque Etat « un droit de veto »[213] pour s'opposer à une mesure. Enfin, non seulement, la règle de l'unanimité est un obstacle à l'adoption des textes, mais « quand par un hasard extraordinaire on y parvient, la même règle devient un piège absolu fixant en statue du commandeur la législation en cause »[214]. La règle de l'unanimité est non seulement un obstacle à l'adoption des directives mais aussi à la modification de celles en vigueur. On peut s'interroger, savoir si cela ne constitue pas un frein supplémentaire à l'adoption de directives, les Etats sachant que la directive une fois adoptée, il sera aussi difficile de la modifier qu'il aura été difficile de la faire adopter.

La fiscalité est considérée comme un attribut essentiel de la souveraineté des Etats et elle illustre fort bien le paradoxe selon lequel « le projet européen se lit fondamentalement comme un projet qui veut à la fois dépasser les Etats-Nations tout en continuant à les faire vivre sans réellement savoir comment s'y prendre »[215]. Mais la fiscalité est aussi essentielle à la définition du projet européen, elle ne peut être isolée comme composante de la souveraineté de chaque Etat ; elle est aussi un élément du projet européen. Le paradoxe reste fort et le principe de l'unanimité appliqué au domaine fiscal joue un rôle de révélateur. En effet « la norme est au cœur de la construction européenne car elle constitue la ressource essentielle dont disposent les Etats pour s'associer en rusant avec la souveraineté. La norme est ce qui permet à l'Europe

---

212 Fabienne PERALDI-LENEUF, op. cit., p.1552.

213 Pierre BELTRAME et Gabriel MONTAGNIER, « L'influence de l'Union européenne sur la fiscalité française », *Revue française de finances publiques*, n°68, 1999, p.146.

214 Patrick de FREMINET, « Taux de la TVA : cohérence ou incohérence européenne ? », *Droit fiscal*, 2003, n° 6, p.242.

215 Zaki LAÏDI, *La norme sans la force. L'énigme de la puissance européenne*, Presses de sciences politiques, coll. « Nouveaux Débats », 2005, p.10.

de dépasser la souveraineté sans l'abolir »[216]. Cependant le principe de l'unanimité ne permet plus à la directive de « ruser » avec la souveraineté des Etats ... Son adoption devient insurmontable avec l'élargissement de l'Union européenne.

Si on ne peut que constater le blocage dans le processus décisionnel de l'adoption de directives en matière fiscale, dans le même temps la fiscalité reste centrale dans les préoccupations tant des Etats que des instances européennes. Or si cet intérêt n'est pas un moteur assez puissant pour aboutir à l'adoption de nouvelles directives, il n'en reste pas moins que l'Union européenne a évolué de manière sensible dans son approche de la fiscalité. Le blocage au niveau décisionnel n'a pas pour autant arrêté les réflexions relatives à la fiscalité. Si avec l'évolution de l'Union européenne, le principe de l'unanimité est devenu un blocage à toute décision, dans le même temps, l'Union européenne a aussi beaucoup évolué dans la manière d'appréhender la fiscalité.

L'évolution des objectifs dévolus à la fiscalité

Les rédacteurs du traité de Rome l'avaient conçu pour répondre avant tout à des besoins économiques, l'unification européenne apparaissant comme un moyen pour les Etats « d'améliorer l'utilisation de leurs capacités économiques et techniques, d'accroître leur efficacité dans les conditions exigées par le monde moderne »[217]. Cet objectif devait être atteint par la réalisation du marché intérieur et dans une première étape la fiscalité n'a été analysée qu'au regard de ce but.

Cependant la construction européenne, fondée dans un premier temps sur une vision s'intéressant aux grandes libertés de circulation, ne pouvait qu'évoluer vers une coopération économique plus large indissociable d'une perspective politique[218]. Or même si la fiscalité reste étroitement liée à la souveraineté des Etats, elle ne peut échapper à ce mouvement allant dans le sens d'une intégration économique et politique toujours plus prégnante malgré les réticences des Etats.

---

[216] Zaki LAÏDI, ibid., p.57.
[217] Louis CARTOU et al., op. cit., p.35.
[218] Ibid. p.36.

La réalisation d'un marché unique

La fiscalité n'est inscrite ni dans les missions de la construction européenne, ni dans les actions permettant de parvenir à cet objectif[219]. Seul l'article 93 s'intéresse directement à la fiscalité indirecte, en revanche la fiscalité directe n'est pas mentionnée dans le Traité. Il existe quelques références à la fiscalité, ces dispositions sont peu nombreuses[220]. Ces mesures fiscales communautaires figurent dans le cadre des politiques générales, elles ne sont pas considérées comme faisant partie d'une politique sectorielle particulière. En particulier pour la fiscalité directe, il n'existe pas de « projet communautaire d'ensemble »[221].

A travers ces différentes constatations, il apparaît que la fiscalité n'était pas essentielle pour les rédacteurs du Traité, notamment parce qu'elle « constitue un des points forts de la souveraineté des Etats auquel (ils) n'ont pas voulu porter atteinte »[222]. Elle relève de la compétence interne des Etats et on ne peut parler d'une compétence fiscale européenne[223]. Si la fiscalité indirecte a bénéficié d'un traitement différent, par l'article 93 c'est parce que son harmonisation est considérée comme indispensable à la mise en œuvre de la liberté de circulation des services et des marchandises. Quant à la fiscalité directe, elle est appréhendée « en tant qu'obstacle éventuel à d'autres politiques »[224]. Donc même si la fiscalité directe n'est pas traitée à la même aune que la fiscalité indirecte, au final elles sont abordées dans un même esprit : les mesures fiscales ne doivent pas constituer des obstacles à la construction européenne.

La fiscalité directe n'est pas mentionnée dans le traité, mais elle est rattachée à l'article 94. Qu'il s'agisse de l'article 93 ou de l'article 94, la terminologie utilisée est sensiblement similaire. L'article 93 dispose que l'harmonisation doit être « nécessaire pour assurer l'établissement et le fonctionnement du marché intérieur ». L'article 94 est relatif aux « dispositions (…) qui ont une incidence

---

[219] Patrick DIBOUT, « Fiscalité et construction européenne : un paysage contrasté », *Revue des affaires européennes*, 1995, n°2, p.5.
[220] Jean-Michel COMMUNIER, op. cit., p.146 ; J. BUISSON, op. cit., p.130.
[221] Christian LOPEZ, op. cit. p.6.
[222] Patrick DIBOUT, op. cit., p. 5.
[223] Fabienne PERALDI-LENEUF, op. cit., p.1552.
[224] Christian LOPEZ, op. cit. p.6.

directe sur l'établissement ou le fonctionnement du marché commun »[225]. A la lecture de ces deux dispositions, ni l'harmonisation en matière de fiscalité indirecte, ni le rapprochement des dispositions relatives à la fiscalité directe ne sont des objectifs en eux-mêmes. L'une comme l'autre ne visent pas à établir une politique fiscale communautaire et elles ne constituent pas une fin en soi[226]. Le seul but est la réalisation d'un marché intérieur, c'est-à-dire au sein duquel les quatre grandes libertés ne rencontrent aucun obstacle[227].

Dans cette perspective, le principe de subsidiarité a été très fortement affirmé. Ainsi le rapport RUDING avait proposé une série de mesures relatives aux taux, à la base et aux systèmes d'impôts sur les sociétés[228]. Cependant la réaction de la Commission a été très en retrait par rapport à ces propositions[229]. Selon Madame SCRIVENER, il importait « de ne pas se laisser entraîner dans une démarche poussée d'harmonisation qui n'est pas justifiée au plan économique et qui ne serait pas conforme au principe de subsidiarité en ce qui concerne les compétences respectives des Etats membres de la Communauté »[230].

Malgré cette place réduite due à la fois au peu de dispositions communautaires et à la prégnance du principe de subsidiarité, « la fiscalité apparaît à tout le moins importante, sinon essentielle, tant dans la réalisation d'un véritable marché intérieur qu'à terme d'une Union économique et monétaire, voire même dans le cadre des

---

[225] La différence de terminologie ne semble pas indiquer une distinction essentielle. Pour Jean-Michel COMMUNIER, *Droit fiscal communautaire*, p.168 : « la notion de « marché commun » semble plus large que celle de « marché intérieur » néanmoins cette différence ne semble pas révéler une réelle différence dans la définition du marché ».

[226] M. MONTI cité par P. BELTRAME et G. MONTAGNIER, op. cit., p.130.

[227] Claudio SACHETTO, « L'influence de la l'Union européenne sur la fiscalité italienne », *Revue française de finances publiques*, 1999, n°68, p.149 : « Le but de l'harmonisation européenne est, comme on le dit dans les traités européens, de permettre d'atteindre : « la totale liberté de circulation des biens, des services, des personnes et des capitaux ».

[228] *Conclusions et recommandations du Comité de réflexion des experts indépendants sur la fiscalité des entreprises*, Office des publications officielles des C.E., 1992, 49 pages.

[229] Jean-Pierre LE GALL, « L'harmonisation européenne… », op. cit., p.628.

[230] Citée dans « Les orientations européennes en matière de fiscalité directe des entreprises (Rapport Ruding et Communication du Conseil des C.E. du 24 juin 1992) », *Droit fiscal*, 1992, n°30, p.1288.

relations de l'Union avec les Etats tiers »[231]. Mais si la fiscalité est considérée comme essentielle à la réalisation du marché intérieur, elle l'est en vue d'obtenir la neutralité des systèmes fiscaux. « Pour les instances communautaires, (...) les fiscalités européennes sont économiquement légitimes lorsqu'elles ne faussent pas le choix des agents, du moins dans une mesure qui n'affecte que substantiellement les conditions de la concurrence dans un marché unique »[232].

On peut retrouver cette recherche à travers les directives du 23 juillet 1990. La directive « mères-filiales »[233] permet d'éliminer la double imposition lors des distributions des bénéfices par une filiale d'un Etat membre à la société mère lorsque celle-ci est située dans un autre Etat. La directive « fusion »[234] a pour objectif de neutraliser l'imposition des plus-values réalisées lors des fusions, scissions, apports partiels d'actifs ou échanges de titres, lorsque ces opérations sont réalisées entre des entités juridiques résidant dans des Etats membres différents. Ces deux directives visent à obtenir la neutralité dans le cadre de flux transfrontaliers. L'objectif est que l'imposition ne soit pas différente que l'opération soit réalisée au sein d'un seul Etat ou qu'elle en concerne plusieurs. Par ailleurs ces deux directives n'ont pas modifié les règles nationales mais ont établi « des dispositions limitées aux transactions impliquant des entreprises de plusieurs Etats membres »[235]. Il s'agit d'une forme de coordination qui ne remet pas en cause la souveraineté des Etats. Cette recherche d'une neutralité toujours plus grande existe aussi bien en matière de fiscalité directe qu'indirecte ; elle n'est plus cantonnée aux seules opérations transfrontalières.

Même si l'on s'en tient au respect des « principes classiques de départ (...) : la libre concurrence et la libre circulation. (...) la réalisation du marché intérieur concerne en effet, d'abord les entreprises (...), la neutralité des règles fiscales fait partie de l'environnement nécessaire, notamment pour ne pas fausser

[231] Patrick DIBOUT, op. cit., p.5.
[232] Bernard CASTAGNEDE, « La légitimité économique et financière du choix de la ressource publique : aspects européens », *Revue française de finances publiques*, 2004, n°88, p.87.
[233] N° 90-435-CE du 23 juillet 1990, op. cit.
[234] N° 90-434-CE du 23 juillet 1990, op. cit.
[235] Fabienne PERALDI-LENEUF, op. cit., p.1554.

l'orientation des investissements »[236]. Donc la recherche en vue d'une neutralité accrue intéresse d'une part, les opérations transfrontalières mais d'autre part, on ne peut faire abstraction de la fiscalité à l'échelon national. Les différents systèmes nationaux sont indépendants, constatation fondée sur la forte affirmation de la souveraineté des Etats[237] relayée par le principe de subsidiarité prédominant au plan européen. Cependant on ne peut se contenter d'une vision dans laquelle les systèmes fiscaux nationaux sont appréhendés sous forme de juxtaposition. Les décisions prises au plan national sont « inévitablement soumises aux exigences liées à l'appartenance communautaire »[238].

Ainsi le domaine de la fiscalité directe est au confluent de deux notions qui peuvent apparaître comme opposées. D'une part, elle relève d'une compétence nationale car considérée comme une composante essentielle de la souveraineté des Etats, s'appuyant au plan communautaire par une affirmation non moins forte du principe de subsidiarité. D'autre part, une perspective uniquement nationale n'est pas tenable au regard du respect de certains principes fondant l'Union européenne, notamment on ne peut dissocier la fiscalité de l'économie, et la recherche de la plus grande neutralité possible a nécessairement une influence sur la fiscalité.

Dès lors la neutralité n'est plus seulement abordée dans une perspective transfrontalière, mais elle est aussi recherchée dans la comparaison entre les systèmes fiscaux des différents Etats. La neutralité est une problématique technique à résoudre en vue de la réalisation d'un marché intérieur sans entrave ni obstacle, mais elle est aussi considérée sous un angle économique.

La dimension économique et le rôle politique de la fiscalité dans le cadre européen

Le Livre blanc de la Commission intitulé « Croissance, compétitivité, emploi. Les défis et les pistes pour entrer dans le XXI siècle »[239] est un document dans lequel la fiscalité est

[236] Jean-Pierre LE GALL, op. cit., p.624.
[237] Jacques BUISSON, op. cit., p.129.
[238] Théodore GEORGOPOULOS, op. cit., p.68
[239] Supplément Bulletin CE, n°6/93. COM (93) 700.

envisagée clairement dans sa dimension économique. Publié en 1993 dans ce document « l'opportunité d'une concertation des Etats en vue d'une restructuration des systèmes nationaux de prélèvements obligatoires avait été mise en avant par la Commission dans une perspective principalement sociale et économique de relance de l'emploi et de la croissance dans la Communauté »[240].

Le livre blanc est un acte innommé, ou encore un acte « hors nomenclature »[241]. Il présente « des orientations précises pour l'action communautaire »[242] ; il «contient des propositions d'action dans un domaine spécifique. (...). Un ensemble officiel de propositions dans des domaines politiques »[243]. Ainsi la fiscalité est abordée dans une perspective politique à travers un acte qui n'a pas de portée contraignante, il a une fonction « programmatoire »[244]. Cependant les propositions de ce texte sont ambitieuses, elles doivent inciter « au « reprofilage » des systèmes fiscaux nationaux, (...) », ainsi elles dépassent « le domaine de l'harmonisation technique »[245]. Certains y ont décelé les premières prémices d'une politique fiscale communautaire[246].

Dans le même temps, si auparavant il était admis que les Etats membres puissent poursuivre des objectifs sociaux et économiques différents, actuellement cela ne paraît être la réalité « devant le consensus de fait des démocraties sociales et économiques de l'Europe d'aujourd'hui »[247]. La dimension européenne de la

---

240 Gabriel MONTAGNIER, op. cit., p.367.

241 Denys SIMON, *Le système juridique communautaire*, 3ème édition, 2001, P.U.F., Coll. « Droit fondamental – Droit international », p.335 : il peut s'agir aussi d'actes « informels » ou « atypiques ».

242 Jean-Louis SAURON, *Droit communautaire et décision nationale*, 1998, L.G.D.J., p.21.

243 Site Europa (www.europa.eu.int/documents/comm/index_fr.htm). Sur ce site sont uniquement définis les termes de livre vert et de livre blanc. Sur le livre vert, cf. Delphine DERO-BUGNY, « Le livre vert de la Commission européenne », *Revue trimestrielle de droit européen*, 2005, n°41, p.81-104.

244 Denys SIMON, op. cit., p.336.

245 Gabriel MONTAGNIER, op. cit, p.367.

246 Jean-Michel COMMUNIER, *Droit fiscal communautaire*, op. cit., p.156. Pour Gabriel MONTAGNIER,. op. cit, p.367, « elle représentait une première esquisse d'une politique fiscale communautaire ».

247 Jacques MALHERBE et Olivier HERMANT, « Fiscalité européenne de l'épargne : une directive en attente », *Droit fiscal*, 2002, n°47, p.1546.

fiscalité serait ainsi en corrélation avec les préoccupations sociales et économiques communes à l'ensemble des Etats européens.

Ce document préconise une orientation moins avantageuse pour les revenus financiers et plus favorable aux revenus du travail. Plus généralement, la fiscalité n'est plus comprise comme un domaine isolé, elle est abordée dans une perspective économique car elle a une action sur les principaux sujets évoqués : la relance de la croissance, la lutte contre le chômage. La question de la fiscalité « doit être posée sur le terrain politique et pas seulement technique »[248].

Le Livre blanc fait entrer la fiscalité dans le domaine économique et social[249]. Dès lors où l'Union européenne se préoccupe d'objectifs économiques et sociaux, la fiscalité directe doit être prise en compte comme un élément de la sphère politique. En cherchant à agir sur les acteurs économiques et en prenant en considération les différents aspects – économiques, sociaux, politiques – cela implique que la fiscalité ne peut plus être abordée de manière binaire comme un obstacle ou non à la réalisation du marché unique. Les objectifs de relance de la croissance et de la lutte contre le chômage impliquent une appréhension de la fiscalité, au-delà de la technique, dans sa dimension d'intervention politique. La définition de nouveaux objectifs par le Livre blanc ne sont pas ceux évoqués par le Traité ayant une valeur juridique : les objectifs énoncés par le Livre blanc – acte hors nomenclature – ont une portée politique mais sont dénués de force juridique.

Placer la fiscalité dans un champ politique en tant qu'élément à prendre en compte dans la définition d'objectifs économiques communautaires oblige à ne plus l'envisager seulement sous un angle technique. L'harmonisation de la fiscalité indirecte comme le rapprochement sont inscrits dans le Traité, il ne s'agit pas « d'harmoniser pour le plaisir »[250] mais en vue de l'établissement et du fonctionnement du marché intérieur. Qu'il soit attribué à la fiscalité des objectifs autres, comme la relance de la croissance ou la lutte contre le chômage interroge sur la cohérence entre d'une

---

248 Jean-Michel COMMUNIER, *Droit fiscal communautaire*, op. cit., p.170.
249 Gabriel MONTAGNIER, op. cit, p. 366 : « L'opportunité d'une concertation des Etats en vue d'une restructuration des systèmes notamment (…) mise en avant par la Commission dans une perspective principalement sociale et économique ».
250 Mario MONTI cité par Gabriel MONTAGNIER, op. cit, p.345.

part, les outils juridiques indiqués aux articles 93 et 94 pour agir en matière de fiscalité et d'autre part, la nouvelle dimension donnée à la fiscalité comme mode d'intervention politique sur l'économie au plan communautaire. Ainsi le « processus de rapprochement des fiscalités en Europe trouve volontiers une légitimité, (...), dans l'analyse économique »[251].

La fiscalité est devenue, au plan communautaire, un élément de l'économie, et de la volonté politique d'agir sur l'économie « on pourrait appeler « constitution économique » de l'Union européenne, à savoir les choix généraux qui esquissent un modèle économique et fixent les orientations de l'activité économique. De fait, la politique fiscale des Etats membres, (..), est mise à l'épreuve de cette « constitution économique » européenne »[252].

Face à ces nouvelles données, la directive n'est pas impossible techniquement à mettre en œuvre ; mais au plan politique « l'unanimité à 6 était concevable, elle est un rêve à 15 et une utopie »[253] à 25 Etats membres. Constatant à la fois que la directive ne semble plus adaptée pour permettre une intégration juridique plus avancée, et dans le même temps que la fiscalité est cantonnée au champ technique (à savoir si elle constitue ou non un obstacle au marché intérieur), il a été nécessaire de développer de nouvelles perspectives. Elles se sont traduites tant au plan des instruments utilisés, des méthodes mises en œuvre et au niveau de l'approfondissement du rôle politique de la fiscalité. Or l'harmonisation comme le rapprochement des dispositions n'ont été conçus que pour répondre à l'objectif de la réalisation d'un marché unique, ils ne sont pas adoptés pour répondre à d'autres objectifs d'où la nécessité d'une approche différente et innovante de la fiscalité.

UNE APPROCHE RENOUVELEE DE LA FISCALITE

La définition de nouveaux objectifs économiques et sociaux venant à s'ajouter à celui de l'établissement et du fonctionnement du marché intérieur a eu pour effet de modifier sensiblement la

[251] Bernard CASTAGNEDE, op. cit., p.88.
[252] Théodore GEORGOPOULOS, op. cit., p.66.
[253] Bruno NGUYEN, op. cit ., p.3.

façon dont la fiscalité est appréhendée par les instances européennes. Elle est à présent conçue et perçue dans un cadre beaucoup plus large (A), en corollaire de nouvelles méthodes ont été mises en œuvre afin de prendre en compte la modification de la réflexion relative à la fiscalité (B).

Une vision élargie

Cette évolution dans l'appréhension de la fiscalité a renouvelé la pensée sur le rôle de l'impôt dans le cadre européen. Ce renouveau s'appuie sur la constatation d'un phénomène qui ne cesse de prendre de l'ampleur : la concurrence fiscale dommageable (1). Cette nouvelle problématique a eu pour conséquence la mise en œuvre d'une perspective plus large de la fiscalité à travers « une approche globale » (2).

Une nouvelle problématique : la concurrence fiscale dommageable

La concurrence fiscale est licite dans son principe ; il s'agit de mettre fin aux manifestations dommageables et à elles seules[254]. Les effets qualifiés comme dommageables de la concurrence fiscale n'emportent pas pour autant leur illicéité, on ne voit pas au nom de quel principe la concurrence fiscale pourrait être interdite au plan du droit communautaire. Elle ne constitue ni une entrave ni une discrimination empêchant la réalisation du marché intérieur. Dans cette perspective qu'il s'agisse de l'harmonisation des impôts indirects fondée sur l'article 93 ou du rapprochement des législations en matière d'imposition directe s'appuyant sur l'article 94, aucune de ces dispositions n'est applicable à la concurrence fiscale[255].

A l'origine les rédacteurs du Traité n'ont envisagé la fiscalité – directe ou indirecte – que comme un éventuel obstacle à la réalisation du marché intérieur[256]. Elle était considérée comme un élément que les Etats membres pouvaient utiliser en vue de

[254] Gabriel MONTAGNIER, op. cit., p.750.
[255] Gabriel MONTAGNIER,. op. cit., p.365 : « la dualité de formulations n'induisant pas d'ailleurs de conséquences pratiques ».
[256] Louis CARTOU et al, op. cit. , p.253 : « L'objectif premier assigné à la CEE par le Traité de Rome (art. 2) est l'établissement d'un marché commun, à l'intérieur duquel est garantie la libre circulation des marchandises, des personnes, des services et des capitaux ».

protéger leur territoire. Mais dans le cadre de la concurrence fiscale, la fiscalité n'est plus comprise comme un élément de protection mais elle est utilisée en vue d'attirer entreprises et capitaux.

La concurrence fiscale a été déjà mise en lumière par l'OCDE[257], cependant la comparaison des règles fiscales nationales afin de déterminer quel peut être le régime le plus intéressant pour une entreprise n'est pas un phénomène récent. Déjà en 1992, Patrick Dibout constatait que « l'émergence d'une fiscalité européenne des entreprises et des groupes de sociétés fait de la localisation du siège des têtes de groupes un enjeu économique particulièrement important »[258].

Cet enjeu transparaît dans les politiques fiscales. Pierre Beltrame et Gabriel Montagnier constatent une forme d'alignement par le biais de la « diffusion imitative »[259], phénomène qui risque de déboucher sur une forme de « désarmement fiscal » afin d'attirer les entreprises et capitaux sur le territoire d'un Etat membre. Dans cette hypothèse la concurrence fiscale a pour conséquence de conduire à « une fiscalité réduite à son maximum, phénomène qualifié de « moins-disant » fiscal »[260]. Or ce sont les conséquences budgétaires de ces « dévaluations fiscales compétitives »[261] qui sont au cœur de cette problématique.

Ainsi le Mémorandum Monti identifie la stabilisation des recettes fiscales des Etats membres comme un des enjeux d'une politique fiscale coordonnée des Etats. Pour retenir et attirer les entreprises et les capitaux, les Etats membres ont pris des dispositions afin de rendre leur fiscalité plus attractive ; ces dispositions relèvent d'une politique fiscale délibérée qui a pour effet induit une baisse des rentrées fiscales. Or les Etats n'ont pu assurer une stabilisation de leurs recettes qu'en modifiant la structure de leur fiscalité : « l'allègement des matières imposables

---

257 Les recommandations du Comité fiscal de l'OCDE, « Maîtriser la concurrence fiscale dommageable », avril 1998.
258 « Les trois voies de l'Europe fiscale », *Banque et droit*, 1992, n°22, p.40.
259 « L'Europe et les impôts », op. cit. p. 246 ; la diffusion imitative est un mouvement dynamique faisant « référence à un processus d'imitation généralisée et réciproque qui ne s'exerce pas unilatéralement à partir d'un modèle dominant ».
260 Christian LOPEZ, op. cit., p.5.
261 Gabriel MONTAGNIER, op. cit., p.366.

« volatiles » a été compensé principalement par l'alourdissement de l'imposition du travail salarié, peu mobile »[262]. Cette modification des systèmes nationaux est en contradiction avec les objectifs définis par le Livre blanc de 1993, notamment la lutte contre le chômage ne peut être efficace s'il existe une surimposition des revenus liés au travail. Cette modification des structures fiscales n'a pas été décidée en tant que telle ; elle est issue, non pas de la volonté de les modifier, mais de la volonté de favoriser les revenus les plus mobiles. Or en les favorisant volontairement, on aboutit à défavoriser de manière involontaire les revenus salariaux. Ce phénomène est analysé comme un « mouvement non pas organisé mais provoqué par la dynamique communautaire »[263].

La concurrence fiscale dommageable est décrite comme entraînant « l'érosion »[264] du pouvoir fiscal des Etats[265]. Mais cette érosion n'est ni voulue, ni maîtrisée. Chaque Etat agit individuellement mais en comparaison des systèmes fiscaux des autres Etats. Paradoxalement on aboutit à un transfert involontaire de souveraineté puisque chacun d'entre eux prend des décisions en fonction de celles des autres Etats. A présent le débat ne porte plus sur la question de savoir si les Etats peuvent renoncer en tout ou partie à leur souveraineté en matière fiscale, mais sur le fait de savoir si le transfert de souveraineté sera subi ou consenti, parce que de toute façon il sera [266].

---

[262] Gabriel MONTAGNIER, ibid., p. 368.

[263] Patrick DIBOUT, op. cit., p.40 ; dans le même sens, P. BELTRAME et G. MONTAGNIER, op. cit., p.248 : « ainsi le mouvement de baisse généralisée des taux, qui affecte actuellement les fiscalités des pays européens (…) semble plus le résultat d'un mouvement spontané ».

[264] Jacques BUISSON, op. cit., p.133.

[265] On peut noter un avis contraire, celui de Jean-Louis BESSON, « Faut-il craindre la concurrence fiscale ? », *Revue française de finances publiques*, 2000, n°70, p.241 : « Paradoxalement, la concurrence par les taux n'est effective que si la définition de l'impôt est centralisée. L'harmonisation fiscale en Europe présentée comme remède à la concurrence fiscale, en serait peut-être le moteur ! ».

[266] P. BELTRAME et G. MONTAGNIER, op. cit., p.147 : « Ainsi, paradoxalement c'est l'insuffisance de la coordination fiscale et non son excès, (…), qui est à craindre pour l'exercice optimal de la souveraineté fiscale des Etats ». J. BUISSON, op. cit., p. 132 : « permettre le passage d'une érosion de la souveraineté fiscale qui est simplement tolérée à une érosion de cette même souveraineté qui soit enfin acceptée, alors même qu'une telle érosion est inéluctable ».

La concurrence fiscale est très critiquée. Mais elle est aussi le signe d'une plus grande intégration mais dont l'objectif n'est pas l'intérêt général de la Communauté, car chaque Etat tend à jouer la carte de la fiscalité de manière individuelle dans le contexte communautaire. Pour les Etats membres, la fiscalité ne représente plus seulement des recettes au plan budgétaire, en effet une fiscalité avantageuse pour certains contribuables entraîne une baisse des recettes, en revanche, ce régime privilégié est analysé comme un élément de développement économique.

Face à cette situation, l'Union européenne ne possède pas les outils juridiques contraignants nécessaires pour encadrer cette évolution. Qu'il s'agisse de l'harmonisation de la fiscalité indirecte ou du rapprochement des dispositions dans le cadre de la fiscalité directe, les directives prises sur ces fondements, non seulement, doivent passer sous les Fourches caudines de la règle de l'unanimité; mais de plus elles doivent être prises en vue de la réalisation du marché intérieur, or la concurrence fiscale ne la remet pas en cause directement. Elle apparaît comme une utilisation de ce marché à des fins autres que celles de l'intérêt de l'Union européenne, mais elle ne contrevient pas directement à l'établissement de ce marché.

L'érosion du pouvoir fiscal des Etats n'est pas due au droit communautaire, le nombre réduit de directives en matière de fiscalité directe confirme cette constatation. Cette érosion est due à la concurrence fiscale, phénomène non maîtrisé par les Etats et dynamique par l'effet de l'intégration communautaire. En s'appuyant sur l'article 93, le rapprochement des dispositions nationales pourrait être une solution[267], mais par le jeu de la règle de l'unanimité, les propositions de directives en ce sens ne semblent plus pouvoir aboutir. Afin de dépasser cette situation de blocage a été développée une perspective globale.

[267] « Les orientations… », op. cit., p.1289. Le rapport Ruding préconisait que la Commission élabore une proposition de directive instituant un taux nominal pour l'impôt sur les sociétés de 30 % afin de limiter les risques d'une grave érosion des recettes de cet impôt.

2 – Une nouvelle dimension « l'approche globale »[268]

Suite au Livre blanc, le Mémorandum Monti[269] a explicité précisément et ouvert la voie à une perspective globale de la fiscalité dans le cadre de l'Union européenne. Ce mémorandum était un document d'orientation transmis aux ministres des Finances réunis en session informelle du Conseil Ecofin à Vérone les 12 et 13 avril 1996[270]. Mario Monti constatait que « les discussions se sont trop souvent limitées à des propositions considérées isolément, ce qui n'a pas permis d'examiner valablement des problèmes fiscaux plus généraux, ni la question de l'encadrement de la politique fiscale dans le contexte plus vaste des politiques communautaires »[271]. Plus particulièrement ce document avait pour objectif d'identifier les obstacles à la poursuite des priorités de l'Union : « à savoir la lutte contre le chômage, la stabilisation des recettes et le bon fonctionnement du marché unique »[272].

Ainsi la perspective communautaire fondée sur le respect de grands principes, la libre circulation et la libre concurrence, n'est plus la seule priorité de l'Union européenne. Cependant sur le fondement de la recherche d'un bon fonctionnement du marché intérieur, il avait été opéré une distinction essentielle entre la fiscalité indirecte et la fiscalité directe. Si cette distinction était pertinente à la fois au plan de la méthode, les impôts indirects étaient les plus susceptibles de constituer une entrave au marché intérieur, et sur le plan politique, les Etats conservaient ainsi une souveraineté intacte en matière de fiscalité directe ce qui n'était plus le cas pour les impôts indirects. A l'heure actuelle elle a perdu de sa pertinence, notamment au regard des objectifs définis par le rapport Monti.

---

268 « Politique fiscale de l'Union européenne : priorités pour les prochaines années. Communication de la Commission au Conseil, au Parlement européen et au Comité économique et social du 23 octobre 2001 ». COM (2001) 260, DF, 2001, n°50, p.1743

269 « La fiscalité dans l'Union européenne », *Europe doc.*, n°1981, 3 avril 1996.

270 Gabriel MONTAGNIER, op. cit., p.367.

271 « Fiscalité… », op. cit. , p.88.

272 ibid., p.88.

Cette distinction supposerait une absence d'interactions entre ces deux types de fiscalité, or « lorsque l'on touche à une partie d'un système fiscal – en l'espèce, la fiscalité indirecte -, il est bien évident que l'autre partie, celle qui touche à la fiscalité directe, ne peut qu'en être affectée. Par là même, la cohérence globale de ce système fiscal peut être sérieusement altérée »[273]. Incontestablement l'harmonisation de la fiscalité indirecte sur le fondement de l'article 93 a été, et est encore, bien plus avancée que le rapprochement des dispositions sur la base de l'article 94. Mais il semble tout aussi évident que l'harmonisation de la fiscalité indirecte, tout du moins de la TVA, a une influence non négligeable sur l'économie des pays membres, notamment en facilitant les échanges entre eux. Peut-on à terme imaginer un système fiscal dont une partie serait harmonisée et pas l'autre, et donc une dissociation entre fiscalité directe et indirecte ? Ainsi la nécessité d'une perspective globale intéresse la cohérence du système fiscal, non seulement au plan européen, mais aussi dans le cadre national.

Dans une perspective plus large que celle de la fiscalité seule, il faut aussi inclure la problématique de la concurrence fiscale dans le cadre des finances publiques, en particulier celle de la stabilisation des recettes fiscales des Etats. On ne peut que souligner le décalage entre « les dépenses publiques (qui) ont fait l'objet de politiques convergentes de réduction et (…) les ressources fiscales de l'Etat (qui) n'ont pas fait l'objet d'une politique volontariste d'harmonisation»[274]. Il existe une forme de hiatus entre une politique communautaire volontariste par le pacte de stabilité et le droit de veto en matière fiscale octroyé indirectement à chaque Etat par la règle de l'unanimité. Or dès que l'Union européenne s'est intéressée aux finances publiques dans la perspective de réduction des déficits, en conséquence les recettes de chaque Etat ne pouvaient rester hors du champ de la réflexion communautaire. Dépenses et recettes publiques sont indissociables. Déjà en 1992, Patrick Dibout remarquait fort justement que « la difficile maîtrise des déficits publics va poser inéluctablement à terme ce problème essentiel de rééquilibrage de notre système fiscal beaucoup plus lourd dans ses effets que ne le laisse paraître l'harmonisation proprement dite »[275].

---

[273] Jacques BUISSON, op. cit, p.132.
[274] Francis LAYER, op. cit., p.12.
[275] « Les trois voies de l'Europe fiscale, op. cit. , p.40.

Cette approche globale implique aussi une perspective politique. Les objectifs de l'Union européenne sont donc non seulement ceux énoncés dans le traité de Rome, mais aussi ceux indiqués dans le Livre Blanc, les objectifs définis par le Livre blanc n'ont pas de valeur juridique contraignante, même si leur dimension politique est clairement énoncée. Le fait d'appréhender la fiscalité dans le cadre d'une approche globale plutôt que par domaines spécifiques n'est pas une nouveauté. Par exemple en matière de fiscalité des sociétés, dès 1975 la Commission avait présenté un projet de directive visant à l'harmonisation des systèmes d'impôt sur les sociétés et des régimes de retenue à la source sur les dividendes[276]. Ces travaux avaient pour objectif une harmonisation complète des impôts directs, mais ils n'ont jamais abouti. En revanche ont été adoptées les directives du 23 juillet 1990 ainsi que la convention pour éviter les doubles impositions en cas de redressement de bénéfices d'entreprises associées situées dans des Etats membres différents [277] cependant « ces textes s'inscrivent dans une logique très différente (...) : il s'agit d'avancées ponctuelles et non, comme c'était le cas depuis 1975, d'une démarche globale et ambitieuse » [278].

La perspective globale n'est donc pas nouvelle ; la Commission avait déjà tenté d'inscrire la fiscalité des entreprises dans une telle démarche. Il s'agissait d'une proposition de directive qui avait suscité de « fortes réticences » [279] de la part des Etats membres ; dès lors la Commission avait opté pour des textes moins ambitieux mais dont l'adoption était susceptible d'être réalisée. Avec la mise en œuvre du « paquet fiscal », à nouveau il s'agit de considérer la fiscalité dans une perspective globale, en revanche la technique de la directive ayant échoué, elle est couplée avec un acte non contraignant : le « code de conduite ». Ainsi le paquet fiscal est global dans sa perspective matérielle et dans son approche technique, il comprend à la fois des directives, actes juridiques définis par le Traité, mais aussi des actes hors nomenclature.

Au plan du contenu du paquet fiscal, la fiscalité a été abordée en dehors des opérations entre Etats, elle vise, en matière d'impôt sur les sociétés, à une « harmonisation des impositions internes

---

[276] 23 juillet 1975, JOCE n° C 253, 5 novembre 1975.
[277] Convention 90/436/CEE du 23 juillet 1990, DF, 1990, n° 40, comm. 1807.
[278] Jean-Pierre LE GALL, op. cit. p.624.
[279] Jean-Pierre LE GALL, ibid., p.624.

même en l'absence de transactions ou de flux intracommunautaires »[280]. Au regard de cette nouvelle approche, on peut s'interroger sur la pertinence des instruments juridiques et leur adéquation en vue d'agir sur des mesures internes des Etats. La législation des Etats membres, en dehors de tout élément d'extranéité a des conséquences sur la fiscalité des autres Etats membres. La directive dans le domaine fiscal ainsi que son corollaire, le principe de l'unanimité, imposent des contraintes auxquelles les Etats ne semblent pas prêts à se soumettre ; si pour certains la seule solution est celle de la majorité qualifiée au moins pour les mesures fiscales les moins importantes, pour d'autres on peut respecter la liberté des Etats et l'unanimité et « rechercher d'autres voies d'actions fiscales (...) telles que la coordination globale des politiques fiscales (...). Ici, ce sont la persuasion et la recommandation qui priment sur les règles »[281]. Dès lors une perspective globale dans le contenu imposait aussi une approche différente quant aux instruments juridiques à mettre en œuvre pour faire aboutir ce projet.

La notion de souveraineté est étroitement associée à celle de l'exercice du pouvoir fiscal au travers de la règle de l'unanimité et son corollaire indirect, c'est-à-dire le droit de veto. Par la mise en œuvre d'un acte hors nomenclature la règle de l'unanimité, indissociable de la directive, ne joue plus ; la problématique de l'exercice de la souveraineté perd de sa substance. Une solution serait possible hors de toute approche de pouvoir, cependant « la Commission a quelque mal à adopter un comportement pragmatique et une conception non exclusivement juridique de l'action communautaire »[282].

Enfin se situant hors du champ juridique de la directive seule, il était possible d'aborder des questions fiscales qui ne sont pas seulement liées à l'établissement ou au fonctionnement du marché intérieur, notamment la concurrence fiscale. Dans ce cadre différent de celui défini par les articles 93 et 94, une approche qualifiée de « politique » [283] était envisagée. Cette nouvelle approche nécessitait de mettre en œuvre une nouvelle méthode.

---

[280] Mirko HAYAT, op. cit., p.974.
[281] Patrick de FREMINET, op. cit., p.246.
[282] Patrick de FREMINET, ibid., p.246.
[283] P. CATTOIR et M. MORS, « Une chronique du paquet fiscal, Les fondements et les enjeux de la démarche communautaire », *Droit fiscal*, 2005, n°5, p.240. Cf.

Une nouvelle méthode

Cette nouvelle méthode, « le paquet fiscal », n'a été appliquée que dans le cadre de la fiscalité directe. Néanmoins une analyse de cette approche du rapprochement des systèmes fiscaux au plan de la fiscalité directe peut permettre de développer une perspective différente en matière d'harmonisation de la fiscalité indirecte.

Le paquet fiscal comprend plusieurs éléments. D'une part, le code conduite, dénué de force contraignante, entré en vigueur le 1er janvier 1998 ; il « vise les mesures ayant, ou pouvant avoir, une incidence sensible sur la localisation des activités économiques au sein de la Communauté»[284]. D'autre part, il comprend la directive n° 2003/49/CE du 3 juin 2003[285] sur un système commun de taxation applicable aux paiements d'intérêts et de redevances entre entreprises associées de différents Etats membres et la directive n° 2003/48/CE du 3 juin 2003 relative à la taxation de l'épargne.

La méthode du paquet fiscal n'a pu être mise en œuvre que par le développement de la complémentarité à la fois dans les domaines abordés mais aussi au niveau des différents actes utilisés. Mais si le paquet fiscal représente incontestablement une avancée, cela ne signifie pas que cette méthode soit exempte de questionnements.

La complémentarité des contenus et des actes

La diversité des domaines abordés. La perspective globale mise en œuvre par le paquet fiscal consiste en un « traitement simultané et lié de différents dossiers importants »[286]. Cette approche a permis de joindre des sujets fiscaux qui n'avaient entre eux que des liens relativement ténus. En effet, la lutte contre les mesures dommageables en matière de concurrence fiscale au moyen du code de conduite, une directive relative aux paiements transfrontaliers et une directive relative à la fiscalité de l'épargne

---

aussi sur la qualification « politique » de la démarche du paquet fiscal, J. MALHERBE et O. HERMANT, op. cit., p.1547.

284 JO, n° C 2 du 6 janvier 1998.

285 JOUE n° L 157, 26 juin 2003 ; à propos de la transposition de cette directive en droit français, cf. *DF*, 2004, n°4, comm. 175.

286 Philippe CATTOIR et Matthias MORS, op. cit., p .241.

sont trois domaines qui ne présentent apparemment pas de liens techniques et de contenus indissociables entre eux. Les liens entre ces différentes mesures sont « établis en termes de réduction de la concurrence fiscale, de pertes de recettes fiscales et d'orientation des structures fiscales vers l'emploi »[287].

L'absence de liens techniques très explicites entre ces dossiers permet d'établir deux constatations. D'une part, cette méthode rapprochant plusieurs domaines « n'ayant pas (entre eux) nécessairement un lien clair (...) est tout à fait novatrice en matière de fiscalité »[288], elle a permis d'ouvrir un champ large de négociation, alors que tout accord semblait impossible à obtenir sur un dossier pris individuellement. D'autre part, n'étant plus seulement dans le cadre de la recherche de l'établissement ou du fonctionnement du marché intérieur, il ne peut s'agir d'harmonisation, les différents éléments ne relevant pas de la fiscalité indirecte ; mais il n'est pas non plus question de rapprochement des dispositions[289].

Ces deux constatations sont dépendantes l'une de l'autre. Le rapprochement des dispositions nationales ne peut être opérée qu'au moyen de directives, or depuis 1990[290], aucune avancée en matière de fiscalité directe ne semblait plus possible ; les seuls progrès quant à l'harmonisation de la fiscalité indirecte sont des améliorations techniques. Donc pour faire évoluer ces différents dossiers, il était nécessaire de mettre en oeuvre d'autres techniques de négociation car la « méthode classique »[291] relative à une directive seule, quel que soit le domaine – fiscalité directe ou fiscalité indirecte – ne donnait plus de résultats conséquents.

L'intérêt de mener des négociations sur plusieurs dossiers de manière concomitante est de permettre à chaque Etat d'obtenir un gain. Ce gain est net au sens où même si un Etat renonce sur un point pour l'adoption d'un texte, il pourra en revanche tirer une contrepartie lors de l'adoption d'un autre texte, l'un étant conditionné par l'autre. Cette approche pragmatique est issue de la

---

287 Jacques MALHERBE et Olivier HERMANT, op. cit., p.1548.
288 Philippe CATTOIR et Matthias MORS, op. cit., p .246.
289 Sans prétendre à l'exhaustivité, la notion de rapprochement n'est pas mentionnée dans les différents commentaires relatifs au paquet fiscal.
290 Cf. 1ère partie, « Etat des lieux ».
291 Philippe CATTOIR et Matthias MORS, op. cit., p.246.

constatation selon laquelle « une proposition ne peut se limiter à entraîner un gain de bien-être pour l'Union européenne dans son ensemble ; elle doit aussi bénéficier à chaque Etat membre pris séparément »[292]. Ainsi dès lors que les Etats membres ne conçoivent pas quel intérêt ils pourraient retirer au plan national d'une mesure communautaire, même si celle-ci se révèle avantageuse pour l'Union européenne, il est difficile de les convaincre en vue de l'adoption de ladite disposition. Cette remarque vaut aussi en matière de fiscalité indirecte. Le passage du régime transitoire au régime définitif fournit l'exemple topique d'une mesure qui s'avérerait profitable à l'ensemble de l'Union, mais pour lesquels les Etats sont très réticents. Le régime définitif serait « la vraie mesure de fond pour réduire considérablement le risque de fraude »[293], mais elle est très difficile à mettre en œuvre car les Etats membres ont peur de perdre leurs recettes fiscales.

Or le code de conduite ne se situe ni dans une perspective d'harmonisation, ni une perspective de rapprochement telles qu'elles découlent du droit communautaire, mais dans une optique de coordination des politiques fiscales nationales[294]. Cette troisième voie se place sur le terrain politique et non plus strictement juridique.

La « dualité méthodologique de l'action communautaire ».[295]La relation entre directive et code de conduite ne doit pas être analysée en termes d'opposition mais de complémentarité [296] entre

---

[292] P. CATTOIR et M. MORS, op. cit., p.242 et G. MONTAGNIER, op. cit., p.743 : « l'expérience ayant montré la vanité de faire adopter des textes isolés successifs, qui chacun lèsent des situations privilégiées que l'Etat intéressé voudra défendre en refusant sa voix, la Commission présente des paquets de mesures qui permettront, fût-ce au prix d'âpres négociations, de réaliser des compromis à peu près équilibrés entre les sacrifices consentis par les uns et par les autres ».

[293] Selon Mario MONTI, commissaire chargé de la fiscalité, *Les petites affiches*, 23/12/1998, n°153, p.6 : « Il faut mettre fin à la concurrence fiscale déloyale »

[294] Patrick DIBOUT, « L'Europe et la fiscalité directe », *Les petites affiches*, 23/12/1998, n°153, p.10 ; cf. aussi, Guy GEST, « Réforme fiscale. Les contraintes d'origine communautaire en matière de fiscalité directe », *Revue française de finances publiques*, 1997, n°60, p.119 ; et G. MONTAGNIER, op. cit., p.744 : « cette coordination a acquis une substance suffisante pour pouvoir être considérée comme une réalité distincte de l'harmonisation fiscale traditionnelle ».

[295] Patrick DIBOUT, op. cit. p.10.

[296] Zaki LAÏDI, op. cit. p.27 : « ... on dispose d'une classification commode forgée par Joseph Nye et qui consiste à diviser la puissance en deux catégories : celle du hard power et celle du soft power (...). Pour Nye un hard power est un

d'une part, la directive définie à l'article 249, acte de la nomenclature officielle et, d'autre part, le code de conduite qui n'est pas identifié par l'article 249 et est déterminé a contrario comme un acte innommé. Le paquet fiscal inclut ces deux types d'actes ; cette dualité acte hors nomenclature/acte relevant de la nomenclature officielle traduit la dualité des approches menées de front afin de pouvoir parvenir à l'adoption de l'ensemble des actes.

Le code de conduite est « un engagement politique qui n'affecte donc pas les droits et obligations des Etats membres ni les compétences respectives des Etats membres et de la Commission telles qu'elles découlent des traités »[297]. Cette définition comme « engagement politique » emporte non seulement l'absence de force contraignante, mais cette qualification « politique » peut être aussi attachée à la technique mise en oeuvre pour aboutir à ce code. En effet le code de conduite est différent de la directive quant à sa qualification juridique mais aussi par la méthode employée pour parvenir à son adoption. Même si cet acte présente un « aspect mixte »[298] car inscrit dans une « résolution du Conseil et des représentants des gouvernements des Etats membres réunis au sein du Conseil »[299], il procède incontestablement d'une démarche intergouvernementale[300].

Il est aussi novateur quant à la procédure utilisée. Il a été mis en place par le Conseil un groupe ad hoc composé de représentants de haut niveau des Etats membres[301] sous la présidence de Madame Primarolo[302]. Ce groupe a été chargé de sélectionner et d'évaluer les mesures fiscales dommageables, il a remis un rapport au Conseil Ecofin le 29 novembre 1999[303]. Soixante-six mesures

---

acteur capable de recourir non seulement à la force mais à la coercition, tandis qu'un soft power est un acteur capable de réduire et de convaincre les autres acteurs d'accepter ses propres préférences. (...) au maniement du hard et du soft power, Nye associe des conduites et des ressources différentes, tout en notant que hard et soft power se complètent plutôt qu'ils ne s'opposent » (Joseph NYE, *Soft Power. The means to success in World Politics*, New York, Public Affairs, 2004).

[297] P. CATTOIR et M. MORS, op. cit., p.246.

[298] Patrick DIBOUT, op. cit. , p.12.

[299] JOCE n° C2, 6 janvier 1998, p.1.

[300] P. CATTOIR et M. MORS, op. cit., p.242.

[301] Sur la création du groupe de conduite, cf. les conclusions du Conseil du 9 mars 1998, JOCE n° C 99 du 1er avril 1998.

[302] Secrétaire d'Etat au Trésor britannique.

[303] « Le rapport du groupe de travail pour l'application du code de conduite en matière de fiscalité des entreprises », *DF*, 2000, n°16, p.657-662.

dommageables ont été retenues comme telles à l'unanimité par le Conseil Ecofin des 26 et 27 novembre 2000[304]. Enfin il a été décidé que tous les régimes dommageables devaient être supprimés au 31 décembre 2002[305].

Dans le même temps on a pu aboutir à l'adoption de deux directives. L'une, portant que les paiements d'intérêts et de redevances entre entreprises d'Etats membres, est considérée comme l'élément le moins important du paquet fiscal ; elle a été adoptée dans le cadre d'une démarche classique c'est-à-dire sans avoir fait « l'objet de négociations au sein de groupes de haut niveau »[306]. L'autre directive relative à la fiscalité de l'épargne abordait un domaine beaucoup plus sensible. Si, dans un premier temps, la négociation était « classique » la nature très politique du dossier a conduit à adopter un procédé pour limiter les échelons intermédiaires, principalement le groupe de travail technique sur les questions fiscales du Conseil et dans une certaine mesure le Coreper[307].

Il existe une similitude entre la démarche adoptée pour les négociations entre la directive sur l'épargne et le code de conduite bien que ces deux actes soient de nature juridique différente. Face à cette dimension politique la démarche effectuée tend vers une négociation à un « niveau élevé » ce que l'on pourrait traduire par une démarche politique au niveau intergouvernemental plutôt qu'un accord technique.

La dualité mise en œuvre au sein du paquet fiscal est révélatrice de la volonté de parvenir à un accord, or le parcours classique d'une proposition est complexe et long[308], en limitant le nombre d'échelons intermédiaires cela réduit nécessairement la durée, mais facilite aussi l'avancée de dossiers sensibles. Cette démarche confirme la dimension politique de la fiscalité. Dans cette optique, il s'agit de procéder à un « minimum de coordination fiscale »[309], ici ne sont utilisés ni le terme de rapprochement, ni celui

---

[304] Note de la Présidence 13555/00 FISC 190 du 20 novembre 2000 et conclusions du Conseil Ecofin des 26 et 27 novembre 2000.
[305] Philippe CATTOIR et Matthias MORS, op. cit., p.242.
[306] Philippe CATTOIR et Matthias MORS, op. cit., p.245.
[307] Philippe CATTOIR et Matthias MORS, ibid., p.243.
[308] G. BERTRAND, op. cit., p. 61 et s., particulièrement le schéma de la page 64.
[309] Entretien..., op. cit., p.5.

d'harmonisation. Le terme « coordination » comporte une connotation moins prégnante au plan de l'intégration que celui d'harmonisation. Au-delà de la dualité des actes définis par les traités et des actes innommés, le domaine fiscal semble dominer par une orientation politique de plus en plus importante.

Le paquet fiscal est le résultat d'une nouvelle approche et d'une méthode innovante au moins dans le processus de négociation. Cette méthode a permis des avancées qui ne pouvaient plus être espérées au seul moyen des méthodes classiques du fait de la règle de l'unanimité ; néanmoins elle pose certains problèmes et le processus décisionnel, comme les actes innommés, n'y gagnent pas en clarté.

Des incertitudes

Le succès du paquet fiscal met particulièrement en relief l'absence de directives dans le cadre de la fiscalité directe[310] ; de même pour la fiscalité indirecte, il apparaît que les directives et règlements pris en la matière visent à « limiter les dysfonctionnements mais ne correspondent pas à la réalisation d'un véritable marché intérieur »[311]. Au-delà de l'harmonisation et du rapprochement fondés sur les articles du traité, la problématique réside dans la nature de l'acte – la directive ou règlement – plutôt que l'objectif qui lui est assigné ; la règle de l'unanimité constituant un obstacle majeur.

Pourtant la Commission ne ménage pas ses efforts et utilise de manière conséquente son pouvoir d'initiative[312]. Mais dans le cadre de la TVA, elle a dû limiter ses ambitions en proposant une nouvelle stratégie se concentrant « sur l'amélioration globale du système actuel (...), le système définitif restant l'objectif communautaire à plus long terme »[313]. Quant à la fiscalité directe, « le désir d'intervention de la Commission dans ce domaine (...) est patent »[314], mais les directives sont encore rares.

---

310 P. CATTOIR et M. MORS, op. cit., p.2436 : « Le succès enregistré dans le cadre du paquet fiscal contraste avec l'absence de la moindre directive en matière d'imposition directe depuis 1990 ».

311 Jean-Pierre MAUBLANC, op. cit., p.530.

312 Yves DOUTRIAUX et Christian LEQUESNE, op. cit., p.71.

313 « Politique fiscale... », op. cit., p.1747.

314 C. LOPEZ, op. cit., p.10.

Face à cette situation, et à l'application de la règle de l'unanimité, la Commission a énoncé que « lorsque le recours à des mesures législatives n'est pas absolument nécessaire (...), il faudra trouver d'autres méthodes »[315]. On peut citer code de conduite, mais aussi des documents relevant de la nomenclature officielle comme les recommandations et les avis[316], ainsi que les actes innommés : résolutions, communications, Beschlüsse, livres verts, livres blancs, code de conduite, documents interprétatifs, lignes directrices[317].

Néanmoins l'acte hors nomenclature, quelle que soit sa dénomination, pose deux sortes de questionnement, d'une part en amont de l'acte lui-même à propos du processus aboutissant à son adoption et, d'autre part, en aval de son adoption. Le code de conduite s'appuie sur la globalisation des dossiers traités. Cette approche tend à la complexification des négociations car « il n'est pas aisé en pratique de déterminer les gains ou les pertes de chaque Etat dans le cadre d'un ensemble complexe de dossiers »[318]. Dès lors se pose la question de la transparence de ce processus, ces négociations ont été développées à un niveau élevé ce qui implique moins d'échelons intermédiaires, mais aussi une plus grande confidentialité autorisant peut être « un vaste marchandage sur fond de rapport de forces »[319].

De même, il est souvent opéré une opposition entre les négociations aboutissant à un résultat juridique – une directive– et celles permettant un consensus politique exprimé sous forme d'acte sui generis. La complexité des questions traitées renforcée par une approche globale et un processus de négociation tendant à se différencier de celui usité classiquement rend le procédé opaque quant à l'adoption de l'acte hors nomenclature. Il s'avère que si la négociation a gagné en flexibilité, elle a perdu, en revanche, en transparence.

---

[315] « Politique fiscale... », op. cit., p.1747.
[316] Article 249, dernier alinéa : « Les recommandations et les avis ne lient pas ».
[317] Geneviève BERTRAND, op. cit., p.60.
[318] Philippe CATTOIR et Matthias MORS, op. cit.,, p.245.
[319] Patrick DIBOUT, op. cit., p.14.

Enfin le paquet fiscal a permis une avancée certaine, malgré cet avantage « il n'est pas certain que tous les Etats membres soutiendront la mise sur pied d'un nouveau paquet fiscal »[320], car cette méthode ne peut être mise en œuvre que sur des dossiers sur lesquels a priori les gains à retirer seront importants pour les Etats membres. Donc ce procédé ne pourra être renouvelé que s'il porte sur des dossiers présentant des intérêts à la fois pour les instances européennes au plan communautaire et pour chacun des Etats pris individuellement.

En aval, l'acte hors nomenclature a, en matière fiscale, un avantage considérable par rapport à la directive ou au règlement : il ne requiert pas l'unanimité. Cela ne signifie pas qu'elle ne soit pas recherchée ; ainsi pour le code de conduite, selon le rapport du groupe de travail présidé par Madame Primarolo, « dans le cas où l'unanimité n'a pu être obtenue, (il est indiqué) le large consensus auquel on est parvenu »[321]. Cependant dans le même temps l'acte innommé est dépourvu de force contraignante, cette absence de caractère contraignant est « compensée par l'intensité de l'engagement politique des Etats de s'y conformer »[322]. Néanmoins se pose la question de la légitimité à agir devant le juge communautaire contre ce genre de mesures sui generis [323]. Plus généralement il existe des incertitudes « tant sur les publications systématiques ou non des rapports (…), les effets de cette publication (…), sur les modalités de démantèlement »[324] s'agissant des mesures contenues dans le code de conduite.

A l'heure actuelle la question ne s'est pas posée. Certaines mesures dommageables n'ont pas été supprimées, il a été décidé de les prolonger « au cas par cas, et pour tenir compte des circonstances particulières »[325]. En pratique dix-huit demandes de prolongation de régimes dommageables au-delà du 31 décembre 2005 ont été déposées par les Etats membres et toutes ont été

---

320 Philippe CATTOIR et Matthias MORS, op. cit. p.246.
321 Cité par Philippe CATTOIR et Matthias MORS, op. cit., p.242.
322 G. GEST, op. cit., p.123 " effet de cliquet (difficulté de se déjuger) résultant d'engagements solennels pris à un ou des moments(s) stratégique(s) ».
323 Antonio TIZZANO, « La hiérarchie des normes communautaires », *Revue du marché unique européen*, 1995, n°3, p.233
324 Patrick DIBOUT, op. cit., p.14.
325 Note de la Présidence 13555/00 FISC 190 du 20 novembre 2000 et conclusions du Conseil Ecofin des 26 et 27 novembre 2000.

acceptées par le Conseil[326]. On peut se demander quelles auraient pu être les conséquences d'un refus. Le code de conduite étant un engagement politique, est-il susceptible de produire des effets juridiques ? A priori la réponse est négative, néanmoins cette situation est facteur d'insécurité juridique[327].

L'accord du Conseil sur toutes les demandes de prolongation est significatif de la nécessité de mettre en corollaire l'adoption d'actes contraignants et d'actes innommés ; en effet « on pourrait voir dans cette décision un indice – à défaut d'une certitude – que l'accord sur l'épargne fut obtenu au prix d'une plus grande flexibilité en matière de fiscalité des entreprises »[328]. Le code de conduite par sa flexibilité joue le rôle de variable d'ajustement face à des actes qui nécessitent l'unanimité. L'acte sui generis permet une souplesse politique que l'on peut opposer à la rigueur juridique devenue rigidité par la règle de l'unanimité. Cependant cet acte n'est pas un facteur de transparence durant la phase où il est négocié et ensuite après son adoption la flexibilité n'œuvre pas en faveur de la sécurité juridique que tout citoyen, national et européen, est en droit d'attendre.

---

[326] Philippe CATTOIR et Matthias MORS, op. cit. p.242.
[327] Patrick DIBOUT, op. cit., p.14.
[328] Philippe CATTOIR et Matthias MORS, op. cit. p.242.

LE PRINCIPE DE SECURITE JURIDIQUE A L'EPREUVE DE LA PROCEDURE COMMUNAUTAIRE DE RECUPERATION DES AIDES FISCALES

Jean-Jacques Fraimout
Maître de conférences à l'Université de Cergy-Pontoise
Membre du Centre de recherches en droit économique

Les aides publiques à caractère fiscal constituent autant que les stratégies de dumping fiscal direct par baisse du niveau d'imposition, un des instruments de la concurrence interétatique. C'est à la Commission, gardienne des traités (art. 211 CE) qu'échoit la compétence pour déclarer les aides déférées à son contrôle incompatibles avec le traité et saisir la CJCE d'un recours en manquement en cas d'inexécution (art. 226 CE). La rigueur du contrôle des comportements des États dans ce domaine, au demeurant, contraste avec la bienveillance relative suivie en matière de contrôle des structures, justifiée par la doctrine du soutien aux « champions industriels nationaux » dénoncée outre-atlantique comme une manifestation du protectionnisme européen[329].

[329] Mario Monti l'a rappelé devant le Sénat français en 2004 en réponse à la question posée par M. Xavier De Villepin : « Êtes-vous favorable à l'émergence de véritables champions industriels européens capables de lutter à armes égales avec leurs concurrents américains ? » - Réponse : « [...] la Commission européenne a autorisé de multiples opérations qui ont donné naissance à ce qu'on peut appeler des « champions industriels nationaux ou européens ». Et cela a bénéficié en tout premier lieu à la France. Je citerai, en particulier, les cas de AXA-UAP, Carrefour-Promodès, Total Fina Elf, EADS, AREVA, ARCELOR ou Air France-KLM. Je rappellerai aussi que la Commission européenne avait autorisé la fusion Vivendi-Universal, ce qui montre d'ailleurs qu'une opération de concentration ne se traduit pas forcément par des gains de productivité ». Source : http://www.senat.fr/europe/r08062004.html.

Or, l'application du régime des aides d'état (art. 87 et 88 TCE) aux avantages fiscaux représente historiquement la première brèche dans le principe de souveraineté fiscale des États, garanti par l'exclusion de la fiscalité du champ d'application de l'article 95 (ex. 100 A) qui autorise l'adoption de directives à la majorité qualifiée[330]. Du même coup, le « parapluie » de la loi fiscale nationale qui protège l'entreprise contribuable d'une remise en cause rétroactive des avantages fiscaux dont elle a pu bénéficier en vertu de la politique publique nationale se trouve mis à l'épreuve des procédures de récupération des avantages.

Comment concilier dès lors la confiance légitime que le contribuable peut accorder à la loi fiscale nationale avec le respect de la loi communautaire ? Au premier abord, l'application directe et la primauté du droit de l'Union devraient exclure tout débat. Mais sa mise en œuvre ne va pas de soi car elle implique la remise en cause de réductions d'impôts acquises, qui pourrait se heurter au principe de confiance légitime et à travers lui, au principe de sécurité juridique.

L'APPLICATION DIRECTE DU REGIME DES AIDES D'ETAT AUX MESURES FISCALES

Le régime de surveillance permanent des aides entraîne indéniablement une perte d'autonomie et constitue assurément une brèche dans le seul domaine échappant à l'alignement sur le modèle communautaire : celui des politiques fiscales des Etats.

Le régime de surveillance permanente des aides

Le contrôle des mesures de soutien public aux entreprises

Si le traité ne contient aucun principe prohibant l'interventionnisme public en soi, celui-ci est sérieusement bridé par le contrôle des effets anticoncurrentiels inévitables de tout soutien financier public. Les États doivent en effet souffrir que leurs politiques économiques soient soumises à la surveillance de

[330] Les directives en matière fiscale continuent donc à relever de la règle de l'unanimité de l'article 94 (ex. 100).

la Commission dans l'exercice de sa mission permanente d'examen des régimes existants ainsi que de leurs modifications et des aides nouvelles qui doivent lui être notifiées. Il en est ainsi de toutes les formes d'interventions publiques, incitatives ou sélectives et aussi des prises de participation en capital de l'État actionnaire.

C'est ainsi, entre autres exemples, que le projet de création de la chaîne française internationale fut soumis à la Commission qui l'a finalement autorisé en échange des garanties données par la France[331]. Les aides doivent être notifiées à la Commission qui en examine la compatibilité et à défaut, déclenche la procédure d'enquête au titre de l'art. 88 § 2. La procédure de contrôle est régie désormais par le règlement 659/1999 CE du 22 mars 1999.

Elle s'applique largement à toutes les formes de soutien public qui ne peuvent se prévaloir des causes d'exonération prévues par l'article 87 § 2 et 3 et dont le bénéfice, au demeurant, n'est accordé qu'après examen très vigilant du régime examiné. Car en dehors de la catégorie très étroite des aides déclarées compatibles de plein droit[332], les aides ne sont autorisées par la Commission que lorsqu'elles entrent dans les catégories désignées par le traité[333]. Et précisément, l'un des domaines où le contrôle des aides d'Etat s'exerce avec une vigilance particulière est celui des régimes fiscaux dérogatoires.

[331] Elle est exemptée en tant que financement d'un service d'intérêt économique général au titre de l'article 86 § 2 et à condition que l'association de deux partenaires, France télévision et TF1, ne tourne pas à l'avantage de l'actionnaire privé (achats de programmes préférentiels, etc.).

[332] Art. 87 § 2 TCE visant les aides à caractère social accordées aux consommateurs sans discrimination quant à l'origine des produits, aides réparatrices de dommages causés par des calamités naturelles ou autres événements extraordinaires, aides à l'économie des régions d'Allemagne divisées destinées à compenser les désavantages causés par cette division

[333] Selon le § 3, il s'agit des aides aux régions à niveau de vie anormalement bas ou frappées par un taux de chômage élevé, de celles destinées à remédier à la perturbation grave de l'économie d'un État membre, des aides destinées à promouvoir un projet européen, des aides de soutien d'activités ou de régions n'altérant pas les conditions des échanges dans une mesure contraire à l'intérêt commun, des aides de promotion de la culture et du patrimoine et, avec la même réserve, aides entrant dans d'autres catégories déterminées par décision du conseil statuant à la majorité qualifiée après saisine de l'État concerné.

L'application du régime de contrôle aux avantages fiscaux

Le régime des aides d'État est applicable aux avantages fiscaux accordés à certaines entreprises ou productions quelles qu'en soient les formes : exonérations, réductions ou annulations d'impôt, crédits d'impôt, allégements fiscaux, réductions de l'assiette, régimes d'amortissement accéléré, etc[334]. A défaut d'intégration fiscale communautaire par l'harmonisation des régimes fiscaux, l'article 87 TCE appliqué aux aides fiscales sert d'instrument « d'intégration négative » permettant de contrecarrer les effets anticoncurrentiels de la fiscalité.

Mais les aides d'État à caractère fiscal n'ont pas nécessairement une finalité protectionniste au sens strict. Contrairement aux subventions, en effet, elles peuvent aussi bien engendrer des « discriminations positives », « protectionnistes », au bénéfice d'entreprises nationales, que des « discriminations à rebours » favorisant les entreprises étrangères au détriment des résidents, relevant alors d'une autre stratégie anticoncurrentielle, celle du « dumping fiscal ».

Ainsi, la décision de la Commission du 30 mars 2004[335] indique que le champ d'application de l'art. 87 § 1er ne se limite pas aux faveurs protectionnistes et peut s'appliquer aux mesures qui pénalisent les entreprises résidentes, repoussant l'argument du Royaume-Uni selon lequel le texte ne s'applique pas aux mesures de « discrimination à rebours »[336]. Pour faciliter la détection des

---

334 Déductions de charges de fonctionnement des établissements étrangers de l'entreprise nationale (D. com. 72/263 du 25 juillet 1973). On précisera toutefois que sont exemptées de droit les aides de minimis d'un montant inférieur à 100000 € sur une période de 3 ans et celles destinées aux PME ainsi que les aides à la formation (Règlement 69/2001 de la Commission : JOCE 2001, L 10).

335 C (2004) 928, relative au régime allégements de l'impôt sur les sociétés accordés par le Royaume-Uni aux « qualifying companies » de Gibraltar. Les « qualifying companies » sont des sociétés « off shore » d'investissement financier dotées d'un régime fiscal moins avantageux que celui des « exempted companies » qu'il remplace mais tout de même attractif.

336 Point 66 : « L'observation selon laquelle la mesure n'est pas sélective au motif que n'importe qui peut constituer une «qualifying company» et que les restrictions à l'octroi du statut de «qualifying company» constituent un acte de discrimination à rebours contre les résidents de Gibraltar ne prouve pas que la mesure n'est pas sélective. Lors de l'examen d'une mesure, une comparaison doit être opérée avec le système généralement applicable, en l'occurrence, le régime normal de l'impôt sur les sociétés à Gibraltar. Le régime des «qualifying companies» constitue

aides fiscales illégales, la Commission dispose désormais des rapports du Groupe (Primarolo) institué pour mettre en œuvre les orientations du Code de conduite, adopté comme élément central du « paquet fiscal » par le Conseil ECOFIN du 1er décembre 1997.

Un instrument de rapprochement juridiquement non contraignant devient ainsi générateur d'effets juridiques indirects[337]. C'est ainsi que dans la sphère de la politique fiscale, encore réservée à la souveraineté nationale, les gouvernements doivent concéder une part de leur autonomie et subir l'immixtion permanente de la Commission.

La perte d'autonomie des gouvernements dans leurs choix de politique économique

On pourrait dire, en transposant le Théorème de Coase[338], que le coût de transaction de toute mesure fiscale incitative est considérablement alourdi par la procédure de contrôle des aides.

Les déboires de la France dans sa politique de soutien fiscal à l'industrie des biocarburants constituent à cet égard un exemple significatif. L'exonération fiscale de la TIPP en faveur des biocarburants, en effet, fut considérée par la Commission[339] en 1996 comme une aide d'Etat soumise à son contrôle. La Commission refusa à la France le bénéfice de l'exemption au titre des aides qui s'inscrivent dans un projet d'intérêt européen (art. 87 § 3-b) visant le développement des énergies alternatives moins polluantes, au motif que celle-ci aurait pour effet secondaire le soutien illégal de son agriculture par la mise en culture des terres en jachère.

---

manifestement une exception au système général ».

337 Cf. Antonio Carlos Dos Santos (conseiller financier à la représentation permanente du Portugal, acs@reper-portugal.be), « Aides d'État, Code de conduite et concurrence fiscale dans l'Union européenne : les centres d'affaires comme cibles », *Revue Internationale de Droit Économique*, RIDE 2004-1, p.10 s., spéc. p.14.

338 Économiste de l'école de Chicago, né en 1910, prix Nobel d'économie 1991. Dans un texte paru en 1960, intitulé « The problem of social cost », Coase présente l'État comme un moyen de réduire les coûts de transaction.

339 Décision du 18 décembre 1996, n° 97/270 (JOCE L 222 du 12/08/1997) où la Commission déclare que l'aide à la fabrication des biocarburants favorise indirectement les produits agricoles entrant dans sa fabrication.

Dans cette affaire, du moins, la Commission n'a pas imposé la restitution pour deux raisons : 1e) l'un des effets de l'aide, le soutien aux énergies renouvelables et non polluantes s'inscrit dans les orientations de la Communauté, au contraire de l'aide indirecte aux produits d'origine agricole ; 2e) selon la doctrine « du retour au statu quo ante », la restitution n'est pas due car elle aurait pour effet de pénaliser les bénéficiaires de l'aide du fait de la neutralisation de cet avantage par les surcoûts de commercialisation.

Autrement dit, la restitution doit seulement viser le rétablissement de l'égalité compétitive. On ne peut que souscrire à la condamnation des mesures de soutien indirect au secteur agricole mais en même temps, on approuvera la position pragmatique de la Commission qui s'abstient d'exiger la restitution lorsque celle-ci n'est pas nécessaire pour rétablir une concurrence suffisante. S'agissant de la récupération des aides, précisément, on touche au point le plus délicat de la mise en œuvre du régime de contrôle car si l'on conçoit aisément que la responsabilité des Etats au regard du traité soit sanctionnée, la responsabilité personnelle du bénéficiaire de l'aide est moins évidente dès lors que celui-ci l'a reçue de bonne foi en application du régime fiscal national.

Le droit communautaire de la concurrence, au surplus, ne confond pas les atteintes à la concurrence qui sont le fait des Etats et celles qui sont le fait des entreprises. Or, on le verra à travers d'autres exemples, l'application extensive et dogmatique de l'obligation de restitution des aides fiscales, en exposant l'entreprise bénéficiaire aux effets de la condamnation d'une mesure fiscale nationale déclarée anticoncurrentielle, porte en elle le risque d'une atteinte au principe de sécurité juridique et de confiance légitime.

LES PRINCIPES DE CONFIANCE LEGITIME ET DE SECURITE JURIDIQUE FACE A L'APPLICATION DOGMATIQUE DU REGIME DES AIDES D'ETAT

L'application dogmatique du régime des aides aux avantages fiscaux, qui n'est pas tant le fait de la Commission que celui des juridictions communautaires, génère de sérieuses difficultés en imposant la restitution des aides déclarées illégales . Il conviendra de les examiner sous l'éclairage des principes de sécurité juridique et de confiance légitime.

L'identification des difficultés liées à la restitution des aides fiscales

A la différence des subventions, les avantages fiscaux posent des problèmes de restitution délicats car l'avantage jugé contraire au traité devra être remboursé par un contribuable pouvant être de bonne foi[340]. La Commission a, de fait, dans son 16e rapport sur la politique de la concurrence de 1987 (§ 203), affirmé le principe d'une restitution forcée de l'aide illicite, principe admis également par la CJCE (arrêt Commission c/ Allemagne du 12 juillet 1973[341]) et figurant désormais à l'article 14 du Règlement du Conseil du 22 mars 1999[342]. La sanction de l'aide illicite est en effet le retour au statu quo ante. Par le règlement portant modalités d'application de l'article 93 du TCE, le Conseil va consacrer l'interprétation donnée par la commission et la CJCE et énoncer que non seulement l'aide doit être restituée, mais que les intérêts sont dus et courent à compter de son attribution.

Pour s'assurer de l'exécution de l'injonction, la Commission dispose à cet égard d'un pouvoir d'enquête auprès de l'entreprise bénéficiaire à condition d'en informer l'État membre[343]. La question posée est alors de savoir s'il existe des voies légitimes permettant au bénéficiaire de l'aide d'échapper à la restitution en dehors des cas d'impossibilité absolue de recouvrement ou de difficultés imprévues et imprévisibles justifiant la consultation de la Commission en vue d'un éventuel aménagement[344]. Car assurément, le bénéficiaire « de bonne foi » d'un avantage fiscal prévu par la loi nationale devrait pouvoir invoquer le principe de confiance légitime pour éviter la restitution de l'aide.

---

340 Cf. M.C Bergerès, « De quelques difficultés liées aux régimes fiscaux d'aides en droit communautaire », D. 2002, n°30, CDA, p.2394.

341 Aff. 70/72. Arrêt rendu sur recours en manquement contre la RFA qui avait ignoré une décision de la Commission lui enjoignant de supprimer l'aide contraire au traité.

342 659/1999 CE.

343 Art. 22 du règlement 1999.

344 Décision « Air-France » du 4 avril 1995 (n° 95/367).

Pourtant, si l'on s'en tient à la jurisprudence communautaire, il apparaît que le bénéficiaire de la mesure n'est à l'abri d'une restitution que lorsque la Commission elle-même a créé l'apparence de légalité. Autrement dit, le principe de confiance légitime est reconnu mais il est « communautarisé ».

La « communautarisation » du principe de confiance légitime

L'article 14 du règlement de 1999 qui prescrit la restitution des aides réserve le cas où celle-ci heurterait un principe général du droit[345]. On peut alors se demander si la bonne foi du bénéficiaire de l'aide, en vertu du « principe de la confiance légitime »[346], pourrait l'exonérer de l'obligation de restituer l'aide reçue. Et précisément, cette confiance légitime peut-elle être déduite de la légalité de l'aide au regard du droit interne ?

La CJCE ne l'admet pas au motif qu'une telle position rendrait ineffective la sanction des régimes nationaux contraires au traité. Elle n'admet pas plus que la prescription de l'obligation de remboursement en droit interne puisse justifier la croyance légitime en son caractère définitif sachant que le délai de prescription de l'action communautaire est de 10 ans, aux termes de l'article 15 du règlement de 1999. La Cour, en fait, ne retient la confiance légitime comme fait justificatif du refus de restitution qu'à raison des actes des autorités communautaires ou étatiques qui modifient sans préavis l'état du droit existant ou des informations et avis erronés susceptibles d'induire le justiciable en erreur. Et s'agissant des aides publiques, elle ne l'admet que dans des cas extrêmes où la responsabilité de la Commission est patente en raison de ses prises de positions antérieures laissant croire en la compatibilité de l'aide, ou d'un revirement imprévisible s'agissant d'une aide autorisée dans le passé, ou encore par le fait d'un temps de réponse excessivement long.

L'arrêt « Alcan II » du 20 mars 1997[347], nous livre à cet égard les clés de la rigueur de la doctrine communautaire sur la question de la confiance légitime en matière d'aides publiques[348].

---

[345] Le respect de ces principes est garanti par l'art. 6 TUE Maastricht.
[346] M.C Bergerès, loc. cit., p.2398.
[347] Précédé d'autres espèces, notamment l'arrêt du 21 septembre 1983, Deutsche Milchkontor e.a. (205/82 à 215/82, Rec. p. 2633), duquel il ressort qu'en matière de restitution d'aides indûment versées, d'une part, le droit national doit être

La Cour exigea dans cette affaire la restitution d'une entreprise en difficulté.

On sait que la doctrine communautaire est peu réceptive au fait justificatif de défaillance (« failing company defense »), les aides publiques au renflouement ou à la restructuration n'étant admises qu'à de strictes conditions qui traduisent le respect pointilleux des principes de nécessité et de proportionnalité désormais inscrits à l'art. 3 b, al. 3 TUE[349] et qui condamnent la mise sous perfusion publique des entreprises en déficit chronique, au point de placer les gouvernements en position difficile vis-à-vis de l'opinion ou des syndicats de salariés dans des dossiers très médiatisés où la survie de l'entreprise et le maintien de l'emploi est en jeu.

La leçon de l'arrêt « Alcan II », précité, est d'abord que la confiance légitime ne saurait être retenue dès lors que l'aide était subordonnée à une notification préalable et à une décision favorable de la Commission à l'issue de la procédure d'examen, fait que tout chef d'entreprise ne peut prétendre ignorer.

Or, sur ce point précis, il n'est pas certain que la question de la restitution des aides fiscales se pose de la même manière que les aides publiques « positives ». En effet, l'aide à caractère fiscal, parce qu'elle est « négative » et occulte, ne fait pas nécessairement présumer la mauvaise foi de celui qui la reçoit et peut légitimement

appliqué de manière à ne pas rendre la récupération de sommes irrégulièrement octroyées pratiquement impossible et, d'autre part, que l'intérêt communautaire doit être pleinement pris en considération.

348 Aff. 24/95. La CJCE fut saisie d'un recours préjudiciel de la part d'une juridiction allemande saisie d'un pourvoi contre la décision d'une juridiction d'appel qui ordonnait à la société d'aluminium Alcan de restituer l'aide reçue de l'administration (Land), aide non notifiée et déclarée incompatible par la Commission, laquelle avait notifié une injonction de restitution non suivie d'effet, si bien que la Commission introduisit un recours en manquement et que l'État allemand fut condamné par la CJCE (arrêt du 2 février 1989, aff. 94/87).

349 La CJCE reconnaît le principe énoncé pour la première fois par le Conseil d'État qui conduit à appliquer à des situations différentes, un traitement différent (CE 10 février 1928, Chambre syndicale des propriétaires marseillais) tout en précisant que la différence de traitement doit être proportionnée à la différence de situation. Elle contrôle ainsi la réalité objective de la différence de situation (CJCE, 24 octobre 1973, Merken c/ Commission, aff. 43/72), l'adéquation aux objectifs visés (11 mars 1987, RAU, aff. 279/86), l'existence de solutions autres moins néfastes (3 décembre 1974, Van Binsbergen, aff. 33/74 – 7 décembre 1993, ADM Oehlmühlen c/ BALM, aff. 339/92).

ignorer son incompatibilité avec le traité CE. Tandis qu'à l'inverse, celui qui reçoit une subvention ne peut invoquer le fait du prince, fût-il imposé à l'entreprise bénéficiaire, comme dans l'affaire Alcan, où l'aide de 8 millions de marks avait été quasiment imposée au groupe qui ne demandait qu'à déposer son bilan. Le motif de l'aide était lié en l'espèce à des considérations politiques à la veille d'une élection, dont l'issue pouvait dépendre du sauvetage des 330 emplois menacés[350]. Il est permis de se demander, au demeurant, si dans une telle situation, le bénéficiaire ne pourrait trouver une voie de responsabilité de son administration, autonome ou reconventionnelle.

On a vu se développer la responsabilité des banques pour soutien abusif. Pourquoi pas celle de l'État ? Mais en outre, en matière fiscale, le principe de confiance légitime, qui garantit la sécurité juridique du contribuable, figure explicitement à l'article L. 80 A LPF[351], lequel dispose qu'aucune restitution n'est admise contre un contribuable de bonne foi qui s'est conformé à la doctrine antérieure[352] de l'administration fiscale, ce qui le met à l'abri d'un brusque revirement de l'interprétation des textes par l'administration[353].

---

[350] Point 43 : « [...] Il convient donc de répondre à la deuxième question que l'autorité compétente est tenue, en vertu du droit communautaire, de retirer la décision d'octroi d'une aide attribuée illégalement, conformément à une décision définitive de la Commission déclarant l'aide incompatible et exigeant sa récupération, même lorsque cette autorité est à ce point responsable de l'illégalité de la décision que son retrait apparaît, à l'égard du bénéficiaire de l'aide, comme étant contraire à la bonne foi, dès lors que le bénéficiaire de l'aide n'a pas pu avoir, en raison du défaut d'observation de la procédure prévue à l'article 93 du traité, une confiance légitime dans la régularité de l'aide [...] ».

[351] « Il ne sera procédé à aucun rehaussement d'impositions antérieures si la cause du rehaussement poursuivi par l'administration est un différend sur l'interprétation par le redevable de bonne foi du texte fiscal et s'il est démontré que l'interprétation sur laquelle est fondée la première décision a été, à l'époque, formellement admise par l'administration.

Lorsque le redevable a appliqué un texte fiscal selon l'interprétation que l'administration avait fait connaître par ses instructions ou circulaires publiées et qu'elle n'avait pas rapportée à la date des opérations en cause, elle ne peut poursuivre aucun rehaussement en soutenant une interprétation différente ».

[352] Doctrine issue de documents de portée générale tels que les instructions et circulaires publiées, les réponses ministérielles aux questions écrites des parlementaires, les lettres aux organisations professionnelles mais aussi les décisions individuelles, telles les réponses aux demandes de renseignements ou autres documents par lesquels l'administration fiscale prend position.

[353] La règle ne s'applique qu'à la doctrine relative à l'assiette de l'impôt, à l'exclusion de la procédure d'imposition et des pénalités. Mais elle s'applique à la

La Cour du Luxembourg l'a d'ailleurs admis en partie, précisant toutefois que le bénéficiaire d'une aide fiscale n'est plus couvert par le principe de confiance légitime pour le produit de l'avantage fiscal qui lui est acquis postérieurement à l'engagement de la procédure par la Commission. C'est ce qui ressort de l'arrêt CJCE du 16 mai 2000[354]. Il s'agit d'un arrêt de rejet du pourvoi contre un jugement du TPICE qui annula plusieurs points d'une décision par laquelle la Commission déclarait l'article 92 § 1 TCE[355] inapplicable aux avantages accordés au GIE PMU français.

La Commission avait, dans cette affaire, limité l'obligation de restitution des avantages fiscaux reçus à la période postérieure à l'engagement de la procédure au motif que pour la période antérieure, le PMU était couvert par la confiance légitime résultant d'une jurisprudence du Conseil d'État de 1962 qui exemptait les activités agricoles de la participation à l'effort de construction. Autrement dit, dès l'instant où la procédure de contrôle est mise en mouvement, le contribuable ne peut plus compter sur l'état du droit positif national et doit accepter le risque d'une condamnation de la jurisprudence ou de la réglementation nationale par la Commission. Pour reprendre la formule de l'avocat général Cosmas dans ses conclusions, le principe de confiance légitime est communautarisé.

Mais il ressort un autre enseignement de cette jurisprudence qui laisse perplexe : la confiance légitime ne saurait être un moyen de défense de l'État sommé de supprimer l'aide, poursuivi en manquement ou contestant la décision de la Commission ou formant un recours car il n'est pas permis de se prévaloir d'une illégalité dont on est responsable (nemo auditur...) et qu'admettre le contraire serait permettre aux États de mettre en échec le droit communautaire[356].

---

doctrine contraire à la loi. S'agissant de la doctrine relative aux procédures administratives, l'article 1er D. 83-1025 du 28 novembre 1983 énonce la même règle mais dont la portée est limitée à la doctrine conforme aux lois et règlements.

[354] Aff. C-83/98 P, République française c/ Ladbroke Racing Ltd et Communautés européennes.

[355] Art. 87 § 1 actuel.

[356] Point 70 des conclusions : « A première vue, le principal argument en faveur de la position adoptée par le juge du fond doit être cherché dans la jurisprudence constante de la Cour selon laquelle «un État membre, dont les autorités ont octroyé une aide en violation des règles de procédure prévues à l'article 93, ne saurait invoquer la confiance légitime des bénéficiaires pour se soustraire à

Autrement dit, la confiance légitime ne peut être qu'un moyen soulevé dans les rapports entre l'État opérant le recouvrement de l'aide illégale et le bénéficiaire, donc devant les juridictions internes. On se trouve donc devant le paradoxe suivant : l'Etat est tenu de récupérer l'avantage illégal lors même qu'il pourrait se voir opposer le principe de confiance légitime « national » par le contribuable. Ce constat aura finalement conduit à poser la question de l'adéquation d'un régime communautaire uniforme à toutes les formes de soutien public et plus particulièrement des adaptations nécessaires de ce régime et de ses sanctions aux régimes fiscaux.

---

l'obligation de prendre des mesures nécessaires en vue de l'exécution d'une décision de la Commission lui ordonnant de récupérer l'aide. Admettre une telle possibilité reviendrait, en effet, à priver les dispositions des articles 92 et 93 du traité de tout effet utile, dans la mesure où les autorités nationales pourraient ainsi se fonder sur leur propre comportement illégal pour mettre en échec l'efficacité des décisions prises par la Commission en vertu de ces dispositions du traité (37)». Le juge du fond renvoie d'ailleurs expressément à cette jurisprudence au point 181 de l'arrêt attaqué ».

L'ABUS DE DROIT DANS L'UNION EUROPEENNE

Didier LECOMTE
Docteur en droit, Avocat, Enseignant-chercheur,
CERAP-Paris XIII

La loi fiscale prévoit des règles d'impositions qui s'appliquent à des situations, des opérations, ou des flux. De nombreuses règles offrent aux contribuables des choix desquels découlent des impositions différentes. Naturellement, le contribuable est en droit de choisir, lorsque cela est possible, de se placer dans la situation fiscale la moins onéreuse[357]. Cependant, dans d'autres hypothèses le contribuable est tenté de se placer artificiellement dans une situation fiscale plus avantageuse. La question se pose alors de savoir à partir de quand ce contribuable est dans l'irrégularité. C'est toute la question de l'abus de droit.

En France, la question a récemment fait la une de l'actualité à la suite du dépôt d'un projet de loi rédigé par l'administration fiscale, projet qui vise à contraindre toutes les entreprises ou leurs conseils à informer les services de tout montage optimisant[358]. Autrement dit, la technique du rescrit, qui consiste à solliciter un avis de l'administration sur un montage ou une situation afin de se couvrir des éventuelles sanctions attachées à l'abus de droit, deviendrait obligatoire. Cette proposition fait évidemment débat et les milieux

---

[357] « Payer ses impôts, c'est un devoir, une « honorable obligation » disait gravement la vieille constitution de 1793. Vouloir payer le plus d'impôt possible, pour certains, c'est peut-être de la sainteté ou de l'héroïsme. On serait plutôt tenté d'y voir un dérangement de l'esprit (ça se soigne) » : M. Cozian, *Précis de fiscalité des entreprises*, Litec 2005-2006, p.496, n°2500.

[358] Dans ce projet de loi, les schémas d'optimisation sont définis comme « toute combinaison de procédés et instruments fiscaux, comptables ou financiers ayant notamment pour objet ou conséquence d'éviter, de minorer, de reporter l'exigibilité ou le paiement ou d'obtenir le remboursement d'impôts, taxes ou contributions ».

d'affaires s'y opposent en prétextant que dans les pays où une telle mesure existe, il n'existe pas de procédure équivalente à celle de l'abus de droit français. Et de citer l'exemple du Royaume-Uni qui ne connaîtrait pas cette notion. Or tel n'est pas tout à fait le cas comme nous le verrons. En réalité tous les Etats membres de l'Union connaissent l'abus de droit. En revanche, il est vrai que la procédure spéciale de l'article L. 64 du LPF et la lourde sanction qu'elle envisage sont une originalité au sein de l'Union. Il est donc intéressant de voir si cette notion est uniforme dans l'Union et dans quel sens cette dernière évolue.

Naturellement, il est impossible de passer en revue l'ensemble des pays membres de l'Union. C'est pourquoi, nous nous limiterons à un examen approfondi de certains d'entre eux seulement, quitte à en citer certains autres à titre d'exemples. Cependant et préalablement, il apparaît nécessaire de délimiter clairement le sujet car en cette matière, de nombreux Etats répriment plus largement l'abus de droit par des textes spéciaux.

Certains Etats membres de l'Union ne connaissent que l'abus de droit au sens le plus strict du terme. Tel est le cas, par exemple, du Luxembourg où il n'existe aucun dispositif particulier autre que celui permettant de réprimer l'abus de droit stricto sensu[359].

Cependant, pour tenir compte de la mondialisation des échanges, de nombreux Etats ont mis en place des dispositions spécifiques afin de maintenir sous leur juridiction une base fiscale qui tend à s'évaporer. En réalité, lorsque l'on examine ces textes on constate que tous ou presque visent des situations fiscalement

---

[359] Cette situation n'est pas surprenante dans la mesure où, comme le rappelle M. J. Schaffner, le Luxembourg n'est pas, traditionnellement un pays exportateur de capitaux : J. Schaffner, *Droit fiscal international*, éd. Promoculture, 2ème édition 2005, p.627, §16.12. Cet auteur indique, en outre, que le Luxembourg, compte tenu de sa taille ne dispose pas des moyens administratifs suffisants pour mettre en œuvre une législation plus contraignante et plus fournie. Mais on pourrait s'interroger sur cette réalité à la lecture de l'article 156-8.b LIR qui présume certainement un abus de droit en imposant la plus value relative à une aliénation par un Luxembourgeois qui aurait quitté le territoire moins de cinq ans avant ladite opération. De la même façon, on pourrait citer l'article 13 de la loi du 29 décembre 1971 qui soumet au droit d'enregistrement l'attribution d'un immeuble lors d'une liquidation de société à un associé qui n'était pas originairement l'apporteur. Ce texte ne présume-t-il pas un abus de droit qui consisterait à transmettre des immeubles sans que ce transfert ne soit soumis à la formalité de l'enregistrement ?

déviantes qui auraient pu être réglées par le biais de l'abus de droit. Cependant, en matière de contrôle des opérations internationales, la difficulté majeure que doivent affronter les services fiscaux tient à l'administration de la preuve[360]. Ainsi a-t-on vu fleurir des textes qui en fait organisent surtout le régime de l'administration de la preuve.

Ces dispositifs anti-paradis fiscaux ou anti-territoire à fiscalité privilégiée posent en réalité des présomptions simples mais parfois irréfragables, d'abus de droit de nature à renverser, dans la mesure du possible, la charge de la preuve. L'exemple français démontre à l'envi cette réalité. De nombreux textes existent qui créent cette présomption d'abus de droit, des textes qui présentent en outre l'avantage de modifier les règles de preuve. En effet, ces textes permettent soit un renversement de la charge de la preuve, soit une modification de la nature de la preuve à rapporter. A titre d'exemple on peut citer l'article 209 B du Code général des impôts français.

Dans sa rédaction antérieure à la loi de finance pour 2005, ce texte permettait, dans certains cas, d'imposer en France des bénéfices réalisés par des sociétés, filiales françaises ou par des établissements stables de sociétés françaises situés dans des territoires à fiscalité privilégiée[361]. En l'absence de ce texte, l'administration fiscale aurait pu aboutir à un résultat identique par le biais de la procédure d'abus de droit de l'article L 64 du Livre des procédures fiscales. Cependant, dans cette situation, la charge de la preuve de l'abus de droit incombe aux services fiscaux. Plus précisément, il appartient à l'administration fiscale de démontrer que le montage n'est justifié par aucun motif autre que celui d'éviter ou de réduire une imposition en France. Au contraire, lorsqu'il est fait application de l'article 209 B, les règles relatives à la preuve sont différentes. En premier lieu, l'administration fiscale

---

[360] Comme le rappellent très justement Messieurs G. Gest et G. Tixier, *Droit fiscal international*, P.U.F., Coll. « Droit Fondamental », 2ème édition, 1990, p.140 : « La charge de la preuve constitue sans doute, sur le plan international, un handicap encore plus lourd que sur le plan interne ».

[361] Ce texte n'était pas d'application systématique puisqu'il supposait, notamment, que certaines proportions dans la détention soient préalablement établies. Par ailleurs, il convenait de démontrer que le pays d'accueil, pour un impôt donné, devait être considéré comme un TFP, c'est-à-dire, que le taux d'imposition était, pour une même base taxable, inférieur d'au moins un tiers par rapport au taux français.

doit démontrer que le pays d'accueil de la structure est bien un TFP et que les conditions de détention directes ou indirectes requises par le texte sont bien remplies. A partir de là se produit un renversement de la charge de la preuve qui impose au contribuable français de démontrer que la création de la structure étrangère n'a pas « principalement pour effet de permettre la localisation de bénéfices dans un Etat ou un territoire où elle est soumise à un régime fiscal privilégié ». On voit bien, surtout compte tenu de la formulation du II de l'article 209 B, qu'il est bien question d'abus de droit.

La nouvelle rédaction[362] de l'article 209 B est tout aussi parlante. Le régime de la preuve n'est pas très différent de ce qui prévalait sous l'ancienne rédaction. L'administration doit toujours rapporter les mêmes preuves quant à la proportion de détention directe ou indirecte ainsi que quant au caractère privilégié de la fiscalité du territoire ou de l'Etat d'accueil. Pour le reste et schématiquement, il convient de distinguer selon que l'établissement stable ou la filiale est situé ou non dans la Communauté européenne. Si l'établissement ou la filiale est situé dans la Communauté européenne, c'est à l'administration de rapporter la preuve de l'existence d'un « montage artificiel dont le but serait de contourner la législation fiscale française ».

Si la société ou l'établissement est situé en dehors de la Communauté européenne et sous certaines conditions[363], c'est à la

---

[362] La nouvelle rédaction de l'article 209 B est issue de la loi de finance n° 2004-1484, 30 déc. 2004, art. 104, I et IV). Rappelons que cette nouvelle rédaction fait suite à l'arrêt « Schneider » du Conseil d'État, n° 232276 du 28 juin 2002. Sur ce point, voir Noël Chahid-Nouraï et Patrice Couturier, « L'article 209 B du CGI et les conventions fiscales », *Feuillet rapide Francis Lefebvre*, 34-02, p.25 ; et pour la décision en appel, P.-J. Douvier et D. Bouzoraa, « Court of appeal confirms the incompatibility of the CFC rules with tax treaties », *European Taxation*, May 2001, p.184

[363] Le III de l'article 209 B nouvelle rédaction dispose qu'« en dehors des cas visés au II, les dispositions du I ne s'appliquent pas lorsque les bénéfices ou revenus positifs de l'entreprise ou de l'entité juridique établie ou constituée hors de France proviennent d'une activité industrielle ou commerciale effective exercée sur le territoire de l'Etat de son établissement ou de son siège.
Toutefois, lorsque les bénéfices ou revenus positifs de l'entreprise ou de l'entité juridique établie ou constituée hors de France proviennent:
a) Pour plus d'un cinquième, de la gestion, du maintien ou de l'accroissement de titres, participations, créances ou actifs analogues pour son propre compte ou pour celui d'entreprises appartenant à un groupe avec lequel la personne morale établie

société française d'établir « que les opérations de l'entreprise ou de l'entité juridique établie ou constituée hors de France ont principalement un effet autre que de permettre la localisation de bénéfices dans un Etat ou territoire où elle est soumise à un régime fiscal privilégié ».

On voit bien, par conséquent, que cette réglementation ne constitue pas autre chose qu'une approche particulière de l'abus de droit. D'autres exemples existent dans le corpus juridique français. Ainsi, il est permis de citer, par exemple, l'article 57 du CGI qui réglemente les prix de transfert. Ce texte a pour objet de sanctionner principalement la fixation de prix en sociétés dans le but exclusivement fiscal de réduire l'imposition globale de sociétés ou d'entreprises liées. Dans le cadre de ce texte, l'administration fiscale doit rapporter la preuve de l'existence d'un lien de dépendance et d'un avantage constitutif d'un transfert de bénéfices[364]. Ici, l'administration n'a plus à rapporter la preuve du but exclusivement fiscal comme elle devrait le faire dans le cadre de la procédure d'abus de droit[365].

La situation n'est pas différente chez nos voisins de l'Union européenne. Ainsi, en Belgique, l'article 344 § 2 du CIR prévoit que certains actes effectués par un résident au profit de non résidents ne peuvent être opposés à l'administration fiscale belge[366].

---

en France entretient des relations de contrôle ou de dépendance ou de la cession ou de la concession de droits incorporels relatifs à la propriété industrielle, littéraire ou artistique :
b) Pour plus de la moitié, des opérations mentionnées au a et de la fourniture de prestations de services internes, y compris financiers, à un groupe d'entreprises avec lequel la personne morale établie en France entretient des relations de contrôle ou de dépendance, les dispositions du I s'appliquent sauf si la personne morale établie en France établit que les opérations de l'entreprise ou de l'entité juridique établie ou constituée hors de France ont principalement un effet autre que de permettre la localisation de bénéfices dans un Etat ou territoire où elle est soumise à un régime fiscal privilégié ».

[364] En outre, le recours par l'administration à l'article L 13 B du LPF modifie sensiblement les règles d'administration de la preuve et place les entreprises françaises en situation délicate.

[365] Sauf bien sûr dans l'hypothèse où le Comité consultatif des abus de droit a été saisi et a rendu un avis favorable à l'administration fiscale, avis qui a pour effet de renverser la charge de la preuve.

[366] Ce texte vise les transferts de propriété portant sur des valeurs productives de revenus (pour plus de détails sur cette disposition, voir J. Schaffner, *Droit fiscal international*, éd. Promoculture, 2ème édition 2005, p., § 16.16, p. 636).

En Allemagne encore, pays à propos duquel on peut citer les paragraphes 7 à 14 Aubensteuergesetz qui prévoient que certains revenus passifs, de sociétés étrangères, soumis à une fiscalité plus faible vont être fiscalement attribués à un résident allemand.

Par conséquent, la notion d'abus de droit dans l'Union européenne apparaît comme protéiforme. Pour ce qui nous concerne, nous ne nous intéresserons qu'à la notion entendue dans son sens le plus strict, c'est-à-dire, lorsqu'elle est clairement ou expressément exprimée.

Cet examen comparé sera l'occasion de vérifier qu'il n'y a pas à proprement parler d'harmonisation en matière d'abus de droit. Cependant, cette dysharmonie n'est peut-être qu'apparente et la jurisprudence de la Cour de Justice des Communautés Européennes pourrait bien constituer le catalyseur d'une certaine harmonisation des notions dans l'Union.

L'ABUS DE DROIT, UNE NOTION NON HARMONISEE

Classiquement, en France au moins, la notion d'abus de droit peut revêtir deux formes ; la simulation d'une part et la fraude à la loi d'autre part. Si par conséquent, harmonisation au sein de la Communauté il devait y avoir, on devrait retrouver ces deux fondements de l'abus de droit. Mais nous verrons que tel n'est apparemment pas le cas.

L'abus par simulation

C'est la forme d'abus de droit qui est la plus connue et reconnue dans l'Union européenne puisque la totalité des membres de celle-ci la connaissent[367]. Cette notion est même parfois reconnue en dehors de tout texte comme au Royaume-Uni par exemple.

---

[367] Sur ce point, voir C. David, « L'abus de droit-fraude en Allemagne, France et Royaume-Uni », *Droit et économie*, 2005, n°92, p.14. On notera l'assertion de l'auteur qui relève que cette notion d'abus de droit-simulation est reconnue de façon absolument générale, « même en Italie ».

Mais au fond, ceci n'a rien de choquant dans la mesure où la simulation, quel que soit le pays considéré, permet d'obtenir un avantage fiscal normalement indu. Par ailleurs, cette notion recouvre un grand nombre de situations qu'il est cependant possible de regrouper en trois catégories ; la simulation par interposition de personne, par acte fictif ou par acte déguisé. Dans ces conditions, on voit mal un Etat se refuser ce moyen de correction et se priver ainsi de recettes conséquentes. En effet, la loi ne peut pas tout prévoir, et l'ingéniosité des juristes et de certains particuliers avertis est définitivement sans borne.

Cependant, même reconnue de façon unanime, la notion est apparemment entendue de façon parfois différente dans certains Etats de l'Union.

Une première grande différence tient au fait que dans la plupart des Etats, les règles applicables en la matière sont une application du droit commun fiscal ou d'une procédure spéciale comme c'est le cas en France avec l'abus de droit[368]. Mais au-delà de ces considérations il n'en reste pas moins que chaque administration fiscale de chaque pays se voit reconnaître le droit de ne tenir compte, par préférence, que de la réalité d'une situation plutôt que de la qualification donnée par les parties n'est pas des plus claires lorsqu'il s'agit de reconnaître l'admission de la Ainsi en droit belge, la jurisprudence a, de longue date, admis la fraude par simulation. Tel est le cas dans une décision du 6 juin 1961[369] dans laquelle la Cour de cassation belge a appliqué la théorie juridique de la simulation pour pallier l'absence de texte réprimant l'abus de droit. Comme l'indique G. Vandercapellen[370], « lorsque les contribuables présentent au fisc un acte qui n'est pas le reflet de leur convention réelle, il y a simulation et le fisc est alors en droit d'établir l'impôt sur la base de la convention réellement conclue. A cet égard, ni le fisc, ni le juge ne doivent s'en tenir aux qualifications que les parties ont données à l'acte ». Le droit luxembourgeois est très similaire au droit belge bien qu'ici, l'application de l'abus de droit relève d'une loi[371].

---

[368] Voir C. David, op. cit, p. 14.
[369] Cass. 6 juin 1961 ; Pas. 1961, I, 1082
[370] G. Vandercapellen, « L'abus de droit en Belgique », in N. Chaïd-Nouraï et O. Fouquet et autres, *Optimisation fiscale et abus de droit*, , Litec, 1990, p.137.
[371] Disposition générale anti-abus du 6 LAF.

Au Royaume-Uni, la Chambre des Lords a, en 1980[372], autorisé les juges à aller au-delà de l'apparence juridique affichée par les parties. Enfin, l'Allemagne s'est aussi dotée d'un texte permettant à l'administration fiscale de remettre en cause une situation simulée[373].

En résumé, il apparaît que la notion d'abus de droit par simulation en matière fiscale ne pose guère de difficulté et emprunte même souvent les mécanismes du droit civil français[374]. En revanche, la notion d'abus de droit-fraude à la loi paraît plus délicate à appréhender.

L'abus par fraude à la loi

Il semble que tous les Etats membres de l'Union, l'Italie par exemple[375], ne connaissent pas la notion d'abus-fraude à la loi. Par ailleurs, lorsque la notion est reconnue il semble qu'elle le soit dans des acceptions variables.

En France, c'est le Conseil d'Etat qui le premier a admis que l'abus de droit pouvait être le fruit d'une fraude à la loi[376]. La Cour de cassation allait lui emboîter le pas quelques années après[377]. M. Cozian[378] définit parfaitement la notion telle qu'elle est retenue par la jurisprudence[379] ; il n'y a ni simulation ni mensonge. Les actes passés sont réels ; en revanche, le montage juridique est artificiel et contre nature. Il ne peut s'expliquer que par la volonté de contourner une règle fiscale contraignante.

Ceci dit, la situation n'est notion en droit interne. Ainsi, par exemple, en droit belge, il est classiquement admis par la

[372] Ramsey Ltd, Versus C.I.R, 1980.
[373] Section 41 Abgabenordung AO.
[374] Et du droit belge puisque le Code civil belge est tiré de notre droit civil.
[375] Mais aussi la Grèce, et le Portugal. Dans ce sens, G. Vandercapellen, op. cit., p.131.
[376] CE plén.10 juin 1981, n° 48-49, com. 2187, concl. Lobry, *RJF* 1981, n°9, p.429.
[377] Cass. Com. 19 avril 1988, n° 32-38, com. 1733, *RJF* 1989, n°2, p.47.
[378] M. Cozian, *Précis de fiscalité des entreprises*, Litec 2005-2006, p.497, n° 2508.
[379] Nous verrons cependant, ci-après, que cette notion est en train d'évoluer, très certainement sous l'influence de la CJCE.

doctrine[380] que la jurisprudence exclut expressément la notion d'abus par fraude à la loi. Cette affirmation ressort de l'arrêt de la Cour de cassation belge en date du 6 juin 1961[381]. Effectivement, l'attendu est clair et rejette la notion d'abus par fraude à la loi. Cependant, depuis le 1er avril 1993, l'abus de droit est prévu par un texte. Cette loi du 1er avril 1993, en son article 16, dispose que « n'est pas opposable à l'administration des contributions directes la qualification juridique donnée par les parties à un acte ainsi qu'à des actes distincts réalisant une même opération lorsque l'administration constate, par présomption ou d'autres moyens de preuves.../..., que cette qualification a pour but d'éviter l'impôt ou à moins que le contribuable ne prouve que cette qualification répond à des besoins légitimes de caractère financier ou économique [382]» (sic). A la lecture de ce texte, il est permis de penser que si le législateur a entendu confirmer la jurisprudence de 1961, il en a modifié la substance en ajoutant la notion d'intention frauduleuse.

La situation est moins ambiguë en droit allemand dans la mesure où la loi consacre expressément la notion d'abus par fraude à la loi. Une loi du 16 mars 1976 comporte une disposition générale[383] intégrant cette notion d'abus de droit-fraude à la loi. La jurisprudence est depuis fixée et précise « qu'en vertu de la section 42 phrase 1 de l'AO, la loi fiscale ne peut être écartée par une utilisation inadaptée des formes offertes par le droit. Cet abus existe lorsqu'une forme est choisie qui est inadaptée, doit servir à réduire la charge fiscale et n'est pas justifiée par des motifs non fiscaux. Une forme juridique est inadaptée lorsque le contribuable n'utilise pas la forme typique prévue par le législateur pour atteindre des objectifs économiques déterminés, mais choisit une

[380] F. Deboissy, *La simulation en droit fiscal*, LGDJ 1997, n°725, p.279. J.-P. Winandy, *L'abus de droit et la simulation en droit fiscal luxembourgeois* (étude comparative par rapport au droit fiscal de l'Allemagne, de la Belgique et de la France), Publication de l'Université du Luxembourg, 2004, n°411, p.146.

[381] Cass. 6 juin 1961 ; Pas. 1961, I, 1082. L'attendu de principe est très clair ; « Attendu qu'il n'y a ni simulation prohibée à l'égard du fisc, ni partant fraude fiscale, lorsqu'en vue de bénéficier d'un régime fiscal plus favorable, les parties, usant de la liberté des conventions, sans toutefois violer aucune obligation légale, établissent des actes dont elles acceptent toutes les conséquences, même si la forme qu'elles leur donnent n'est pas la plus normale ».

[382] Il convient, cependant, de remarquer que ce texte n'a pas de portée générale puisqu'il ne concerne que l'administration des contributions directes.

[383] Article 42 phrase 1 de l'AO.

voie inhabituelle selon laquelle il ne devrait pas être possible d'atteindre le but de réduire l'impôt[384] ».

Quant au droit luxembourgeois, il convient de remarquer que la lutte anti-abus de droit est alignée sur le droit allemand. Mais ceci n'est pas surprenant dans la mesure où le droit fiscal luxembourgeois s'inspire du droit allemand. Plus précisément la loi luxembourgeoise reprend les termes même de l'article 42 de la loi du 16 mars 1976[385].

On peut encore citer le droit des Pays-Bas qui connaissent aussi la notion, une notion prétorienne, puisqu'elle ne repose sur aucun texte. Ainsi, selon cette jurisprudence[386], un acte peut être écarté s'il apparaît qu'il n'aurait pas été mis en œuvre en l'absence de tout objectif d'évasion fiscale[387].

Enfin, le Royaume-Uni admet aussi cette notion d'abus de droit-fraude à la loi. Mais cette situation n'allait pas de soi puisque la jurisprudence, à l'origine, refusait d'admettre qu'un abus de droit puisse consister en autre chose qu'une simulation. Jusqu'au revirement de jurisprudence de 1981, l'abus de droit-fraude d'intention était rejeté faute de texte exprès, ce qui paraît curieux dans un pays où la jurisprudence est une source de droit importante[388]. Quoi qu'il en soit, en 1981, la Chambre des Lords[389] a opéré un revirement et admis l'abus de droit-fraude. Plus précisément, la Chambre des Lords a entendu sanctionner les montages conçus dans le seul et unique but d'éluder l'impôt. Puis cette jurisprudence a évolué pour, finalement, admettre l'abus de droit-fraude mais de façon plus restrictive. Ainsi, pour reconnaître l'abus de droit-fraude, les juges britanniques exigent que soit

---

[384] Arrêts du 16 janvier 1992, VR 1/91, BFHE 167, 215 ; arrêt du 18 juillet 2001, IR 48/97.

[385] Le texte allemand est repris dans l'article 6 LAF luxembourgeois.

[386] Hooge Raad, 11 octobre 2000, n° 34805 ; *Dossiers internationaux Francis Lefebvre*, Pays-Bas, n°1539.

[387] G. Goulard, « L'abus de droit à la lumière du droit communautaire », *Droit Fiscal*, 2005, p.1715, n°21.

[388] Cependant les juges, pour refuser d'admettre l'abus de droit-fraude, se fondaient aussi sur deux principes de droit : celui de l'interprétation littérale des textes fiscaux et celui qui prévoit que la forme l'emporte sur le fond. C. David, op. cit., p.16.

[389] BG Butterworths UK Tax guide 1999-99, n°2.01 et s. Voir aussi l'article de S. Frommel, « L'abus de droit et la fiscalité britannique », *LPA*, 14 janv. 1991.

établie l'existence d'une série préorganisée de transactions réelles qui doivent former une unité et être considérées dans leur ensemble[390]. En 2004, la jurisprudence est venue préciser qu'il convenait, dans un premier temps, d'interpréter la loi en fonction de son objet, puis ensuite de décider si les actes ou les transactions en cause étaient visés par les dispositions interprétées[391]. Pour résumer la situation il convient de citer l'opinion de Lord Browne-Wilkinson qui indique que « les dispositions légales doivent être appliquées à la substance de la transaction, sans tenir compte des étapes artificielles insérées dans la transaction composite ou dans la série de transactions dans le seul but de rechercher un avantage fiscal [392]». Ainsi, le Royaume-Uni reconnaît, même de façon restrictive (ce qui ne paraît pas si évident au premier abord), la notion d'abus de droit-fraude. Cependant, comme nous le verrons, il n'est pas impossible que cette position des juges évolue.

En résumé, il apparaît que cette notion d'abus de droit n'est pas harmonisée. Cependant peut-être convient-il de ne pas s'arrêter à cette simple constatation.

UNE HARMONISATION EN DEVENIR

A la lecture des propos énoncés ci-dessus, il semble que l'on doive admettre que l'harmonisation n'est pas parfaite et qu'un examen scrupuleux de chacun des systèmes juridiques envisagés laisse apparaître quelques différences quant au champ d'application de la notion d'abus-fraude à la loi. Il suffit de citer la Grande-Bretagne qui semble restreindre sensiblement le champ d'application de l'abus-fraude ainsi que la Belgique. Cette impression de dysharmonie est encore renforcée par le fait que certains pays semblent opérer une différence entre l'abus de droit- simulation et l'abus de droit-fraude à la loi.

Mais une telle position nous paraît exagérée. En effet, aucune des positions citées n'apparaît véritablement éloignée des autres. Finalement, il convient de se demander si ces différences ne sont

[390] Ensign Tankers Ltd v. Stokes, House of Lords, 12 mars 1992, 64 TC, 617. Pour un résumé des faits, voir C. David, op. cit., p.17, n°7-2.
[391] Chambre des Lords, 25 novembre 2004, Barclays Mercantile Business Finance Ltd.
[392] Opinion formulée à l'occasion de l'arrêt Mc Guckian de 1992.

pas un peu artificielles et si l'on n'assistera pas à un rapprochement de toutes ces notions sous l'égide de la jurisprudence de la Cour de Justice des Communautés européennes.

Une dysharmonie artificielle

En fait, la notion de fraude par simulation ne pose pas de difficulté. Non seulement, la notion est admise dans tous les systèmes juridiques des Etats membres, mais en outre les techniques de simulation sont en fait à peu près identiques. Certes, il est possible de trouver quelques différences, par exemple quant aux mécanismes civilistes qui peuvent varier sur certains points. Cependant, à ces quelques différences près, il nous semble que l'harmonisation en est à un stade presque abouti.

La question est un peu plus délicate en ce qui concerne l'abus de droit-fraude. En effet, nous avons vu que tous les pays de la Communauté ne reconnaissaient pas cette forme d'abus. Par ailleurs, dans les pays qui l'admettent, nous avons vu que le champ d'application de l'abus-fraude était plus ou moins restreint. Cependant, deux approches permettent de relativiser très sensiblement ces différences.

Selon une première approche, la question se pose de savoir si les diverses acceptions de la notion d'abus-fraude sont réellement différentes.

Une chose nous paraît certaine, c'est que tous ces pays qui sanctionnent un montage sur le fondement de l'abus de droit-fraude sont animés d'une même intention. Cette intention transparaît à l'évidence dans chacun des systèmes juridiques examinés. Il s'agit en effet de sanctionner ceux qui tentent de contourner la loi afin d'obtenir un avantage fiscal.

Plus précisément, il s'agit de sanctionner ceux qui, par un montage habile, font une utilisation frauduleuse d'un texte, une utilisation contraire au but poursuivi par ce dernier, une utilisation contraire à l'esprit de la loi. Dans chacun de ces pays, une prise de conscience est intervenue afin de suppléer à une problématique ancienne et insoluble qui veut qu'un texte ne peut tout prévoir et que dans certaines hypothèses une utilisation apparemment légale conduit à un résultat contraire à l'esprit de ce même texte.

Cette analyse ressort à l'évidence de la position adoptée dans chacun des Etats envisagés. Tel est le cas notamment de l'Allemagne qui sanctionne les formes inadaptées qui n'ont pour seul objet que de réduire la charge fiscale et qui ne sont pas justifiées par des motifs non fiscaux[393]. La situation est identique au Luxembourg puisque nous avons vu que sa législation fiscale était inspirée du système allemand. La situation est encore la même aux Pays-Bas où sont écartés les actes qui n'auraient pas été passés en l'absence de tout objectif d'évasion fiscale[394].

A chaque fois, il s'agit de sanctionner ou plutôt de rendre inopposable (parfois les deux comme en France) les actes accomplis qui sont le fruit d'une intention frauduleuse. Une intention frauduleuse que l'on retrouve ou au moins que l'on devine dans toutes les législations ou les jurisprudences des pays que nous avons examinés. Mais ceci n'a finalement rien de surprenant car on voit mal ce qui pourrait être sanctionné en dehors d'une intention frauduleuse. D'ailleurs, il n'est pas anodin de remarquer que sont systématiquement validés les montages optimisants qui ne sont que le fruit d'une imagination fertile exercée dans le cadre de la libre entreprise et de la libre circulation des biens et des personnes et surtout de la liberté d'établissement. En fait, la limite entre l'optimisation fiscale ingénieuse et la fraude est marquée par l'intention frauduleuse. On peut aussi se demander si, finalement, l'une n'est pas comprise dans l'autre.

Nous disions, ci-avant, que l'on voyait mal ce qui pourrait être sanctionné en dehors de l'intention frauduleuse. On pourrait soutenir qu'il existe une autre possibilité ; celle qui consiste justement à ne sanctionner que la fraude par simulation. Mais ici encore l'affirmation ne nous paraît pas pertinente dans la mesure où l'opposition entre les notions d'abus de droit-simulation et d'abus de droit-fraude, nous paraît, elle aussi, artificielle.

En effet, selon une seconde approche, la question se pose de savoir s'il existe réellement une différence entre l'abus-simulation et l'abus-fraude. Autrement formulée, la question est de savoir si, finalement, l'abus de droit-simulation et l'abus de droit-fraude ne

---

393 Voir supra, les dispositions de l'article 42 phrase 1 de l'AO.
394 Voir note 20 supra.

sont pas, en définitive, deux formulations différentes d'une même notion, celle de l'intention frauduleuse.

Par exemple, un contribuable établit un acte fictif afin d'éviter la taxation de l'opération envisagée sous sa qualification réelle. Dans cette hypothèse, il n'est pas contestable que celui-ci est animé d'une intention frauduleuse, celle-ci étant caractérisée par l'intention de réduire son imposition sans respecter une disposition fiscale impérative. Autre exemple, un texte fiscal prévoit une imposition pour une situation particulière. Un contribuable met en place un montage juridique, dans lequel chaque acte est réel mais, ce montage n'a de raison d'être que de se placer dans le champ d'application d'un autre texte fiscal qui prévoit une imposition moins importante. La situation est différente de la précédente, mais elles ont toutes deux un point commun, l'intention frauduleuse qui a suscité les deux opérations, la simulation et le montage frauduleux. Dans l'hypothèse de la simulation on peut considérer qu'il n'est pas nécessaire de qualifier l'intention frauduleuse, puisque l'acte de simulation est en lui-même inopposable à l'administration fiscale et sans qu'il soit besoin de qualifier une quelconque intention frauduleuse.

Autrement expliqué et comme l'a très justement remarqué M. Goulard à propos de la notion française qui « résulte soit d'un acte simulé ayant implicitement un but fiscal, soit d'un acte à but exclusivement fiscal (et résultant d'un montage quelque peu artificiel) »[395]. Cet auteur remarque que ces deux aspects de l'abus de droit sont finalement des notions très proches puisque l'une implique l'autre et réciproquement. Allant plus loin, on remarque que les deux notions sont, sans nul doute, animées de la même intention frauduleuse qui consiste à obtenir un avantage fiscal indu.

De plus, si le Conseil d'Etat distingue la fictivité et le but exclusivement fiscal pour en faire deux critères alternatifs, il n'en reste pas moins que l'on retrouve toujours un but exclusivement fiscal dans la fictivité et un élément de fictivité dans le but exclusivement fiscal.

On peut contester cette affirmation au prétexte que dans certaines hypothèses d'abus-fraude il n'existe pas d'acte fictif.

---

[395] G. Goulard, op. cit., p. 1717, n° 16.

Cela est vrai, bien que tout à fait exceptionnel mais, tout au plus, cela implique que la fictivité n'est qu'une facette de l'abus-fraude ou de l'intention exclusivement fiscale. C'est en tout cas le sens qu'il convient de donner à la jurisprudence du Conseil d'Etat lorsqu'il indique, reprenant la formule de l'article L 64 du LPF, « que ces actes ont un caractère fictif ou, à défaut, qu'ils n'ont pu être inspirés par aucun autre (but) que fiscal [396]». Ainsi, lorsqu'une simulation peut être décelée, il serait inutile de rechercher le but uniquement fiscal puisque celui-ci serait implicite. Au contraire, dans la mesure où aucun acte fictif ne peut être décelé ou prouvé, alors le but exclusivement fiscal suffit à remettre en cause une situation juridique. Ainsi, le but exclusivement fiscal inclut la fictivité. Une position que semble partager M. Cozian qui indique « qu'il ne faut pas accorder une portée excessive à la distinction entre simulation et fraude à la loi[397] ».

On pourra objecter que l'assimilation n'est pas totale puisque les deux notions recouvrent des actes différents et qu'une assimilation parfaite supposerait que les deux situations soient sanctionnées selon un mécanisme unique résumé dans une formulation unique.

L'objection n'est pas fausse mais c'est justement à un mouvement de rapprochement des notions auquel on assiste sous l'impulsion de la jurisprudence de la Cour de Justice des Communautés Européennes.

L'harmonisation sous l'impulsion de la CJCE

La Cour de Justice des Communautés Européennes est naturellement confrontée à la question de l'abus de droit dans la mesure où les législations internes des membres de l'Union peuvent heurter le principe de la liberté d'établissement prévu à l'article 52 du Traité de Maastricht. Naturellement, certains acteurs économiques sont tentés d'utiliser ce principe afin d'obtenir un avantage fiscal, ce qui correspond à un souci légitime d'optimisation mais qui, naturellement, peut conduire à des abus.

---

[396] CE 22 avril 2002, n° 220.759 Moitié, *Droit Fiscal*, 2002, n°39 somm.739, concernant une affaire relative au bénéfice agricole.
[397] M. Cozian, *Les grands principes de fiscalité des entreprises*, Doc 2, n° 43

C'est donc à l'occasion du contrôle des dispositifs anti-évasion des Etats par rapport à la règle de la liberté d'établissement que la CJCE a développé sa jurisprudence relative à l'abus de droit.

Ainsi, la CJCE a admis les restrictions au principe de la liberté d'établissement lorsqu'elles ont pour objet spécifique d'exclure d'un avantage fiscal les montages purement artificiels dont le but serait de contourner la loi fiscale[398]. Dans un arrêt du 21 novembre 2002, la CJCE a clairement indiqué que « les juridictions nationales peuvent, au cas par cas, en se fondant sur des éléments objectifs, tenir compte du comportement abusif ou frauduleux des personnes concernées pour leur refuser, le cas échéant, le bénéfice de dispositions du droit communautaire [399]». Par conséquent, la CJCE admet que soient sanctionnés les comportements abusifs ou frauduleux ayant pour objet d'éluder l'impôt. Autrement dit, c'est bien de fraude à la loi qu'il s'agit mais cette définition permet d'envisager, puisqu'elle l'englobe, celle de simulation.

Dans ces conditions, toutes les juridictions des Etats membres vont devoir s'aligner sur cette position de la CJCE lorsqu'elles auront à juger une situation intra-communautaire supposée frauduleuse. Pour les Etats membres qui ne reconnaîtraient que la simulation, cette évolution paraît inéluctable dès lors qu'ils seront amenés à connaître des montages comportant un élément d'extranéité. Pour les pays qui ont adopté une notion plus large en admettant la fraude à la loi même en l'absence de simulation il ne s'agira que de coller à la définition retenue par la CJCE.

Si nous prenons le cas de la France, la question est de savoir si la position des juges français est compatible avec celle de la CJCE. Il nous semble que oui mais la question divise la doctrine. Pour certains, la notion française est beaucoup plus large que celle du Conseil d'Etat. Certains auteurs estiment que pour la CJCE les critères de « simulation » et de « but exclusivement fiscal » sont

---

[398] Il convient, ici, de citer P. Dibout qui indiquait que « l'instrument adéquat (…) de la lutte intra-communautaire contre la fraude et l'évasion fiscale par l'exercice de la liberté d'établissement devrait plutôt être simplement un dispositif tel que l'article 64 du LPF… »

[399] CJCE 21 novembre 2002, aff. C-436/00, X et Y ; *Droit Fiscal*, 2003, n°15 comm. 301, note E. Ginter.

des critères cumulatifs et non alternatifs comme en France[400]. Pour d'autres, les deux positions sont quasiment similaires[401].

Il nous semble que, de toute façon, le juge français a entrepris un rapprochement certain, marqué par une volonté de coller à la position de la CJCE, si l'on en juge par ses dernières décisions.

C'est à la lumière de deux décisions des 18 février 2004 et 18 mai 2005 qu'apparaît l'amorce d'un mouvement de rapprochement entre la notion française de l'abus de droit et celle retenue par la CJCE.

Dans la première décision, l'arrêt Pléiade du 18 février 2004[402], le Conseil d'Etat a jugé que la société luxembourgeoise n'avait aucune substance et que le montage était artificiel. Autrement dit, la localisation de la société de portefeuilles au Luxembourg n'avait aucune justification économique et sa localisation n'avait été guidée que dans « le seul but d'éluder l'impôt ».

Dans la décision du 18 mai 2005[403], la transition est évidente comme le remarque M. Goulard[404], qui relève que dans l'arrêt Segal, le Conseil d'Etat reprend une première fois sa formule habituelle c'est-à dire celle de l'arrêt de plénière de 1981[405], puis,

---

[400] Dans ce sens, J. Turot, « L'article 209 B est-il soluble dans le droit communautaire ? » A propos de l'arrêt de la CJCE du 16 juillet 1998, Imperial Chemical Industries (ICI) aff. C-264/96, *RJF* 12/98, p.940.

[401] P. Dibout, Territorialité de l'impôt, répression de l'évasion fiscale et liberté d'établissement dans la Communauté européenne. A propos de l'arrêt Imperial Chemical Industries (ICI du 16 juillet 1998, *Droit Fiscal*, 1998, n°48, 1475 et s). ; G. Goulard, op. cit., p. 1716, n° 9.

[402] CE 18 février 2004, n° 247.729, Min. c/ Sté Pléiade, *Droit Fiscal*, 2004, n°47, comm.819. Dans cette affaire, une société française avait pris une participation de 16,66 % dans une société luxembourgeoise de participation, société qui ne supportait aucun impôt sur les bénéfices. Ainsi, la société française qui avait opté pour le régime mère-fille était exonérée d'impôt sur les sociétés (moins la quote-part de frais de 5 %) pour les bénéfices en provenance de la société luxembourgeoise, bénéfices qui, là bas, n'ont été exposés à aucun impôt. Naturellement, la société luxembourgeoise n'avait aucune activité particulière au Luxembourg.

[403] CE 18 mai 2005, n° 267.087, SA SAGAL, *Droit Fiscal* , 2005, n°44-45, comm.726, concl. P. Collin.

[404] G. Goulard, op. cit., p.1720, n°26.

[405] CE plén.10 juin 1981, n°48-49, com.2187, concl. Lobry, *RJF*, 1981, n°9, p.429. Dans cet arrêt, à la suite de la formulation de l'article L. 64 du LPF, le Conseil d'Etat ajoute la formule selon laquelle l'administration fiscale « doit

une seconde fois en la modifiant légèrement pour accoler au mot « fictif », celui de « simulation ». Cette modification, qui rappelle celle de la CJCE (« artificiel »), comme le relève l'auteur, démontre l'intention du Conseil d'Etat de se rapprocher de la position des juges européens. Allant plus loin, il est même permis de penser que la formulation du Conseil d'Etat pourrait à nouveau évoluer à l'occasion d'une prochaine affaire pour reprendre, finalement, celle de la CJCE.

Ainsi, la France tend à se rapprocher de la jurisprudence de la CJCE. Mais ce qui est remarquable c'est qu'en même temps, la notion interne se rapproche de la position européenne. Il était, en effet, envisageable que le Conseil d'Etat conserve sa position traditionnelle pour les affaires internes et retienne une position différente mais conforme à celle de la CJCE pour les affaires intra-communautaires. Au contraire, c'est la voie de l'unité que le Conseil d'Etat semble avoir choisie.

Par conséquent, il est parfaitement possible que tous les pays membres s'alignent sur la position de la CJCE. Pour ce qui concerne les affaires intra-communautaires, les membres de l'Union n'auront pas le choix, la question se pose seulement pour les affaires internes, de savoir si nous assisterons à un alignement général ou si certains Etats conserveront une solution différente pour ces dernières.

Ce qui paraît inéluctable, aussi, c'est que les Etats qui semblent afficher une position restrictive à l'égard de l'abus de droit seront tentés de converger vers la position de la CJCE, ce qui leur ouvrira des possibilités supplémentaires afin de lutter plus efficacement contre la fraude fiscale ou l'optimisation fiscale abusive.

---

prouver que l'acte par lequel un contribuable s'établit à l'étranger revêt un caractère fictif ».

LA CONSTRUCTION DE L'EUROPE FISCALE PAR LA COUR DE JUSTICE DES COMMUNAUTES EUROPEENNES
L'EXEMPLE DES IMPÔTS DIRECTS

Alexandre MAITROT DE LA MOTTE
Professeur à l'Université Paris 12

Il est souvent affirmé que « la construction d'une fiscalité à l'échelle communautaire (se fait) davantage à Luxembourg qu'à Bruxelles »[406]. Au regard du faible nombre de directives régissant les impôts directs en Europe et de leur champ d'application relativement restreint[407], on doit même considérer que la

---

406 V. Patrick DIBOUT, « La fiscalité à l'épreuve de la liberté de circulation des capitaux », *Droit Fiscal*, 2000, n°42, p.1365. V. également Hervé KRUGER, « Fiscalité de l'épargne et principe communautaire de libre circulation des capitaux : la législation française devra évoluer », *Les Petites Affiches*, 2001, n°35, p.6.

407 Il s'agit des directives suivantes : V. directive n° 77/799/CEE du Conseil du 19 décembre 1977 concernant l'assistance mutuelle des autorités compétentes des États membres dans le domaine des impôts directs et indirects, JOCE n° L 336 du 27 décembre 1977 ; directive n° 90/434/CE du Conseil du 23 juillet 1990 relative aux fusions, scissions, apports d'actif, échanges d'actions, JOCE n° L 225 du 20 août 1990 ; directive n° 90/435/CE du Conseil du 23 juillet 1990 relative aux sociétés mères et filiales d'États membres différents, JOCE n° L 225 du 20 août 1990 ; directive n° 2003/49/CE du Conseil du 3 juin 2003 concernant un régime fiscal commun applicable aux paiements d'intérêts et de redevances effectués entre des sociétés associées d'États membres différents, JOCE n° L 157 du 26 juin 2003, p.49-54 ; et directive n° 2003/48/CE du Conseil du 3 juin 2003 relative à la fiscalité des revenus de l'épargne sous forme de paiements d'intérêts, JOCE n° L 157 du 26 juin 2003, p.38-48. En 1990, les États membres ont également adopté une convention fiscale multilatérale visant à éliminer certaines doubles impositions (V. convention n° 90/436 CEE relative à l'élimination des doubles impositions en cas de correction des bénéfices d'entreprises associées, JOCE n° L 225 du 20 août 1990, p.10). Sur l'articulation de ces textes et de la jurisprudence de la Cour, V. Alexandre MAITROT DE LA MOTTE, *Souveraineté fiscale et construction communautaire – Recherche sur les impôts directs*, Paris, L.G.D.J., 2005, 537 p.

construction de l'Europe fiscale se déroule de manière quasi-exclusive à Luxembourg, et que la Cour de Justice des Communautés Européennes (CJCE) se substitue plus au Conseil, à la Commission et au Parlement européens qu'elle ne les accompagne. En fin de compte, la CJCE « harmonise »[408] la fiscalité directe des États membres en lieu et place du législateur communautaire trop souvent défaillant.

Si la Cour a semblé hésiter quelque temps sur les conditions dans lesquelles elle utiliserait son « law making power »[409] au service de la construction de l'Europe fiscale, sa jurisprudence est désormais constante et dépourvue d'ambiguïtés. Depuis l'arrêt Schumacker du 14 février 1995[410], la CJCE considère en effet que « si la fiscalité directe relève de la compétence des États membres, il n'en reste pas moins que ces derniers doivent l'exercer dans le respect du droit communautaire ». Le recours à cette formulation est presque systématique depuis cette décision fondatrice, à l'exception des arrêts à l'occasion desquels la Cour préfère énoncer, d'une manière au demeurant plus explicite, que « si, en l'état actuel du droit communautaire, la matière des impôts directs ne relève pas en tant que telle du domaine de la compétence de la Communauté, il n'en reste pas moins que les États membres doivent exercer leurs compétences retenues dans le respect du droit communautaire ».

C'est donc en se fondant sur la notion de « respect du droit communautaire », c'est-à-dire sur le principe de primauté du droit communautaire sur les droits fiscaux nationaux, que la Cour a pu participer à la construction de l'Europe fiscale dans le domaine des impôts directs. Dès lors, il convient de se demander ce que recouvre exactement l'expression « respect du droit communautaire » employée par la Cour dans l'arrêt Schumacker et dans ses décisions postérieures. Plus précisément, quelles sont les normes juridiques qui composent ce « droit communautaire » que

[408] V. Olivier FOUQUET, « L'harmonisation européenne de la fiscalité directe par le juge », *Revue Administrative*, 2002, n°325, p.55-57 ; et Bruno NGUYEN, « Bachmann, Werner, Schumacker, Wielockx et les autres… ou quand la Cour de Justice harmonise la fiscalité européenne », *Europe*, 1995, n°12, p.1.
[409] Cette expression est empruntée à M. Bettati : V. Mario BETTATI, « Le « law-making power » de la Cour », *Pouvoirs*, 1989, n°48, p.57.
[410] CJCE, 14 février 1995, Aff. C-279/93, Finanzamt Köln-Altstadt / Roland Schumacker, Rec. p.I-225, point 21.

les États membres doivent « respecter » ? Et en quoi le « respect » du droit communautaire dont doivent témoigner les États membres consiste-t-il ? Répondre à ces questions revient à présenter les fondements de la construction de l'Europe fiscale par la CJCE, puis à étudier les conséquences de cette construction sur les règles fiscales applicables au sein des différents États membres.

LES FONDEMENTS DE LA CONSTRUCTION DE L'EUROPE FISCALE PAR LA CJCE

Dans l'affaire Schumacker, la Cour s'est référée aux libertés de circulation pour faire prévaloir le droit communautaire sur une législation fiscale allemande. Depuis cette décision fondatrice, qui est certes intervenue après quelques hésitations, elle n'a jamais procédé autrement. Aussi peut-on affirmer que les fondements de la construction de l'Europe fiscale sont les quatre libertés de circulation. Toutefois, la primauté de ces règles communautaires n'est pas toujours absolue. Dans un certain nombre de circonstances, la Cour reconnaît que les atteintes portées par les États membres au principe de libre circulation sont susceptibles d'être justifiées, ce qui signifie, en d'autres termes, que la Cour accepte parfois que les États membres puissent mettre en échec la construction de l'Europe fiscale.

La difficile reconnaissance de la portée fiscale des libertés de circulation

Si la jurisprudence de la Cour relative à la portée fiscale des libertés de circulation semble désormais bien établie, elle fut longuement incertaine. C'est pourquoi l'idée selon laquelle les quatre libertés s'imposent aux États membres selon une problématique commune n'a été admise que récemment.

Les hésitations jurisprudentielles initiales

La CJCE semble s'être longuement interrogée sur l'opportunité d'une construction jurisprudentielle de l'Europe fiscale, et il lui fut finalement difficile de déterminer si la supériorité des libertés fondamentales sur les dispositions fiscales nationales était un principe immuable ou une règle qui devait, lorsqu'un certain nombre de circonstances était réuni, exceptionnellement prévaloir. Le premier arrêt qu'elle a rendu en matière de fiscalité directe, et qui était relatif à « l'avoir fiscal »[411] (1986), reconnaissait en effet de manière certaine la supériorité des libertés de circulation. Mais, par la suite, les affaires Bachmann[412] (1992) et Werner[413] (1993) ont montré que la règle n'était pas aussi rigide qu'elle le semblait à l'issue du précédent de 1986. Il a alors fallu attendre les arrêts Schumacker et Wielockx[414] (1995) pour connaître la position définitive de la Cour, ces derniers permettant un retour à l'orthodoxie initiale.

Ainsi, lors de l'affaire relative à « l'avoir fiscal », la question posée à la Cour était de savoir s'il était possible d'accorder un avantage fiscal aux contribuables nationaux et de le refuser aux non nationaux. Dans son arrêt Commission contre France du 28 janvier 1986, la Cour avait alors répondu de manière négative, en précisant qu'une législation discriminatoire à l'encontre des non nationaux « constituait (...) une restriction à la liberté d'établissement qui est contraire à l'article 52, alinéas 1 et 2, du Traité CEE »[415]. Ce faisant, la Cour indiquait donc qu'en toute circonstance, une législation fiscale nationale discriminatoire à l'encontre des non nationaux serait incompatible avec le droit communautaire, car elle porterait atteinte au principe de libre circulation.

Cette solution fut confirmée lors de l'arrêt Biehl du 8 mai 1990[416], avant d'être remise en cause lors de l'affaire Bachmann. Dans cette dernière affaire, la Cour avait certes identifié une atteinte à la liberté d'établissement et à la libre prestation des services, puisque la législation fiscale litigieuse contraignait les compagnies d'assurances étrangères à s'installer sur le territoire belge pour rester fiscalement compétitives face aux compagnies

---

[411] V. CJCE, 28 janvier 1986, Aff. 270/83, Commission des Communautés européennes / République Française, Rec. p.276.

[412] V. CJCE, 28 janvier 1992, Aff. C-204/90, Hanns-Martin Bachmann, Rec. p. I-249.

[413] V. CJCE, 26 janvier 1993, Aff. C-112/91, Hans Werner / Finanzamt Aachen-Innenstadt, Rec. p.I-429.

[414] V. CJCE, 11 août 1995, Aff. C-80/94, G.H.E.J. Wielockx / Inspecteur der directe belastingen, Rec. p.I-2493.

[415] V. point 27 de l'arrêt.

[416] CJCE, 8 mai 1990, Aff. 170/88, Klaus Biehl / Administration des contributions du grand-duché de Luxembourg, Rec. p.I -1779.

domestiques. Mais la juridiction de Luxembourg avait aussi jugé « qu'à défaut d'harmonisation communautaire ou de coordination des politiques fiscales des États membres », l'application d'une disposition nationale, même contraire à la libre circulation des personnes et à la libre prestation des services, pouvait être justifiée par un motif d'intérêt général : la « cohérence du système fiscal national »[417]. Ce faisant, la Cour apportait donc une limite certaine aux attentes qu'auraient pu fonder les arrêts Commission contre France et Biehl, et remettait en cause l'idée selon laquelle la construction de l'Europe fiscale pouvait être réalisée par voie jurisprudentielle.

Quelques mois plus tard, l'affaire Werner devait restreindre davantage la portée fiscale des libertés de circulation, à tel point que des auteurs se sont demandé si les arrêts Commission contre France et Biehl n'allaient pas être relégués au rang de cas d'espèce. Lors de l'arrêt Werner, la Cour a en effet refusé d'examiner les discriminations présentées devant elle, au double motif qu'elle était en présence d'une « situation purement interne » et que le requérant n'entendait pas se prévaloir des libertés de circulation dans un but « économique », mais à des fins personnelles. Ce faisant, la Cour semblait donc mettre un terme définitif à la jurisprudence Commission contre France et Biehl. Dès lors, les libertés de circulation, en raison des exceptions prétoriennes qui leur étaient opposables, risquaient de se retrouver privées de toute portée fiscale.

Toutefois, ces « contorsions juridiques (...), fortement critiquables sur les principes, devaient rapidement trouver leurs limites »[418]. A compter de l'arrêt Schumacker, la Cour a en effet entendu inscrire sa jurisprudence dans une perspective plus conforme à la construction d'une Europe fiscale. Dans cette affaire, la Cour devait statuer sur un cas similaire à celui de l'affaire Werner et déterminer si, dans une situation comparable d'imposition, une taxation plus lourde subie par un non-résident que par un résident était compatible avec le principe de libre circulation des travailleurs reconnu par l'article 39 du Traité CE (ex. article 48).

---

417 V. les points 27 et 28 de l'arrêt.
418 V. Bruno NGUYEN, op. cit., p.2.

Pour répondre négativement à cette question, la Cour a procédé de la manière suivante. En premier lieu, elle a dit pour droit que les situations d'imposition des résidents et des non-résidents n'étaient, en principe, pas identiques en matière d'impôts directs. Par conséquent, une législation nationale qui refuserait à un non-résident des avantages fiscaux accordés à des résidents ne serait pas, par nature, incompatible avec le droit communautaire.

Mais la Cour a ensuite ajouté : « (36) Il en va toutefois différemment dans un cas tel que celui de l'espèce au principal, où le non-résident ne perçoit pas de revenu significatif dans l'État de sa résidence et tire l'essentiel de ses ressources imposables d'une activité exercée dans l'État d'emploi, de sorte que l'État de résidence n'est pas en mesure de lui accorder les avantages résultant de la prise en compte de sa situation personnelle et familiale. (37) Il n'existe entre un tel non-résident et un résident exerçant une activité salariée comparable aucune différence de situation objective de nature à fonder une différence de traitement en ce qui concerne la prise en considération, aux fins de l'imposition, de la situation personnelle et familiale du contribuable »[419]. Selon la Cour, il est donc possible, dans certaines conditions, d'assimiler les non-résidents aux résidents, et de considérer que toute discrimination fiscale exercée à l'encontre des premiers porte atteinte au principe communautaire de libre circulation.

Plus fondamentalement, cet arrêt a surtout donné l'occasion à la Cour d'affirmer pour la première fois que « si la fiscalité directe relève de la compétence des États membres, il n'en reste pas moins que ces derniers doivent l'exercer dans le respect du droit communautaire »[420]. Ce faisant, la Cour a donc donné un nouvel essor à la construction de l'Europe fiscale, qu'elle a confirmé à l'occasion de l'arrêt Wielockx.

Dans cette nouvelle affaire, les règles fiscales en cause concernaient une déduction fiscale accordée aux travailleurs non salariés bénéficiant du régime volontaire de « réserve-vieillesse » en vigueur aux Pays-Bas. La législation hollandaise réservait le bénéfice de cette déduction aux ressortissants néerlandais, alors

[419] V. les points 36 et 37 de l'arrêt. En ce sens, V. aussi CJCE, 1er juillet 2004, Aff. C-169/03, Florian W. Wallentin contre Riksskatteverket.
[420] V. point 21 de l'arrêt.

qu'elle la refusait aux non nationaux. La Cour a donc considéré que cette législation instituait une discrimination fondée uniquement sur la nationalité, et elle l'a naturellement censurée en se référant explicitement à la jurisprudence Schumacker[421].

Au-delà de la confirmation de la jurisprudence Schumacker, l'intérêt de l'arrêt Wielockx réside surtout dans le fait qu'il a considérablement réduit la portée de la jurisprudence Bachmann. Pour justifier la conformité de sa législation avec le droit communautaire, le gouvernement néerlandais s'était en effet prévalu de la nécessité de sauvegarder la cohérence de son système fiscal. Mais la Cour s'est montrée plus exigeante que par le passé sur la recevabilité d'un tel argument, puisqu'elle a considéré que cette justification était désormais susceptible d'être exclue dès lors qu'une convention fiscale bilatérale régirait les relations des États qui seraient concernés par le litige.

L'arrêt Wielockx a donc relancé la construction jurisprudentielle de l'Europe fiscale, en réduisant d'une part les excès de la jurisprudence Bachmann, et en consacrant d'autre part de manière définitive le principe de supériorité des libertés de circulation sur le droit fiscal national. Néanmoins, s'il réaffirmait le principe de primauté du droit communautaire, cet arrêt ne préjugeait pas de ses modalités d'application pour chacune des libertés, tant en ce qui concerne la fiscalité directe des personnes que celle des entreprises. Et ce n'est finalement qu'après que la Cour a reconnu la portée fiscale de chaque liberté de circulation qu'il a été possible de considérer que sa jurisprudence était passée de l'incertitude à la certitude, et que les fondements de la construction de l'Europe fiscale étaient solidement ancrés.

Les certitudes jurisprudentielles actuelles

A la suite des arrêts Schumacker et Wielockx, la Cour a conféré une portée fiscale à chacune des quatre libertés de circulation. Ainsi, la liberté de circulation des personnes, régie par l'article 39 du Traité, et qui était notamment en cause lors de l'affaire Schumacker, a permis à la Cour de confirmer à plusieurs reprises le principe de la primauté des libertés fondamentales sur les droits fiscaux nationaux, comme ce fut par exemple le cas lors des

421 V. en particulier le point 16 de l'arrêt.

affaires Terhoeve[422], Gschwind[423] ou Zurstrassen[424]. Dans la première affaire, la Cour a sanctionné un mécanisme néerlandais qui aboutissait à ce qu'une personne qui transférait sa résidence fiscale vers les Pays Bas ou en dehors des Pays Bas en cours d'année soit imposée plus lourdement qu'une personne qui y résidait pendant l'année entière. Dans le second cas, elle a rappelé les limites qu'elle avait fixées lors de l'affaire Schumacker, et qui veulent qu'en règle générale, la situation des résidents et celle des non-résidents ne sont en principe pas comparables. C'est pourquoi elle a jugé que le principe de libre circulation des personnes ne s'opposait pas à l'application d'une réglementation d'un État membre qui reconnaît à la fois aux couples mariés résidents le bénéfice d'un avantage fiscal et subordonne l'octroi du même avantage fiscal aux couples mariés non-résidents à la condition que 90% au moins de leur revenu mondial soient soumis à l'impôt dans ledit État membre. Enfin, dans la troisième affaire, elle a reconnu l'incompatibilité avec le droit communautaire d'une législation luxembourgeoise qui était très proche de celle qu'elle avait censurée lors de l'affaire Biehl. En l'espèce, les autorités fiscales luxembourgeoises avaient considéré que M. Zurstrassen était fiscalement célibataire et sans charge de famille, au motif que son épouse avait conservé sa résidence dans un autre État membre. La Cour a alors jugé cette position de l'administration comme étant contraire à l'article 39-2 du Traité, dans la mesure où le contribuable concerné résidait au Luxembourg et y percevait l'ensemble des revenus de son ménage. En conséquence, et comme elle l'avait fait lors de l'affaire Biehl, la Cour a estimé que la situation fiscale du foyer de M. Zurstrassen devait être exclusivement traitée au Luxembourg.

La Cour a développé une jurisprudence similaire sur le fondement de l'article 43, qui régit la liberté d'établissement. L'affaire de « l'avoir fiscal », mentionnée précédemment, mettait déjà en cause cette liberté. De manière générale, on peut d'ailleurs constater que la liberté d'établissement est celle qui a été à l'occasion du plus grand nombre d'arrêts de la Cour dans le domaine de la fiscalité directe. Pas moins d'une dizaine d'arrêts ont en effet été rendus par la Cour de Justice quant à la compatibilité de dispositions fiscales nationales avec le droit

---

422 V. CJCE, 26 janvier 1999, Aff. C-181/97, F. C. Terhoeve, Rec., p.I-498.
423 V. CJCE, 14 septembre 1999, Aff. C-391/97, Gschwind, Rec. p.I-5451.
424 V. CJCE, 16 mai 2000, Aff. C-87/99, Patrick Zurstrassen, Rec., p.I-3337.

communautaire[425], dont le très récent et déjà célèbre arrêt Marks & Spencer[426].

Bien que soumise à un régime plus complexe, la portée fiscale de la liberté de circulation des services a, en troisième lieu, été reconnue tout aussi facilement[427], comme en témoigne l'arrêt Eurowings[428]. Dans cette affaire complexe, la Cour de Justice a sanctionné un dispositif fiscal allemand qui aboutissait à traiter de manière discriminatoire les bénéficiaires de services dont les prestataires étaient installés en Allemagne et ceux dont les fournisseurs n'y étaient pas établis. Ce faisant, elle n'a d'ailleurs fait que transposer au droit fiscal des impôts directs une

---

[425] Il s'agit des arrêts suivants : CJCE, 28 janvier 1986, Aff. 270/83, Commission contre France, précité ; CJCE, 13 juillet 1993, Aff. C-330/91, Commerzbank AG, Rec., p.I-4017; CJCE, 12 avril 1994, Aff. C-1/93, Halliburton Services BV contre Staatssecretaris van Financiën, Rec., p.I-1137 ; CJCE, 15 mai 1997, Aff. C-250/95, Futura Participations SA et Singer / Administration des Contributions, Rec. p.I-2471 ; CJCE, 16 juillet 1998, Aff. C-264/96, Imperial Chemical Industrie plc / Kenneth Hall Colmer (Her Majesty's Inspector of Taxes), Rec., p.I-4695; CJCE, 29 avril 1999, Aff. C-311/97, Royal Bank of Scottland, Rec., p.I-2651; CJCE, 8 juillet 1999, Aff. C-254/97, Société Baxter, B. Braun Médical SA, Société Fresenius France et Laboratoires Bristol-Myers-Squibb SA contre Premier Ministre, Ministère du Travail et des Affaires sociales, Ministère de l'Economie et des Finances et Ministère de l'Agriculture, de la Pêche et de l'Alimentation, Rec., p. I-4809 ; CJCE, 21 septembre 1999, Aff. C-307/97, Compagnie de Saint-Gobain, Zweigniederlassung Deutschland contre Finanzamt Aachen-Innenstadt, Rec., p. I-6161 ; CJCE, 18 novembre 1999, Aff. C-200/98, X AB et Y AB contre Riksskatteverket, Rec., p. I-8261 ; CJCE, 13 avril 2000, Aff. C-251/98, C. Baars / Inspecteur der Belastingen Particulieren, Rec., p. I-2787 ; CJCE, 14 décembre 2000, Aff. C-141/99, Algemene Maatschappij voor Investering en Dienstverlening NV (AMID) contre Belgique, Rec., p.I-11619 ; CJCE, 8 mars 2001, Affaires jointes C-397/98 et C-410/98, Metallgesellschaft Ltd e.a. (C-397/98), Hoechst AG, Hoechst (UK) Ltd (C-410/98) contre Commissioners of Inland Revenue, HM Attorney General, Rec., p. I-1727 ; et CJCE, 11 décembre 2003, Aff. C-364/01, Héritiers de M. H. Barbier contre Inspecteur van de Belastingdienst Particulieren/Ondernemingen buitenland te Heerlen.

[426] V. CJCE, 13 décembre 2005, Aff. C-446/03, Marks & Spencer plc contre David Halsey, HM Inspector of Taxes.

[427] V. par exemple les arrêts Halliburton Services et Commerzbank, précités ; et CJCE, 28 octobre 1999, Aff. C-55/98, Bent Vestergaard, Rec., p. I-7657. V. aussi, plus récemment, les arrêts Lindman (CJCE, 13 novembre 2003, Aff. C-42/02, Diana Elisabeth Lindman), concernant l'imposition des gains de loterie à l'étranger, et Commission contre France (CJCE, 4 mars 2004, Aff. C-334/02, Commission des Communautés européennes contre République française, non encore publié au Recueil), relatif à l'incompatibilité des articles 125 0A et 125 A du Code Général des Impôts.

[428] V. CJCE, 26 octobre 1999, Aff. C-294/97, Eurowings Luftverkehrs AG / Finanzamt Dortmund-Unna, Rec. p.I-7447.

jurisprudence ancienne[429] selon laquelle l'article 49 du Traité protège tant le prestataire que le bénéficiaire des services.

Enfin, la portée fiscale de la liberté de circulation des capitaux et des moyens de paiement, réglementée par les articles 56 et suivants du Traité, a été reconnue à l'occasion de l'arrêt Verkooijen[430]. Le litige opposant M. Verkooijen et le fisc néerlandais concernait le régime d'imposition des dividendes perçus par des personnes physiques résidant aux Pays-Bas. Dans cet État membre, les dividendes distribués par les sociétés étaient en effet soumis à une retenue à la source opérée au titre de l'impôt sur le revenu. Mais, alors que cette opération était définitive pour les non-résidents, les résidents bénéficiaient pour leur part d'une exonération d'impôt sur le revenu dès lors qu'ils avaient perçu des dividendes soumis à la retenue à la source. Une telle législation entraînant une différence de traitement entre les résidents et les non-résidents, la Cour a estimé qu'il convenait, pour mettre fin à cette discrimination non conforme à l'esprit et à la lettre du Traité CE, d'étendre la jurisprudence Schumacker à la liberté de circulation des capitaux et des moyens de paiement[431].

Depuis l'arrêt Verkooijen, les quatre libertés de circulation sont donc soumises à une « problématique commune »[432]. Leur portée

---

[429] V. CJCE, 31 janvier 1984, Affaires jointes 286/82 et 26/83, Luisi et Carbone, Rec., p.377.

[430] CJCE, 6 juin 2000, Aff. C-35/98, Staatssecretaris van Financiën / B.G.M. Verkooijen, Rec. p.I-4071.

[431] Postérieurement à l'affaire Verkooijen, plusieurs arrêts ont conduit la Cour de Justice à réaffirmer la portée fiscale de la liberté de circulation des capitaux et des moyens de paiements: V. en particulier CJCE, 21 novembre 2002, Aff. C-436/00, X et Y ; CJCE, Ordonnance de la Cour (deuxième chambre) du 8 juin 2004, Aff. C-268/03, Jean-Claude De Baeck contre Royaume de Belgique ; CJCE, 15 juillet 2004, Aff. C-315/02, Anneliese Lenz contre Finanzlandesdirektion für Tirol ; CJCE, 15 juillet 2004, Aff. C-242/03, Ministre des Finances contre Jean-Claude Weidert et Élisabeth Paulus ; CJCE, 7 septembre 2004, Aff. C-319/02, Petri Manninen ; et CJCE, 5 juillet 2005, Aff. C-376/03, D. contre Inspecteur van de Belastingdienst/ Particulieren/ Ondernemingen buitenland te Heerlen.

[432] V. Philippe MARTIN, « La portée fiscale des libertés communautaires de circulation : réflexions au regard du droit interne », *Droit Fiscal*, 2000, n°44, p.1448. Cette analyse a été partagée récemment par M. l'Avocat général Damaso Ruiz-Jarabo Colomer dans ses conclusions prononcées le 26 octobre 2004 dans l'affaire C-376/03, D. contre Inspecteur van de Belastingdienst/ Particulieren/ Ondernemingen buitenland te Heerlen. Au point 56 de ses conclusions, M. Damaso Ruiz-Jarabo Colomer se réfère d'ailleurs expressément à l'article de M. Martin.

fiscale est équivalente, et la Cour peut indifféremment s'appuyer sur l'une ou l'autre d'entre elles pour faire avancer la construction de l'Europe fiscale, mais aussi pour la ralentir ou pour en poser les limites. Car si la primauté des libertés de circulation sur le droit fiscal des États membres est désormais certaine, les États membres peuvent parfois justifier valablement les atteintes qu'ils portent au principe communautaire de libre circulation.

Les limites prétoriennes de la construction de l'Europe fiscale

Dans un certain nombre de circonstances, la portée fiscale des libertés de circulation est en effet limitée, en ce sens que les États membres peuvent opposer des exceptions à leur pleine et entière application. Ces exceptions ont d'ailleurs eu, à une époque, une portée considérable, puisqu'elles ont fait douter de la supériorité du droit communautaire dans le domaine des impôts directs, jusqu'à ce que la Cour de Justice des Communautés Européennes ne rende son verdict dans l'affaire Schumacker et n'affirme vouloir construire l'Europe fiscale.

Postérieurement à l'arrêt Schumacker – et l'arrêt Wielockx en constitue la première manifestation , la Cour a entendu limiter les justifications que les États membres pouvaient opposer au plein exercice des libertés de circulation. Désormais, les justifications dont les États membres peuvent se prévaloir ne sont admises qu'à titre d'exception, notamment parce que la Cour de Justice ne les examine qu'après avoir établi l'existence d'une atteinte à une liberté de circulation.

Il ressort en particulier de l'arrêt ICI[433] du 16 juillet 1998 que dans toute affaire mettant en cause une restriction d'une liberté de circulation au moyen d'une mesure fiscale, la Cour doit tout d'abord examiner cette restriction, et que les justifications éventuelles ne sont étudiées que postérieurement[434]. L'intérêt

---

[433] V. CJCE, 16 juillet 1998, Aff. C-264/96, Imperial Chemical Industrie plc / Kenneth Hall Colmer (Her Majesty's Inspector of Taxes) (ci-après « ICI »), Rec. p.I-4695.

[434] La doctrine française n'a remarqué l'existence de cette méthode que tardivement, à l'exception du Professeur Dibout (in « Territorialité de l'impôt, répression de l'évasion fiscale et liberté d'établissement dans la Communauté européenne », *Droit Fiscal*, 1998, n° 48, p.1475-1481). Il a en effet fallu attendre

pédagogique de l'arrêt ICI est donc fondamental lorsqu'il indique que le juge doit toujours considérer le respect des libertés de circulation comme un principe, et n'examiner qu'ensuite si des exceptions peuvent justifier un éventuel manquement[435]. Depuis 1998, la méthode préconisée dans l'arrêt ICI a toujours été utilisée par la Cour[436].

Quelles sont alors les exceptions que les États membres peuvent opposer devant la Cour en vue de justifier les restrictions qu'ils apportent aux libertés de circulation ? Conformément à la typologie communément utilisée, il faudra distinguer les justifications habituellement pertinentes et celles qui n'ont jamais été reconnues comme telles.

Les justifications pertinentes des atteintes au principe de libre circulation

Tant le Traité CE que la jurisprudence de la Cour de Justice des Communautés Européennes autorisent en théorie les États membres à s'affranchir du principe de libre circulation des personnes, des services et des capitaux, de même que des règles relatives à la liberté d'établissement. Dans les faits, les justifications pertinentes sont toutefois essentiellement d'origine jurisprudentielle, dès lors que le Traité ne permet aux États membres de justifier leurs manquements qu'en se référant à la notion d'ordre public. C'est donc le plus souvent en se référant à des « raisons impérieuses d'intérêt général », création purement prétorienne, que les États membres parviennent à justifier les entraves fiscales à la libre circulation au sein de l'Union.

---

une étude publiée en 2003 dans la revue *Droit Fiscal* pour que l'existence d'une « grille de lecture » soit mise en évidence. (V. Éric GINTER, « Appréciation des mesures fiscales nationales au regard des principes de la liberté d'établissement et de la liberté de circulation des capitaux », *Droit Fiscal*, 2003, n° 15, p.587-591, comm. n°301).

[435] Aux termes de l'arrêt ICI, « Il y a donc lieu de vérifier si une telle législation crée des entraves à la libre prestation de services et si, le cas échéant, de telles entraves sont justifiées ». En ce sens, V. aussi CJCE, 28 avril 1998, Aff. C-118/96, Jessica Safir contre Skattemyndigheten i Dalarnas län, anciennement Skattemyndigheten i Kopparbergs län, Rec., p.I-1897 ; et surtout CJCE, 21 novembre 2002, Aff. C-436/00, X et Y ; *Droit Fiscal*, 2003, n°15, comm. 301, note GINTER, précité à la note précédente.

[436] V. en dernier lieu CJCE, 13 décembre 2005, Aff. C-446/03, Marks & Spencer plc contre David Halsey, HM Inspector of Taxes.

Ainsi, les justifications prévues par le Traité intéressent exclusivement l'ordre public. Les articles 39§3 (ex. article 48, relatif à la liberté de circulation des travailleurs), 46 (ex. article 56, relatif au libre établissement), 55 (ex. article 66, qui institue la liberté de prestation des services), et 58 (ex. article 73D, qui traite de la liberté de circulation des capitaux et des moyens de paiements), prévoient en effet qu'il ne peut être porté atteinte aux libertés de circulation que pour des raisons d'ordre public, de sécurité publique et de santé publique. Mais encore faut-il que les mesures fiscales en cause soient nécessaires, proportionnées, et qu'elles ne soient ni générales, ni absolues. En d'autres termes, elles doivent être propres à garantir l'objectif qu'elles poursuivent et ne pas aller au-delà de ce qui est nécessaire pour l'atteindre.

En dehors de ces cas, les États membres doivent donc recourir à la notion jurisprudentielle de « raison impérieuse d'intérêt général » pour justifier les atteintes qu'ils portent aux libertés de circulation. Selon la Cour, trois séries de circonstances permettent alors aux États membres de se prévaloir d'une « raison impérieuse d'intérêt général ».

En premier lieu, les États membres peuvent invoquer la nécessité de sauvegarder la cohérence de leur système fiscal. Cet argument, recevable depuis l'affaire Bachmann, est toutefois difficilement admis depuis l'arrêt Wielockx, en raison notamment de l'incidence des conventions fiscales internationales liant les États membres. La justification est donc toujours admise dans son principe, mais elle n'a plus connu d'application concrète depuis l'arrêt Bachmann[437].

---

[437] V. par exemple CJCE, 14 novembre 1995, Aff. C-484/93, Peter Svensson et Lena Gustavsson contre Ministre du Logement et de l'Urbanisme, Rec., p.I-3955 ; CJCE, 16 juillet 1998, ICI, précité ; CJCE, 26 septembre 2000, Aff. C-478/98, Commission des Communautés européennes contre Royaume de Belgique, Rec., p. I-7587 ; CJCE, 8 mars 2001, affaires jointes Metallgesellschaft Ltd et autres (C-397/98), Hoechst AG et Hoechst (UK) Ltd (C-410/98) contre Commissioners of Inland Revenue et HM Attorney General, Rec., p. I-1727; CJCE, 21 novembre 2002, Aff. C-436/00, X et Y ; CJCE, 12 décembre 2002, Aff. C-385/00, F.W.L. de Groot contre Staatssecretaris van Financiën, Rec., p. I-11819 ; CJCE, 26 juin 2003, Aff. C-422/01, Försäkringsaktiebolaget Skandia (publ) et Ola Ramstedt contre Riksskatteverket, Rec., p. I-6817 ; CJCE, 18 septembre 2003, Aff. C-168/01, Bosal Holding BV contre Staatssecretaris van Financiën, point 31 ; CJCE, 1er juillet 2004, Aff. C-169/03, Wallentin contre Riksskatteverket, points 21 et 22 ; CJCE, 15 juillet 2004, Aff. C-315/02, Anneliese Lenz contre Finanzlandesdirektion für Tirol ; et CJCE, 7 septembre 2004, Aff. C-319/02, Petri

La Cour a également indiqué que les mesures spécifiques destinées à exclure d'un avantage fiscal « les montages purement artificiels », dont le but serait de contourner la législation fiscale nationale, pouvaient constituer des « raisons impérieuses d'intérêt général »[438]. Comme l'écrit M. Philippe Martin, « la Cour admet ainsi, par un raisonnement classique en matière de libertés, qu'un État membre puisse refuser les effets de l'abus d'une liberté »[439]. Mais à ce sujet, l'incertitude demeure, puisque la Cour n'a jamais donné de définition précise de la notion de « montage purement artificiel ». Il est dès lors possible de se demander si elle coïncide exactement avec le concept français « d'abus de droit », qui englobe à la fois la simulation (fictivité) et la fraude à la loi, ou si elle n'englobe que la première branche de cette alternative. Au regard de la jurisprudence Centros[440], il semblerait que tant la simulation que la fraude à la loi puissent être considérées comme des « montages purement artificiels », mais que la Cour soit particulièrement stricte à l'encontre des États membres dans la seconde hypothèse[441].

Enfin, la Cour admet dans son principe que l'efficacité des contrôles fiscaux soit une « raison impérieuse d'intérêt général ». Celle-ci est, en toutes matières, considérée comme un motif susceptible de justifier une restriction à l'exercice des libertés garanties par le Traité depuis l'affaire Cassis de Dijon[442]. S'agissant du cas particulier de la fiscalité directe, cette justification est admise depuis l'affaire Futura Participations et Singer[443].

Manninen. Dans ses conclusions sous l'affaire Marks & Spencer, l'Avocat général a proposé à la Cour d'assouplir sa jurisprudence, sans succès.

[438] Le fait que la lutte contre les « montages purement artificiels » puisse être une « raison impérieuse d'intérêt général » résulte notamment de l'arrêt ICI, précité.

[439] V. Philippe MARTIN, « La portée fiscale des libertés communautaires de circulation: réflexions au regard du droit interne », *Droit Fiscal*, 2000, n°44, p.1448.

[440] CJCE, 9 mars 1999, Aff. C-212/97, Centros Ltd contre Erhvervs- og Selskabsstyrelsen, Rec., p.I-1459.

[441] En ce sens, V. les points 24 et 25 de l'arrêt Centros.

[442] V. CJCE, 20 février 1979, Aff. 120/78, Rewe-Zentral AG contre Bundesmonopolverwaltung für Branntwein (dit « Cassis de Dijon »), Rec., p.649.

[443] V. CJCE, 15 mai 1997, Aff. C-250/95, Futura Participations SA et Singer contre Administration des contributions, Rec., p. I-2471. V. aussi CJCE, 28 octobre 1999, Skatteministeriet / Bent Vestergaard, Rec. p.I-7641; CJCE, 26 septembre 2000, Aff. C-478/98, Commission des Communautés européennes contre Royaume de Belgique, Rec., p.I-7587 ; CJCE, 21 novembre 2002, Aff. C-

Si, en principe, les États membres peuvent parfois s'affranchir des libertés de circulation, ils ne le font toutefois que sous le contrôle de la Cour de Justice, qui se pose ainsi en toutes circonstances comme le garant de la construction de l'Europe fiscale. La Cour procède en effet systématiquement à un contrôle de la proportionnalité des justifications soumises à son appréciation, et ce aussi bien lorsque les justifications sont relatives à l'ordre public que lorsqu'elles sont fondées sur des « raisons impérieuses d'intérêt général ».

C'est ainsi que la Cour refuse d'accepter une interprétation inconditionnelle des articles 39§3, 46, 55 et 58 du Traité CE, comme en témoigne l'arrêt Lindman[444]. Dans cette affaire, la requérante, Madame Lindman, de nationalité finlandaise, avait obtenu des gains importants lors d'une loterie organisée en Suède. Le gouvernement finlandais avait alors entendu soumettre ces revenus à l'impôt, mais d'une manière discriminatoire à l'encontre de Madame Lindman : si elle avait résidé en Suède, ou si la somme en cause avait été gagnée dans le cadre d'une loterie finlandaise, Madame Lindman n'aurait en effet pas été soumise à l'impôt sur le revenu. Pour justifier cette discrimination, le gouvernement finlandais a alors fait appel à la nécessité de sauvegarder l'ordre public, en arguant du fait que la réglementation litigieuse était justifiée par « la prévention des abus et des fraudes, la réduction du dommage social provoqué par le jeu, (...), la nécessité de lutter contre les conséquences dommageables de la dépendance à l'égard du jeu, lesquelles relèveraient de la santé publique. (...) Le jeu créerait des problèmes sociaux, tels que la privation de ressources de la famille de la personne dépendante du jeu, des divorces et des suicides »[445]. Mais la Cour a estimé que « le dossier transmis à la Cour par la juridiction de renvoi ne révélait aucun élément de nature statistique ou autre permettant de conclure à la gravité des risques liés à la pratique des jeux de hasard ni, a fortiori, à l'existence d'une relation de connexité particulière entre de tels risques et la participation des ressortissants de l'État membre

436/00, X et Y ; CJCE, 26 juin 2003, Aff. C-422/01, Försäkringsaktiebolaget Skandia (publ) et Ola Ramstedt contre Riksskatteverket, Rec., p.I-6817 ; CJCE, 4 mars 2004, Aff. C-334/02, Commission des Communautés européennes contre République française ; et CJCE, 15 juillet 2004, Aff. C-315/02, Anneliese Lenz contre Finanzlandesdirektion für Tirol.

[444] V. CJCE, 13 novembre 2003, Aff. C-42/02, Diana Elisabeth Lindman.

[445] V. points 23 et 24 de l'arrêt.

concerné à des loteries organisées dans d'autres États membres »[446], ce qui lui a permis de conclure que le principe de proportionnalité avait été violé en l'espèce.

L'exigence de proportionnalité est tout aussi importante lorsque les États membres tentent de justifier la validité de leur législation nationale au regard du droit communautaire par des « raisons impérieuses d'intérêt général »[447]. Mais les exigences de la Cour sont telles à cet égard que celle-ci n'a jamais admis la proportionnalité des mesures contestées devant elle, à l'exception des affaires Bachmann et Marks & Spencer[448].

Les justifications dont les États membres peuvent tenter de se prévaloir pour s'affranchir du principe de libre circulation sont donc assez réduites. Et elles le sont d'autant plus que de nombreuses autres justifications ont été rejetées par la Cour dans leur principe même, dans le but de ne pas mettre en péril la construction de l'Europe fiscale.

Les justifications non pertinentes des atteintes au principe de libre circulation

A l'occasion des litiges portés devant la Cour, les États membres ont tenté à plusieurs reprises de justifier des restrictions à l'effectivité des libertés de circulation en se prévalant du risque d'évasion fiscale auquel ils étaient exposés, de la compensation qui pouvait exister entre la discrimination opérée et les avantages dont bénéficiait le plaignant par ailleurs, du risque de perte de recettes fiscales, de l'opportunité de reconnaître une clause de minimis, ou de la nécessité de tenir compte de la situation économique ou financière des États membres. Mais aucune de ces justifications n'a jamais convaincu la Cour.

La justification relative au risque d'évasion fiscale a notamment été examinée par la Cour à l'occasion des affaires Commission contre France (affaire de « l'avoir fiscal »), ICI, et Lankhorst

---

[446] V. point 26 de l'arrêt.

[447] La Cour a ainsi formulé cette exigence lors des arrêts Bachmann, Futura Participations et Société Baxter (CJCE, 8 juillet 1999, Aff. C-254/97, Société Baxter, Rec., p.I-4809).

[448] V. CJCE, 13 décembre 2005, Aff. C-446/03, Marks & Spencer plc contre David Halsey, HM Inspector of Taxes.

Hohorst[449]. Lors du premier arrêt, elle a alors jugé que ce risque ne pouvait en aucun cas justifier des atteintes aux libertés de circulation. Puis, lors de l'arrêt ICI, elle a tempéré cette jurisprudence en édictant deux conditions pour que cette exception soit admissible. La première veut que la législation en cause soit spécifique à la lutte contre l'évasion fiscale, et la seconde commande que cette législation vise « les montages artificiels dont le but serait de contourner la loi fiscale » de l'État membre. En d'autres termes, le risque d'évasion fiscale n'est pas, en soi, une justification aux atteintes portées au droit communautaire de la fiscalité directe. En revanche, certains procédés d'évasion fiscale faisant appel à des abus de droit, la lutte contre l'évasion fiscale peut parfois coïncider avec la lutte contre des « montages purement artificiels », qui est une « raison impérieuse d'intérêt général »[450].

L'existence d'une compensation entre la discrimination opérée et les avantages dont bénéficie le plaignant par ailleurs n'a pas rencontré davantage de succès. Cet argument a notamment été écarté de manière lapidaire lors de l'arrêt Saint-Gobain[451], à l'occasion duquel la Cour a affirmé qu'« à supposer même que de tels avantages existent, ils ne peuvent justifier la violation de l'obligation, énoncée à l'article 52, d'accorder le traitement national en ce qui concerne les avantages fiscaux en question ». Ce faisant, la Cour n'a d'ailleurs fait que confirmer la solution qu'elle avait déjà adoptée lors de l'affaire relative à « l'avoir fiscal »[452].

D'une manière similaire, et selon la même logique, la Cour a été réticente à admettre que la perte de recettes fiscales était de nature à justifier des entraves à la libre circulation. Très fermement, la Cour a en effet affirmé, lors de l'arrêt ICI, que « la réduction des recettes fiscales ne figure pas parmi les raisons

[449] V. CJCE, 12 décembre 2002, Aff. C-324/00, Lankhorst-Hohorst GmbH contre Finanzamt Steinfurt, Rec., p.I-11779. V. aussi CJCE, 26 septembre 2000, Aff. C-478/98, Commission des Communautés européennes contre Royaume de Belgique, Rec., p. I-7587 ; CJCE, 21 novembre 2002, Aff. C-436/00, X et Y ; et CJCE, 11 mars 2004, Aff. C-9/02, Hughes de Lasteyrie du Saillant contre Ministère de l'Économie, des Finances et de l'Industrie.

[450] En ce sens, V. l'arrêt Marks & Spencer.

[451] V. CJCE, 21 septembre 1999, Aff. C-307/97, Compagnie de Saint-Gobain, Zweigniederlassung Deutschland contre Finanzamt Aachen-Innenstadt, Rec., p. I-6161.

[452] Une solution similaire a été adoptée par la Cour dans les affaires Commerzbank, Eurowings et Verkooijen.

énoncées par (…) le Traité et ne peut être considérée comme une raison impérieuse d'intérêt général pouvant être invoquée pour justifier une inégalité de traitement en principe incompatible avec (…) le Traité »[453]. Cette solution a ensuite été confirmée à l'occasion de l'arrêt Saint-Gobain[454], malgré les pertes importantes subies en l'espèce par le fisc allemand.

La Cour a également refusé que les États puissent se prévaloir d'une règle de minimis, notamment parce que celle-ci n'était pas prévue dans le Traité. Lors de l'affaire Verkooijen, un certain nombre de gouvernements avaient en effet soulevé une justification relative au caractère ténu et à la faible incidence de la gêne que la législation néerlandaise en cause apportait aux mouvements de capitaux. Mais la Cour a rejeté implicitement cet argument, confirmant ainsi sa jurisprudence selon laquelle toute entrave, même « faible » ou « d'importance mineure », doit tomber sous le coup de l'interdiction posée par une liberté fondamentale[455].

Enfin, dans ses arrêts ICI et Verkooijen, la Cour a écarté tous les arguments relatifs à la situation économique de l'État membre qui porte atteinte à une liberté de circulation. Lors de ces affaires, certains gouvernements intervenant à la procédure ont en effet avancé que les mesures litigieuses pouvaient se justifier par la nécessité de promouvoir l'économie du pays et le besoin d'encourager les investissements dans les actions ou parts sociales des sociétés établies dans l'État membre intéressé. Mais la Cour a jugé qu'il ne pouvait en aucun cas s'agir d'une « raison impérieuse d'intérêt général ». Comme l'indique le Professeur Dibout, « le fondement de cette position est, en réalité, assez simple : une mesure nationale qui s'inspire d'un tel objectif économique avec cet impact restrictif sur une liberté fondamentale doit certainement

---

453 V. point 28 de l'arrêt.

454 V. CJCE, 21 septembre 1999, Aff. C-307/97, Compagnie de Saint-Gobain, Zweigniederlassung Deutschland contre Finanzamt Aachen-Innenstadt, Rec., p. I-6161. En ce sens, V. aussi CJCE, 11 mars 2004, Aff. C-9/02, Hughes de Lasteyrie du Saillant contre Ministère de l'Économie, des Finances et de l'Industrie.

455 Cette solution a été confirmée dans les arrêts Commission contre France (affaires relatives à la CSG et à la CRDS : V. CJCE, 15 février 2000, Aff. C-34/98, Commission des Communautés européennes / République Française, Rec., p. I-995 ; et CJCE, 15 février 2000, Aff. C-169/98, Commission des Communautés européennes, Rec., p.I-1049) et Lasteyrie du Saillant (CJCE, 11 mars 2004, Aff. C-9/02, Hughes de Lasteyrie du Saillant contre Ministère de l'Économie, des Finances et de l'Industrie, non encore publié au Recueil).

être qualifiée de protectionniste et donc contraire à l'exigence fondamentale de la réalisation d'un marché unique »[456]. Et il est vrai à cet égard que si la Cour avait accepté que la promotion de l'économie d'un État membre puisse être une « raison impérieuse d'intérêt général », elle aurait couru le risque de légaliser des aides d'État que les articles 87 et 88 du Traité CE (ex. articles 92 et 93) interdisent.

Les justifications dont les États membres peuvent se prévaloir pour fonder en droit les restrictions aux libertés de circulation qu'ils instaurent sont donc rarement admises par la Cour, et les cas dans lesquels les États membres peuvent s'affranchir du « respect du droit communautaire » sont d'autant plus rares que le niveau d'intégration communautaire que la Cour entend promouvoir est élevé. La construction jurisprudentielle de l'Europe fiscale, fondée sur les quatre libertés de circulation, emporte ce faisant des conséquences importantes sur les systèmes fiscaux des États membres.

LES CONSEQUENCES DE LA CONSTRUCTION DE L'EUROPE FISCALE SUR LA FISCALITE DIRECTE DES ETATS MEMBRES

La construction prétorienne de l'Europe fiscale affecte tant les dispositions législatives et réglementaires des États membres que les conventions fiscales internationales auxquelles ils souscrivent.

Les conséquences de la construction de l'Europe fiscale sur les législations fiscales des États membres

Le « respect du droit communautaire » auquel les États membres sont tenus n'est pas sans incidence sur les législations fiscales des États membres, et le nombre de mécanismes fiscaux nationaux sanctionnés par la Cour ne cesse de s'accroître au fur et à mesure que la construction de l'Europe fiscale progresse. Pour la Cour, aucune mesure fiscale nationale ne doit en effet mettre en péril la libre circulation des personnes, des biens, des services et

[456] V. Patrick DIBOUT, « La fiscalité à l'épreuve de la liberté de circulation des capitaux », *Droit Fiscal*, 2000, n°42, p.1369.

des capitaux au sein du Marché Commun. Tant les mesures interdisant à un contribuable de s'établir dans un État membre (mesures qualifiées de « restrictions à l'entrée ») que celles qui le dissuadent de le quitter (mesures qualifiées de « restrictions à la sortie ») sont ainsi prohibées. Pour parvenir à ce résultat, la Cour de Justice des Communautés Européennes raisonne alors de la manière suivante : en cas de « restriction à l'entrée », c'est l'existence d'une discrimination contre les non nationaux ou les non-résidents qui permet d'établir et de mesurer l'atteinte au principe de libre circulation. Et en cas de « restriction à la sortie », c'est l'existence d'une « entrave fiscale » qui permet de faire apparaître le non-respect du droit communautaire par les États membres et de le sanctionner.

L'interdiction des restrictions à l'entrée

La plupart des affaires mentionnées jusqu'à présent ont montré que la Cour sanctionnait souvent les atteintes au principe de libre circulation en se fondant sur les discriminations dont des non-résidents sont victimes. Il apparaît en effet que le fait, pour un État, de réserver un avantage aux seuls résidents – et d'en exclure au contraire les non-résidents – dissuade certainement les non-résidents de s'établir dans cet État ou d'y exercer une activité économique. La question qui se pose est alors de savoir en quoi consistent les discriminations prohibées par le droit communautaire. Depuis l'arrêt Schumacker, la jurisprudence de la Cour a fait apparaître l'existence d'un certain nombre de dispositifs fiscaux discriminatoires, constitutifs de « restrictions à l'entrée », que l'on peut regrouper en trois catégories.

La première catégorie est constituée des avantages fiscaux accordés par les États membres dans un but interventionniste. Lorsqu'ils imposent les revenus ou les capitaux de leurs contribuables, les États peuvent en effet inciter ces derniers à supporter certaines charges financières en leur proposant en contrepartie des régimes fiscaux intéressants. Une difficulté provient alors souvent du fait que les avantages ne sont conférés qu'aux nationaux ou aux résidents, leur bénéfice étant au contraire exclu pour les non nationaux ou les non-résidents.

La compatibilité de certaines dispositions du Code Général des Impôts français, qui réservaient des avantages aux seuls contribuables domiciliés en France, a dès lors été contestée. On peut par exemple citer le cas des réductions d'impôts pour souscription au capital de sociétés nouvelles (article 199 duodecies I), pour l'emploi d'un salarié à domicile (article 199 sexdecies 2°), pour frais de garderie des enfants en bas âge (article 199 quater D avant l'intervention de la loi de finances initiale pour 2005), pour frais d'hospitalisation ou de cure (article 199 quindecies), ou pour souscription au capital des PME (article 199 terdecies OA-I). Il en va de même pour la réduction d'impôts attachée aux dons et subventions (article 200-1) et pour les modalités d'imposition qui régissaient jusqu'en 2004 certains contrats d'assurance-vie (articles 125 0 A et 125 A du CGI)[457].

Les condamnations régulièrement prononcées par la Cour conduisent le plus souvent les États membres à modifier leurs législations nationales, ce qui explique que la Commission européenne a par exemple décidé d'engager une action d'envergure contre les traitements préférentiels dont bénéficient les fonds de pension domestiques dans de nombreux États de l'Union[458]. Dans cette affaire, le fait que la Commission ait décidé de saisir la Cour plutôt que de proposer une directive d'harmonisation aux États membres montre de manière éclatante que la Commission considère parfois la Cour comme un « législateur de substitution ». Tel est en tout cas le sens de sa communication du 19 avril 2001, dans laquelle elle indique qu'elle ne proposera pas d'harmonisation des règles fiscales applicables en matière de retraite, mais qu'elle saisira la Cour chaque fois qu'elle constatera l'existence d'une

---

[457] Ces dispositions ont été sanctionnées par la Cour de Justice en mars 2004 : V. CJCE, 4 mars 2004, Aff. C-334/02, Commission des Communautés européennes contre République Française, non encore publié au Recueil. L'article 40 de la loi de finances rectificative pour 2004 (V. loi n° 2004-1485 du 30 décembre 2004 de finances rectificative pour 2004, JORF n°304 du 31 décembre 2004, p.22522) a mis fin à l'atteinte à la libre-circulation des services constatée par la Cour de Justice dans son arrêt précité.

[458] C'est ainsi que le 5 février 2003, elle a mis le Danemark en demeure de modifier sa législation, dans la mesure où celle-ci accorde le bénéfice de la déductibilité fiscale aux seules cotisations versées aux fonds domestiques, et non aux cotisations versées aux fonds étrangers. De même, la Commission a adressé des demandes officielles d'information à la Belgique, à l'Espagne, à la France, à l'Italie et au Portugal, qui semblent également appliquer des règles fiscales discriminatoires aux cotisations versées à des fonds de pension étrangers. Sur ce point, V. Communiqué de Presse de la Commission européenne du 5 février 2003, IP/03/179 ; V. aussi *Droit Fiscal*, 2003, n°7, act. n°44.

législation nationale discriminatoire[459]. Pour la Commission, la Cour est donc susceptible de devenir le principal architecte de l'Europe fiscale.

Il est vrai que la jurisprudence récente de la Cour a conduit les États membres à mettre fin à une seconde catégorie de discriminations, qui est constituée des règles fiscales applicables aux succursales ou aux filiales de sociétés étrangères. Lors de l'affaire Royal pertinentes of Scotland[460], la Cour de Justice des Communautés Européennes a ainsi été conduite à considérer comme non conforme au Traité une législation grecque qui imposait plus lourdement que les sociétés ayant leur siège en Grèce les sociétés qui avaient leur siège dans un autre État membre et un établissement stable en Grèce. Cette jurisprudence a été étendue aux filiales à l'occasion des arrêts Metallgesellschaft et Hoechst[461], en vertu desquels le principe communautaire de non-discrimination prohibe un traitement différent des sociétés établies sur le territoire d'un État membre selon que les maisons-mères de ces entreprises sont situées ou non sur le territoire de cet État membre[462].

L'arrêt Lankhorst-Hohorst[463] ne dispose pas autrement. Sur le fondement de cette jurisprudence, de nombreux mécanismes anti-sous-capitalisation ont ainsi été remis en cause dans les États membres, à l'instar de la législation allemande qui était visée en l'espèce, ou encore de l'article 212-1° du Code Général des Impôts. Dans deux arrêts de principe, le Conseil d'État a en effet décidé, le 30 décembre 2003, que cette disposition fiscale nationale devait s'effacer aussi bien devant le droit communautaire que devant certaines conventions fiscales internationales contenant des

---

459 Cf. Communication de la Commission du 19 avril 2001 au Conseil, au Parlement européen et Comité Économique et Social, « Elimination des entraves fiscales à la fourniture transfrontalière des retraites professionnelles », COM (2001) 214 final ; *Droit Fiscal*, 2001, n°30-35, p.1166-1174.

460 V. CJCE, 29 avril 1999, Aff. C-311/97, Royal Bank of Scotland plc contre Elliniko Dimosio, Rec., p.I-2651.

461 V. CJCE, 8 mars 2001, affaires jointes Metallgesellschaft Ltd et autres (C-397/98), Hoechst AG et Hoechst (UK) Ltd (C-410/98) contre Commissioners of Inland Revenue et HM Attorney General, Rec., p.I-1727. V. en particulier le point 60 de l'arrêt.

462 En ce sens, V. aussi CJCE, 18 septembre 2003, Aff. C-168/01, Bosal Holding BV contre Staatssecretaris van Financiën ; et plus récemment l'arrêt Marks & Spencer.

463 V. CJCE, 12 décembre 2002, Aff. C-324/00, Lankhorst-Hohorst GmbH contre Finanzamt Steinfurt, Rec., p.I-11779.

clauses de non-discrimination[464]. Pour des raisons similaires, des dispositifs de retenue à la source ont également été considérés comme instaurant des discriminations prohibées. Tel était par exemple le cas de l'article 115 quinquies du Code Général des Impôts dans son ancienne rédaction, avant que l'article 23 de la loi de finances rectificative pour 1997 n'abolisse cette retenue à la source dans le cas où les actionnaires des filiales ont leur domicile fiscal dans l'Union européenne.

Enfin, une troisième série de discriminations régulièrement sanctionnée par la Cour concerne les mécanismes d'avoirs fiscaux, dont le bénéfice est parfois réservé aux seuls nationaux ou aux seuls résidents. Tel était par exemple le cas lors de l'arrêt fondateur Commission contre France. Et si les débats sur cette question sont désormais épuisés en France en raison de la suppression de l'avoir fiscal, tel n'est pas encore le cas dans les États membres qui maintiennent ce type de mesure. La compatibilité de nombreux dispositifs d'élimination des doubles impositions est encore discutée, comme en témoignent l'affaire Verkooijen[465] ou l'arrêt Manninen[466].

Dans cette dernière affaire, la Cour a sanctionné un mécanisme finlandais d'avoir fiscal qui s'appliquait uniquement en faveur de dividendes versés par des sociétés établies en Finlande. Ce faisant, les personnes assujetties à l'impôt à titre principal en Finlande et qui percevaient des dividendes de sociétés établies dans d'autres États membres subissaient en effet une discrimination par rapport aux personnes assujetties à l'impôt à titre principal en Finlande et qui percevaient des dividendes de sociétés établies en Finlande. Dès lors que le jeu des conventions fiscales ne permettait pas l'élimination totale de ces discriminations, la Cour a jugé que le mécanisme finlandais d'avoir fiscal était incompatible avec la liberté de circulation des capitaux et des moyens de paiement reconnue à l'article 56 CE.

Pour autant, toutes les discriminations fiscales ne sont pas prohibées par la Cour de Justice. La Cour admet ainsi la légalité

---

[464] V. CE, Sect., 30 décembre 2003, n°233894, SA Andritz, concl. Bachelier, RJF, 3/04, p. 66-175 ; et n° 49047, SARL Coréal Gestion, concl. Goulard, *RJF*, 3/04, p.175-180.
[465] V. supra.
[466] CJCE, 7 septembre 2004, Aff. C-319/02, Petri Manninen.

des discriminations à rebours, comme en témoigne l'arrêt Werner. Ce faisant, la Cour n'a fait que transposer au droit fiscal la jurisprudence qu'elle avait pu développer dans d'autres domaines. Dès 1979[467], elle avait en effet dit pour droit que le principe de non-discrimination ne s'appliquait pas aux situations purement internes aux États membres, dès lors que ces situations ne présentaient aucun lien de rattachement avec les situations envisagées par le droit communautaire ou ne comprenaient aucun élément d'extranéité. En d'autres termes, les États membres ne sont pas obligés de traiter leurs ressortissants d'une manière identique à celle dont ils se comportent avec les ressortissants des autres États membres, ce qui s'explique par le fait que les discriminations à rebours ne peuvent, par définition, engendrer aucune « restriction à l'entrée ».

Si les discriminations à rebours sont ainsi autorisées, elles sont néanmoins soumises à une exception. Il ressort en effet de la jurisprudence de la Cour que les États membres ne doivent pas dissuader leurs propres ressortissants de profiter des libertés offertes par le droit communautaire, en particulier lorsqu'ils souhaitent s'établir dans un autre État membre. C'est pourquoi la Cour de Justice prohibe également les « restrictions à la sortie ».

L'interdiction des restrictions à la sortie

La portée des libertés de circulation ne doit pas être limitée à la prohibition des discriminations constitutives de « restrictions à l'entrée ». Selon la Cour, ces libertés s'opposent tout autant à ce qu'un État membre fasse obstacle à l'établissement de ses propres ressortissants dans un autre État membre. Pour reprendre la formule utilisée par M. l'Avocat général Tesauro dans ses conclusions sous l'arrêt ICI[468], le Traité prohibe également les « restrictions à la sortie », c'est à dire l'attitude d'un État membre consistant à dissuader les entreprises situées sur son territoire de s'établir dans un autre État membre. Ceci s'explique par le fait que cette attitude est tout aussi protectionniste que celle, inverse, qui a été visée précédemment.

---

467 CJCE, 28 mars 1979, Aff. 175/78, La Reine/ Vera Ann Saunders, Rec., p.1129.
468 V. conclusions de M. l'Avocat général Tesauro sous l'affaire ICI présentées le 16 décembre 1997 et publiées au Recueil (Rec. p.I-4695).

L'acte de naissance de la prohibition des « restrictions fiscales à la sortie » est ainsi l'arrêt ICI. Dans cette affaire, la Cour a procédé à une interprétation extensive du principe de libre circulation, en se référant en particulier à la notion d'« entrave fiscale » à la libre circulation. Comme la Cour l'a en effet indiqué dans l'arrêt ICI, « même si, selon leur libellé, les dispositions relatives à la liberté d'établissement visent notamment à assurer le bénéfice du traitement national dans l'État membre d'accueil, elles s'opposent également à ce que l'État d'origine **entrave** (mis en gras par nos soins) l'établissement dans un autre État membre d'un de ses ressortissants ou d'une société constituée en conformité avec sa législation, répondant, par ailleurs, à la définition de l'article 58 du traité »[469]. Pour le Professeur Dibout, « la cause est donc bien entendue : un État membre méconnaît l'article 52 du Traité CE si, par des mesures fiscales, **il entrave l'établissement d'une société constituée en conformité avec sa législation dans un autre État membre** » (mis en gras par nos soins)[470].

La question qui se pose est donc de savoir ce qu'il faut entendre par « entrave fiscale », et il est à cet égard très instructif de se référer aux conclusions de M. l'Avocat général Tesauro dans l'affaire ICI. Selon lui, sont constitutifs d'une « entrave » les dispositifs qui présentent un « caractère restrictif » et qui ont pour effet de limiter le droit pour les sociétés de l'État membre concerné de « créer des filiales dans d'autres États membres ou, du moins, (…) les découragent de le faire »[471]. On pourrait ajouter, au regard de la jurisprudence postérieure de la Cour, qu'il en va de même lorsque la législation fiscale nationale dissuade des particuliers de s'établir dans un autre État membre, comme en témoignent par exemple trois arrêts de principe rendus en 1999 et 2000 (XAB-YAB[472], Baars[473] et Eurowings), puis les célèbres arrêts Lasteyrie du Saillant et Marks & Spencer (précités) de 2004 et 2005. Dans

[469] V. point 21 de l'arrêt.
[470] V. Patrick DIBOUT, « Territorialité de l'impôt, répression de l'évasion fiscale et liberté d'établissement dans la Communauté européenne : à propos de l'arrêt ICI », *Droit Fiscal*, 1998, n°48, p.1477.
[471] V. point 16 des conclusions de M. l'Avocat général Tesauro.
[472] V. CJCE, 18 novembre 1999, Aff. C-200/98, X AB et Y AB contre Riksskatteverket, Rec., p.I-8261.
[473] V. CJCE, 13 avril 2000, Aff. C-251/98, C. Baars contre Inspecteur der Belastingen Particulieren / Ondernemingen Gorinchem, Rec., p.I-2787.

chacun de ces arrêts, la notion « d'entrave fiscale » a été utilisée explicitement par la Cour[474].

La portée de cette jurisprudence est considérable. Elle aboutit en effet à ce que de nombreux dispositifs de lutte contre l'évasion fiscale internationale, dont les fameux dispositifs CFC, sont à terme menacés par la construction jurisprudentielle de l'Europe fiscale. A cet égard, on peut entre autres citer l'exemple de la réforme de l'article 209B du Code Général des Impôts qui a été opérée par l'article 104 de la loi de finances pour 2005, et qui exclut désormais l'application de ce dispositif au sein de l'Union européenne.

Doit-on voir dans cette réforme la preuve que l'article 209B du Code Général des Impôts instituait une « restriction à la sortie » incompatible avec le droit communautaire ? Sans doute n'est-il pas possible de répondre de manière tranchée à cette question, et encore moins de généraliser cette réponse à l'ensemble des dispositifs CFC applicables dans l'Union européenne. A vrai dire, les juridictions des États membres abordent souvent cette question avec la plus grande minutie, et attendent de connaître la position de la Cour de Justice sur le sujet. Celle-ci vient d'ailleurs d'être saisie d'une question préjudicielle portant sur une législation britannique très proche de celle de l'article 209B du Code Général des Impôts, et la réponse qu'elle apportera à cette question complexe est vivement attendue[475].

La Cour a en revanche rendu son verdict au sujet des mécanismes d'exit tax, pour conclure à l'incompatibilité de ces législations avec le droit communautaire. Parmi les dispositifs classiquement utilisés par les États membres pour lutter contre l'évasion fiscale internationale et le transfert de la matière imposable de leurs ressortissants vers des États où leur

---

[474] Cette prohibition des « restrictions à la sortie » n'est pas pour autant absolue, puisque la Cour a précisé dans l'arrêt ICI que l'article 52 (devenu article 43 depuis l'entrée en vigueur du Traité d'Amsterdam) n'ayant pour objet que de favoriser le libre-établissement au sein du territoire communautaire, les « restrictions à la sortie » visant à dissuader les ressortissants communautaires de s'établir en dehors de l'Union européenne ne sont pas incompatibles avec le Traité (V. points 32 et 33 de l'arrêt).

[475] Cf. SpC 415, 6 juin 2004, Cadbury Schweppes plc et autres, *Droit Fiscal*, 2004, n° 30, act. n° 41.

souveraineté fiscale ne s'applique pas, figurent en effet des dispositifs qu'il est convenu de nommer « exit tax ». Ces mesures fiscales dérogatoires du droit commun consistent à imposer les ressortissants des États membres qui souhaitent transférer leur domicile fiscal à l'étranger, dans le but de les dissuader de s'expatrier, ou, au moins, de pouvoir les taxer avant qu'ils n'échappent définitivement au fisc national. Ces dispositifs sont particulièrement contestés depuis l'arrêt ICI, ce qui n'a pas pour autant empêché des États membres de créer de nouvelles « exit tax » postérieurement à cette décision[476]. C'est ainsi que la question de la compatibilité de l'ancien article 167 bis du Code Général des Impôts a posé des difficultés importantes en droit français, avant qu'une série d'arrêts rendus par la Cour de Justice des Communautés Européennes et le Conseil d'État[477] ne conduise à sa suppression par l'article 19 de la loi de finances initiale pour 2005. Dans son arrêt Lasteyrie du Saillant rendu le 11 mars 2004, la Cour a en particulier considéré que l'article 167 bis instituait une « entrave fiscale » dissuadant les résidents français de s'établir dans un autre État de l'Union. Et dans la mesure où elle n'a trouvé aucune justification pertinente à cette entrave, elle en a déduit, en reprenant les termes déjà employés dans l'affaire Schumacker, que

---

[476] Tel est par exemple le cas de l'Allemagne, du Danemark, des Pays-Bas, du Royaume-Uni et de la Suède. Sur ce point : *Droit Fiscal*, 2002, n°12, comm.255. A la suite de l'arrêt Lasteyrie du Saillant rendu par la Cour de Justice des Communautés Européennes, la Commission européenne a en particulier décidé d'engager une action en manquement contre l'Allemagne au motif que l'article 6 de la loi sur les relations fiscales présentant des aspects internationaux serait incompatible avec le principe communautaire de libre-circulation. En vertu de cette disposition, les redevables assujettis sans limitation à l'impôt sur le revenu en Allemagne pendant au moins dix ans et qui ont détenu une participation directe ou indirecte d'au moins 1 % dans une société allemande par actions au cours des cinq dernières années voient leurs plus-values non réalisées être assujetties à l'impôt allemand sur le revenu s'ils quittent le pays. À l'inverse, les plus-values des résidents en Allemagne ne sont taxées que si elles sont réalisées. Cette législation est donc très proche de celle qu'instituait l'article 167 bis CGI, ce qui conduit la Commission européenne à la considérer comme étant incompatible avec le principe de libre-circulation (V. IP/04/493 du 19 avril 2004).

[477] CE, 9e sous-section, 14 décembre 2001, requête n°211341, Hughes de Lasteyrie du Saillant contre Ministère de l'Économie, des Finances et de l'Industrie (Droit Fiscal, 2002, n°12, comm.255) ; puis CJCE, 11 mars 2004, Aff. C-9/02, Hughes de Lasteyrie du Saillant contre Ministère de l'Économie, des Finances et de l'Industrie, non encore publié au Recueil ; et enfin CE, Ass., 10 novembre 2004, Hughes de Lasteyrie du Saillant contre Ministère de l'Économie, des Finances et de l'Industrie ; *Droit Fiscal*, 2005, n°3, comm.101, concl. Stéphane Verclytte.

la législation française ne « respectait pas le droit communautaire ».

Les conséquences de la construction de l'Europe fiscale sur les conventions fiscales souscrites par les États membres

Dans ces conditions, les États membres ne peuvent-ils pas tenter de s'affranchir de leurs obligations communautaires en souscrivant à des conventions fiscales internationales ? Tous les États membres sont en effet parties prenantes à de nombreuses conventions fiscales internationales, qui ont pour objet soit de supprimer les doubles impositions, soit de régler les conflits de souveraineté fiscale entre les États en organisant le partage des impositions auxquelles ils procèdent simultanément. Dès lors, il existe un risque évident que ces conventions ne soient utilisées pour mettre en échec le principe communautaire de libre circulation.

La jurisprudence récente de la Cour semble toutefois avoir écarté ce risque, et les conventions souscrites par les États membres ne leur permettent finalement pas de s'affranchir des contraintes liées à l'existence d'une Europe fiscale. Pour le démontrer, il faut alors distinguer les conventions qui sont conclues entre les seuls États membres (1) et celles qui lient des États membres et des États tiers (2).

Les conventions conclues entre les États membres

La primauté du droit communautaire sur les conventions fiscales internationales liant les États membres est absolue. Selon que les conventions sont antérieures ou postérieures au Traité – ou à l'adhésion d'un nouvel État membre –, les fondements de cette supériorité sont cependant différents.

Lorsque les conventions sont antérieures à l'entrée en vigueur du Traité de Rome, elles doivent toujours « respecter » le droit communautaire, et elles sont donc écartées dès lors qu'elles entrent en conflit avec le droit communautaire originaire. Cette solution n'est pas prévue expressément et directement par le Traité, mais résulte de l'arrêt Commission contre Italie du 27 février 1962, à l'occasion duquel la Cour a affirmé que « le Traité CEE prime, dans les matières qu'il règle, les conventions conclues avant son entrée en vigueur entre les États membres »[478].

Cette primauté ne signifie pas pour autant que les conventions incompatibles avec le droit communautaire peuvent être annulées par la Cour de Justice ou par le juge national. Ceux-ci n'en possèdent en effet pas le pouvoir[479], et doivent simplement écarter les dispositions de la convention qui leur paraissent porter atteinte aux fondements de l'Europe fiscale. En d'autres termes, ainsi que la Cour l'a affirmé lors de l'arrêt relatif à « l'avoir fiscal », les dispositions conventionnelles qui sont incompatibles avec le droit communautaire lui sont seulement inopposables, mais elles le sont certainement[480]. Les États membres ne peuvent donc pas s'affranchir du « respect du droit communautaire » en invoquant des conventions fiscales internationales antérieures au Traité CE.

Il en va de même pour les conventions postérieures au Traité CE. Lorsque les conventions sont postérieures au Traité, la primauté de ce dernier sur celles-là est tout aussi certaine. Le fondement de cette obligation n'est cependant plus jurisprudentiel,

---

478 CJCE, 27 février 1962, Aff. 10/61, Commission / Italie, Rec., p.1.

479 La Cour de Justice ne dispose d'ailleurs jamais du droit d'annuler ou d'invalider le droit interne des États membres. Elle peut seulement indiquer au juge national qui la saisit les raisons d'une incompatibilité qu'elle constate entre des dispositions nationales et le droit communautaire (dans le cas d'un recours préjudiciel) ou enjoindre un État membre de modifier sa réglementation nationale (dans le cas d'un recours en manquement). Comme la Cour l'a rappelé dans son arrêt De Coster (CJCE, 29 novembre 2001, Aff. C-17/00, François De Coster contre Collège des bourgmestre et échevins de Watermael-Boitsfort, Rec., p. I-9445, point 23), « dans le cadre d'une procédure introduite en vertu de l'article 234 CE, la Cour n'est pas compétente pour statuer sur la compatibilité d'une mesure nationale avec le droit communautaire. Elle est toutefois compétente pour fournir à la juridiction nationale tous les éléments d'interprétation relevant du droit communautaire qui peuvent lui permettre d'apprécier cette compatibilité pour le jugement de l'affaire dont elle est saisie (voir, notamment, arrêt du 30 avril 1998, Sodiprem e.a., C-37/96 et C-38/96, Rec. p.I-2039, point 22) ». De la même manière, le juge national n'annule jamais les lois incompatibles avec des traités internationaux, mais ne fait que les écarter.

480 V. CJCE, 28 janvier 1986, Aff. 270/83, Commission / France. Dans cette affaire, la République Française tentait de justifier la compatibilité de son dispositif relatif à l'avoir fiscal avec le droit communautaire par le fait que des conventions conclues avec quatre États membres (République Fédérale d'Allemagne, Luxembourg, Pays-Bas et Royaume-Uni) autorisaient la discrimination contestée. La Cour a refusé de faire droit à cet argument, estimant qu'une convention liant plusieurs États membres ne pouvait en aucun cas légaliser des atteintes à l'ordre juridique communautaire.

mais textuel. L'article 10 du Traité CE (ex. article 5 alinéa 2) prévoit en effet que les États membres « s'abstiennent de toutes mesures susceptibles de mettre en péril la réalisation des buts du présent Traité ». Il existe ainsi une obligation pour les États membres de ne pas prendre part à des conventions incompatibles avec l'ordre juridique communautaire, cette obligation s'expliquant par la nécessité d'appliquer le Traité de bonne foi, c'est à dire par le célèbre principe de droit international public pacta sunt servanda.

Dès lors, les conventions postérieures à l'entrée en vigueur du Traité et incompatibles avec ce dernier sont inopposables par les États membres aux requérants qui souhaitent ne pas en subir l'application. De surcroît, et à la différence des conventions antérieures au Traité, les États qui entendent déroger aux règles du Traité par voie conventionnelle s'exposent également à des sanctions, qui s'expliquent dans ce cas particulier par le fait que les États membres se savent tenus de ne pas mettre en péril l'ordre juridique communautaire. Contester les obligations issues du Traité postérieurement à son entrée en vigueur est en effet constitutif d'un manquement au sens de l'article 226 du Traité (ex. article169). De même, rien n'interdit de penser que la responsabilité des États contrevenants pourrait être engagée sur le fondement des arrêts Francovich et Brasserie du Pêcheur[481].

En s'appuyant sur les règles qui viennent d'être présentées, la Cour de Justice a alors entendu empêcher les États membres de porter atteinte à la construction de l'Europe fiscale qu'elle avait opérée depuis le milieu des années 1990. La meilleure solution pour ce faire était qu'elle reconnaisse sa compétence pour contrôler le respect du principe de libre circulation par les conventions fiscales internationales liant les États membres, ce qui n'était toutefois pas évident de prime abord.

---

[481] V. CJCE, 19 novembre 1991, Aff. jointes C-6/90 et C-9/90, Andrea Francovich et Danila Bonifaci et autres contre République italienne, Rec., p.I-5357 ; et CJCE, 5 mars 1996, Aff. jointes C-46/93 et C-48/93, Brasserie du Pêcheur SA contre Bundesrepublik Deutschland et The Queen contre Secretary of State for Transport, ex parte: Factortame Ltd et autres, Rec., p.I-1029.

Cette compétence fut reconnue lors de l'arrêt Gilly[482] du 12 mai 1998. Cet arrêt est intervenu après un renvoi préjudiciel du Tribunal Administratif de Strasbourg, qui interrogeait la Cour sur les conditions dans lesquelles un conflit entre le Traité CE et une convention fiscale internationale (en l'occurrence la convention franco-allemande du 21 juillet 1959 modifiée) devait être tranché. Certes, l'arrêt Gilly n'énonce aucune considération de principe sur le problème de la compétence des juridictions communautaires, mais celle-ci est nécessairement reconnue dès lors que la Cour a accepté de répondre aux questions préjudicielles qui lui ont été posées. Une telle solution ne surprend guère, et elle était même attendue au regard des conclusions de M. l'Avocat général Carl Otto Lenz[483] sous l'affaire Futura Participations. Pour M. Lenz, en effet, « les conventions de double imposition en tant qu'élément du droit national ne doivent pas davantage être contraires aux exigences du droit communautaire que ne le doivent les autres dispositions nationales »[484].

Dans le cas particulier de l'arrêt Gilly, la Cour n'a cependant relevé aucune incompatibilité entre la convention litigieuse et le droit communautaire. Quelques mois plus tard, à l'occasion de l'arrêt Saint-Gobain[485], elle a en revanche sanctionné des dispositions conventionnelles incompatibles avec sa conception de l'Europe fiscale. Sans doute l'arrêt Saint-Gobain concernait-il en l'espèce une convention conclue entre un État membre et un État tiers. Mais la généralité des règles qu'il énonce les rendent également applicables aux conventions liant les seuls États membres, si bien que l'unité de la construction jurisprudentielle de l'Europe fiscale semble être assurée.

---

[482] V. CJCE, 12 mai 1998, Aff. C-336/96, Époux Robert Gilly contre Directeur des services fiscaux du Bas-Rhin, Rec., p.I-2793.

[483] V. les conclusions de M. l'Avocat général Lenz présentées le 5 novembre 1996 sous l'affaire C-250/95, Futura Participations SA et Singer contre Administration des contributions, Rec., p.I-2471.

[484] V. point 74 des conclusions.

[485] V. CJCE, 21 septembre 1999, Aff. C-307/97, Compagnie de Saint-Gobain, Zweigniederlassung Deutschland contre Finanzamt Aachen-Innenstadt, Rec., p.I-6161.

Les conventions liant des États membres et des États tiers

Comme dans le cas des conventions liant exclusivement des États membres, les conventions conclues entre des États membres et des États tiers ne peuvent pas mettre en échec le droit communautaire et les principes qu'il met en œuvre, sous réserve de quelques aménagements exceptionnels.

Ainsi, si des conventions antérieures à l'entrée en vigueur du Traité de Rome entrent en conflit avec le droit communautaire originaire, elles sont inopposables par l'État membre. En revanche, et il convient d'insister sur ce point, les droits des États tiers ne sont pas remis en cause. Une telle solution résulte de l'article 307 (ex. article 234) du Traité CE, qui introduit dans le droit communautaire une règle proche de celle qui est prévue par l'article 30 § 2 de la Convention de Vienne sur le droit des Traités[486]. Comme la Cour a pu l'indiquer dans l'arrêt Attorney General contre Juan C. Burgoa, « cette disposition a pour objet de préciser, conformément aux principes de droit international, que l'application du Traité n'affecte pas l'engagement de l'État membre concerné, de respecter les droits des États tiers résultant d'une convention antérieure et d'observer ses obligations correspondantes »[487]. En d'autres termes, si une convention conclue antérieurement au Traité CE entre un État membre et un État tiers entre en contradiction avec le Traité CE, l'État membre est tenu, dans l'ordre international, d'exécuter toutes ses obligations vis à vis de l'État tiers. En revanche, il ne peut tirer aucun droit de la convention pour s'exonérer de ces obligations communautaires vis à vis des autres États membres ou de la Communauté.

Il en va de même pour les conventions postérieures au Traité. Dans une telle situation, il est en effet fait application de la même règle que celle qui gouverne les conventions postérieures au Traité liant exclusivement des États membres, à savoir l'article 10 du Traité CE (ex. article 5 alinéa 2).

[486] Aux termes de l'article 30 § 2 de la Convention de Vienne, « lorsqu'un traité précise qu'il est subordonné à un traité antérieur ou postérieur, ou qu'il ne doit pas être considéré comme incompatible avec cet autre traité, les dispositions de celui-ci l'emportent ».
[487] V. CJCE, 14 octobre 1980, Aff. 812/79, Attorney General contre Juan C. Burgoa, Rec., p.2801, point 8.

La Cour a eu l'occasion de mettre ces principes en œuvre lors de l'affaire Saint-Gobain[488]. La portée fiscale des libertés de circulation y a d'ailleurs été proclamée avec tellement de force que la doctrine s'est interrogée sur l'existence d'une clause d'égalité généralisée.

Dans cette affaire, la Cour a fermement indiqué que les États membres ne pouvaient pas échapper au « respect du droit communautaire » en prenant part à des conventions fiscales internationales. Reprenant les principes dégagés lors de l'arrêt Gilly, et en se référant mot pour mot à la jurisprudence Schumacker, la Cour a en effet affirmé « qu'en ce qui concerne l'exercice du pouvoir d'imposition, les États membres ne peuvent néanmoins s'affranchir du respect des règles communautaires. Il ressort en effet de la jurisprudence constante de la Cour que, si la fiscalité directe relève de la compétence des États membres, il n'en reste pas moins que ces derniers doivent l'exercer dans le respect du droit communautaire »[489]. Conformément aux conclusions de son Avocat général, M. Mischo[490], elle en a alors déduit que les États membres devaient renoncer aux droits que leur confère une convention fiscale internationale dès lors que ces droits ne sont pas conformes aux exigences du Marché Commun. Pour la Cour, en effet, « s'agissant d'une convention de double imposition conclue entre un État membre et un pays tiers, le principe du traitement national impose à l'État membre partie à ladite convention d'accorder aux établissements stables de sociétés non résidentes les avantages prévus par la convention aux mêmes conditions que celles qui s'appliquent aux sociétés résidentes »[491].

Ce faisant, la Cour a donc assuré la primauté du droit communautaire en toutes circonstances : dès lors qu'une convention fiscale internationale remet en cause les fondements de la construction de l'Europe fiscale, les États membres qui sont partie à cette convention ne peuvent tirer aucun droit de cette convention, en particulier en portant atteinte au principe de libre

---

488 V. CJCE, 21 septembre 1999, Aff. C-307/97, Compagnie de Saint-Gobain, Zweigniederlassung Deutschland contre Finanzamt Aachen-Innenstadt, Rec., p.I-6161.

489 V. point 58 de l'arrêt.

490 Cf. conclusions de l'Avocat général Mischo présentées le 2 mars 1999, Rec., p. I-6161. V. en particulier les points 75 à 92.

491 V. point 59 de l'arrêt.

circulation. Mais leurs obligations vis à vis des États tiers ne sont pour autant pas remises en cause. Comme l'indique le Professeur Dibout, « si ces conventions ne sont pas affectées en tant que telles par le droit communautaire, l'État membre concerné a donc l'obligation de se conformer aux exigences du droit communautaire pour leur mise en œuvre sur son territoire, soit en s'abstenant d'en tirer des droits ou obligations contraires au droit communautaire, soit en respectant le principe du traitement national par l'extension aux ressortissants d'autres États membres qui exercent la liberté d'établissement sur son territoire d'avantages résultant pour ses propres ressortissants de telles conventions »[492].

Plusieurs auteurs se sont alors demandé si une clause de la nation la plus favorisée n'avait pas été instituée par l'arrêt Saint-Gobain. Dans ses conclusions, M. Mischo avait d'ailleurs lui-même posé la question, avant de l'éluder[493]. La Cour fit de même à l'occasion des affaires Metalgesellschaft et Hoechst[494], et il a finalement fallu attendre l'arrêt D. du 5 juillet 2005[495] pour que la Cour résolve la difficile question qui lui était posée.

Dans cette affaire, le requérant, Monsieur D., de nationalité allemande et résident en Allemagne, possédait des biens immobiliers situés aux Pays-Bas, lesquels constituaient 10% de sa fortune, et qui étaient taxés aux Pays-Bas en application de la loi néerlandaise applicable à l'impôt sur la fortune. Monsieur D. a alors considéré qu'il était victime d'une discrimination par rapport aux résidents d'autres États membres possédant des biens aux Pays-Bas, dont les résidents belges. L'article 25 paragraphe 3 de la convention du 19 octobre 1970 liant la Belgique et les Pays-Bas prévoyait en effet que « les personnes physiques résidentes de l'un des États bénéficient dans l'autre État des déductions personnelles, abattements et réductions qui sont accordés par cet autre État à ses propres résidents en raison de leur situation ou de leurs charges de

---

492 V. Patrick DIBOUT, « Liberté d'établissement, conventions fiscales et entreprises multinationales », *Droit Fiscal*, 2000, n° 11, p. 478.

493 V. points 89 à 91 des conclusions.

494 V. CJCE, 8 mars 2001, affaires jointes Metallgesellschaft Ltd et autres (C-397/98), Hoechst AG et Hoechst (UK) Ltd (C-410/98) contre Commissioners of Inland Revenue et HM Attorney General, Rec., p.I-1727.

495 V. CJCE, 5 juillet 2005, Aff. C-376/03, D. contre Inspecteur van de Belastingdienst/ Particulieren/ Ondernemingen buitenland te Heerlen.

famille ». En revanche, la convention conclue à La Haye le 16 juin 1959 entre le royaume des Pays-Bas et la République fédérale d'Allemagne ne comportait aucune disposition similaire.

Pour Monsieur D., un résident belge ayant des biens immobiliers aux Pays-Bas bénéficiait donc, dans ce dernier État, d'un traitement fiscal plus avantageux qu'un résident allemand, en particulier parce qu'il avait droit à un abattement dont le résident allemand ne bénéficiait pas. Aussi Monsieur D. a-t-il réclamé, en se fondant sur le principe de non-discrimination, que cette inégalité de traitement soit écartée au moyen d'une application, à son profit, de dispositions similaires à celles qui figurent dans la convention liant les Pays-Bas et la Belgique. Ce faisant, il ne faisait rien d'autre que de réclamer le bénéfice d'une clause de la nation la plus favorisée.

Dans son arrêt en date du 5 juillet 2005, la Cour a cependant refusé de faire droit à la demande de Monsieur D., et, partant, de reconnaître l'existence d'une clause de la nation la plus favorisée. Pour ce faire, elle s'est essentiellement fondée sur l'effet relatif des conventions fiscales.

Conclusion

En refusant de reconnaître de manière prétorienne l'existence d'une clause fiscale de la nation la plus favorisée au sein de l'Union européenne, la Cour a sans doute fixé les limites de la construction de l'Europe fiscale qu'elle avait entreprise durant les années 1990. Pour autant, cette construction reste solide, de sorte qu'elle est parfois contestée par les tenants de la souveraineté fiscale des États membres. Et quelle que soit l'appréciation que l'on porte sur l'opportunité d'une intervention jurisprudentielle en matière de fiscalité directe, il faut bien reconnaître que celle-ci est d'autant plus indispensable que les mesures d'intégration positive susceptibles d'être prises par le législateur communautaire sont difficiles à adopter.

Les dernières décisions de la Cour semblent toutefois montrer qu'elle souhaiterait que la construction de l'Europe fiscale soit désormais effectuée par la Commission, le Parlement et le Conseil, comme en témoigne l'arrêt Marks & Spencer qu'elle vient de rendre : « Il importe encore, dans ce contexte, de préciser que les États membres demeurent libres d'adopter ou de maintenir des règles ayant pour objet spécifique d'exclure d'un avantage fiscal les montages purement artificiels dont le but serait de contourner ou d'échapper à l'emprise de la loi fiscale nationale. (58) Par ailleurs, pour autant qu'il soit possible d'identifier d'autres mesures moins restrictives, de telles mesures nécessitent en tout état de cause des règles d'harmonisation adoptées par le législateur communautaire »[496].

Faut-il en conclure que la Cour semble désormais souhaiter que la construction de l'Europe fiscale se déroule à Bruxelles plus qu'à Luxembourg ?

---

[496] V. points 57 et 58 de l'arrêt Marks & Spencer.

LES ENJEUX NATIONAUX ET SOCIAUX

LE RÔLE DES ACCISES DANS LE SYSTEME FISCAL DE LA RUSSIE
(Aspect historique et social)

Dimitri Vladimirovitch ARONOV
Professeur à l'Université Technique d'Etat d'Orel

(Traduction d'Alexandre OVCHYNNYKOV)

Dans le système mondial de taxation les accises sont apparues un peu plus tard que les premiers impôts. Ils exigent un certain développement de l'administration fiscale. Pourtant ils ont occupé très vite une place importante dans les systèmes fiscaux nationaux et, même aujourd'hui, malgré leur complexité et leur finalité, les accises jouent un rôle social important.

LES ACCISES DANS LE SYSTEME FISCAL DE L'ANCIENNE RUSSIE

Cette période de l'histoire de la taxation en Russie ressemble beaucoup aux étapes similaires des pays de l'Europe occidentale. Les impôts étaient définis comme « butins de guerre » parce que le système de perception était envisagé comme une conquête militaire. Les accises et les impôts apparaissent là où l'Etat fonctionne avec les organes nécessaires à la perception de ces prélèvements fiscaux. Sous l'ancienne Russie, pendant le régime féodal de la période mongole et tatare, au début de l'Etat de Moscou existait seulement une accise sur le sel (impôt indirect du XII siècle).

Le système de perception de l'impôt sur le sel a connu des formes différentes. Sous le tsar Alexei Mikailovitch et au début du régime de Pierre le Grand, cette accise était devenue un monopole d'Etat (XVIII siècle). En 1812, après la guerre de Napoléon, le système d'accise est rétabli comme impôt jusqu'à l'année 1882.

Le sel qui n'était pas consommé avec la nourriture était exonéré de taxation.

A l'époque féodale il y eut des tentatives de créer une accise sur la bière et sur le miel. Mais à cause de la production et de la consommation communautaire de ces boissons (liées aux fêtes agricoles) ces accises furent rejetées.

L'apparition de la boisson russe la plus populaire - la vodka[497] - au milieu du XV siècle coïncide avec l'instauration d'un pouvoir central fort qui a pu utiliser cette accise comme source régulière de rentrées fiscales. Il faut ajouter que les rentrées financières relatives à la production de la vodka s'opéraient par deux formes : soit le procédé du monopole d'Etat, soit le système d'affermage. Avec le système d'affermage, la somme d'accise était payée à l'Etat par une personne (le fermier) qui avait reçu le droit de vendre la vodka sur un territoire pendant une période fixée.

La crise sociale la plus célèbre de cette période, provoquée par la politique maladroite suivie dans le domaine des accises, fut « la révolte salée » de Moscou en 1648. La hausse du montant de l'accise sur le sel entraîna une forte hausse des prix sur un produit essentiel à la consommation des gens – le poisson salé. Si la révolte fut neutralisée par les forces armées, les taux d'accises baissèrent par la suite.

A la même époque, quelques révoltes éclatèrent en réaction au montant des accises sur la vodka. Le passage du monopole d'Etat vers le système d'affermage entraîna des fraudes en masse, des falsifications des produits, un abaissement de sa qualité, l'expansion de l'ivrognerie, la négligence des semailles et par suite la faim. Finalement l'assemblée de *zemstvo* (administration locale) prit la décision de revenir au monopole d'Etat en 1651-1652.

Mais les besoins de financement du gouvernement imposèrent le retour au système de l'affermage en 1663, ce qui eut les mêmes

[497] D'après les caractéristiques chimiques et physiques de la production, il s'agit déjà de vodka, bien que le nom définitif soit consacré au milieu du XIX siècle. Avant, le terme « vin » était utilisé pour la vodka, et quand il s'agissait du vin véritable, son nom était tiré du lieu d'origine, de la production ou de ses caractéristiques.

conséquences sociales néfastes, rendant nécessaire le retour au monopole d'Etat sur la vodka en 1681.

A cette époque les facilités financières données par l'affermage apparaissaient plus importante pour l'Etat que les préoccupations sociales comme la santé de la nation et le niveau de vie de la majorité de la population. Sur les objets de luxe, et sur les vins importés (surtout sur les vins français), il n'y avait pas d'accises puisque jusqu'au XIX siècle il existait seulement les droits de douane sur les marchandises étrangères.

LES ACCISES A L'EPOQUE DES REFORMES DE PIERRE LE GRAND

L'époque de Pierre le Grand est connue comme une période de grande mutation. L'industrie se développe fortement, l'armée et la marine se forment, la politique extérieure devient très active, le gouvernement s'ouvre aux couches sociales inférieures. L'accroissement des dépenses de l'Etat exige de nouvelles ressources financières, si bien que les accises et les impôts commencent à jouer un rôle très important.

Les accises principales portaient sur le sel et sur la vodka. Dans la période de 1705 à 1716, Pierre le Grand utilisa le système d'affermage, mais, à cause de ses défauts, il décida de passer à un autre système de taxation par l'accise : la production de vodka était devenue libre et l'impôt dépendait de l'équipement utilisé et du volume de la production finie.

Durant les 150 années qui suivirent cette époque, le système d'accise subit de nombreux changements. En 1765, il fut interdit aux nobles de produire la vodka pour le commerce, et par conséquent ils furent exemptés d'accises. Par la suite tout le monde perdit le droit de produire la vodka et était contraint de l'acheter à l'Etat. Après la guerre de 1812, le tsar Alexandre I remarqua que le montant des accises perçues était tombé brusquement. Pour rétablir ces sources de revenus de l'Etat, en 1819, il établit le monopole d'Etat, ce qui permit au montant des accises perçues d'atteindre 70 % du budget par an.

Après la révolte de dékabriste en 1825, le nouveau tsar Nikolaï I, ayant supprimé le monopole de l'Etat, rétablit le système d'affermage. Il agit ainsi pour des raisons politiques, ce qui contribua au retard de la Russie par rapport à l'Europe, retard marqué par la défaite dans la guerre de Crimée de 1855-1856.

LES ACCISES A L'EPOQUE DU DEVELOPPEMENT DU CAPITALISME

La grande réforme de 1861, qui libéra les paysans du servage, joua un grand rôle dans l'histoire de la Russie du XIX siècle ; elle eut une influence décisive sur le rôle des accises dans le système fiscal. Le développement économique et l'accroissement de la population augmentèrent la consommation des marchandises soumises aux accises, poussant l'Etat à les conserver comme un élément important du système fiscal. Cette période est caractérisée par un taux de 65% des recettes issues des accises. De nouvelles accises furent fixées pour les autres groupes de marchandises.

En 1863 la Russie utilisait un système d'accises sur la vodka qui était similaire à celui des pays d'Europe. Finalement les revenus du trésor public sont passés de 100 millions de roubles à 85 millions en raison de la réduction du prix de revient des marchandises, le marché russe étant dominé par des produits de mauvaise qualité et frelatés. Les économistes russes de l'époque comparaient le monopole de l'Etat à un propriétaire diligent. L'analyse des conséquences économiques et sociales de l'accise sur la vodka conduisit à rétablir le monopole de l'Etat sur la production de vodka en 1894-1902.

La deuxième moitié du XIX siècle apporta une série de nouvelles accises dans le système fiscal de la Russie. L'économie de marché avait augmenté les accises sur les alcools, les tabacs, la production betteravière, les produits pétroliers, les allumettes et les levures. La plus ancienne accise sur le sel persista en Russie jusqu'en 1881. Les impôts indirects constituaient 65 % du budget en 1903 et 59% en 1913.

Durant la Première Guerre Mondiale, le gouvernement russe décida de ne pas produire d'alcool, ce qui amena une forte diminution des revenus de l'Etat (les recettes provenant de la production d'alcool représentaient le tiers du budget). Il fallut trouver de nouvelles sources de revenus pour le budget et des projets de réforme du système fiscal basés sur une autre répartition de la part des impôts directs et indirects furent élaborés. Mais la crise provoquée par la situation de guerre, les fautes de gestion de l'Etat, la diffusion en masse de l'idéologie extrémiste aboutirent à la révolution de 1917 et à l'expérimentation sociale de la construction d'une société d'un type nouveau en Russie.

L'analyse de la politique de l'Etat dans le domaine des accises aux XIX-XX siècles nous montre que le gouvernement avait tenté de réaliser les fonctions de réglage et de stimulation par l'impôt.

LES ACCISES A L'EPOQUE DU SOCIALISME

Les accises de cette époque étaient au fond des instruments de contraintes. L'un des paradoxes était la contradiction entre le slogan d'une priorité de la politique sociale en faveur des intérêts des travailleurs et la réalité de la mise en oeuvre. Cette période de l'histoire du système fiscal se caractérise par la plus grande hypocrisie parce que les changements fiscaux étaient présentés sous le masque de la démagogie politique d'un Etat des travailleurs et des paysans vivant dans la prospérité.

La période initiale est marquée par l'absence des accises et des impôts. La réalisation de la « politique du communisme militaire » (quand l'appareil de l'Etat remplissait les fonctions de contrôle et de distribution en éliminant de l'économie les relations de marchandises et d'argent) n'a laissé aucun instrument fiscal à l'exception de la confiscation. Après la guerre civile en Russie, vint la période de reconstruction de l'économie et du développement d'un système fiscal avec les accises qui complétaient le budget de l'Etat à hauteur de 14 (1924), jusqu'à 24% (1927). En 1923 l'Etat reprit la production des boissons alcoolisées sous son monopole, système qui perdurera jusqu'en 1992. 12 nouvelles accises furent introduites en 1921 : sur le vin sec, sur les allumettes, le papier à cigarettes, les produits de pétrole, la bière, le miel, le kvas (boisson fermentée russe), le sel, le sucre, le thé, le café, la chicorée, les levures. L'année 1923 vit l'instauration de l'accise sur le textile et de l'accise sur le caoutchouc. Les entreprises qui produisaient les marchandises taxables étaient les redevables de ces accises. Formellement les impôts indirects furent supprimés par une réforme fiscale de 1930-1932. Le paradoxe de la situation consiste en ce que l'imposition pesait sur les couches sociales pour lesquelles la Parti communiste avait accompli le Révolution d'Octobre 1917.

Une place particulière dans le système d'accises fut occupée par l'impôt sur le sel. Ayant existé pendant la période de 1921 à 1927, il était le seul moyen de taxation de la population rurale du pays. Pour compenser sa suppression furent créées les accises sur les parfumeries et les cosmétiques, ce qui s'explique par la tendance à alléger les accises sur les objets de première nécessité en les remplaçant par les accises sur les autres marchandises.

A l'époque du socialisme les véritables accises, au sens moderne, n'existaient pas (sauf à l'époque de la nouvelle politique économique de 1922-1929). Il s'agissait de procédés de taxation typiques de la Russie pendant la période allant de la naissance de l'Etat jusqu'à l'année 1917. Naturellement dans les années du pouvoir soviétique, il n'y avait pas de système d'affermage, et toutes les marchandises soumises aux droits d'accise constituaient le monopole de l'Etat, permettant de prélever les ressources des citoyens, malgré la politique affichée du bien-être de la population. Ainsi le cercle du système socio-économique absurde et paradoxal se referme.

LES ACCISES DANS LE SYSTEME FISCAL DE LA RUSSIE DU XXI SIECLE

Le retour de la Russie vers les principes de l'économie de marché, avec le rôle principal de l'Etat dans tous les domaines de la vie publique, donne aux accises une importance économique et sociale dans le système fiscal moderne. Aujourd'hui, dans notre système fiscal, il existe des accises sur l'alcool, les tabacs, les objets de luxe, quelques matières premières. Parfois, des critiques sont émises quant à leur utilité économique (exemple des camions de faible charge utile). Dans son ensemble elles remplissent les fonctions traditionnelles pour la redistribution des surprofits de la production de certaines marchandises.

THE TAXATION OF ITALIAN ARTISTS AND SPORSMEN ABROAD AND NON RESIDENT ARTISTS AND SPORTSMEN IN ITALY

Mario GRANDINETTI
Professeur associé à l'Université de Turin

THE TAXATION OF ITALIAN ARTISTS OR SPORTSMEN ABROAD THE ITALIAN

Tax system, for individuals, is based on worldwide principle. According to Article 2 of the Italian income tax code (T.U.I.R.), while residents are taxed on the worldwide income, non residents are subject to tax only for the income produced in Italy. An individual is deemed to be resident if for the majority of the fiscal period (183 days) it is alternatively :

a) resident according to the Italian Civil Code ;

b) domiciled in Italy in accordance with the meaning of the Italian Civil Code ;

c) registered within the Official Register of the resident population

The income produced by Italian artists and sportsmen is subject to individual income tax (IRPEF), and so under the progressive rates. Currently, the structure is the following : .

So, if for example an Italian artist or sportsman produces in the 2004 fiscal year income in Italy and abroad for 40.000 euro, 30.000 in Italy and 10.000 in Germany ; he bears expenses for 1.000 euro and consequently he suffers a withholding tax of 2.500 (25 percent of 10000), how many has the taxpayer to pay in Italy? Is there a tax credit?

INCOME 2003/2004		INCOME 2005	
up to a 15000	23%	up to a 26000	23%
15000-29000	29%	26000-33500	33%
29000-32600	31%	over 33500	39%
32600-72000	39%	Over 100000	39% + 4%* = 43%
over 72000	45%		

N.B. : in euros

* contributo di solidarietà : in fact, it is another tax rate

Before so, we have to underline that the Italian tax legislation provides a no-tax area[498]. For simplicity, we assume in our example a no tax area equal to zero. So, the figures will be the following :

World-wide income	37.500
Net foreign income	7.500
Italian tax burden[499]	10.015
Foreign tax burden	2.500
Foreign tax credit[500]	2.003
Double Imposition (Economical)	497

[498] Article 11 of the new Italian tax code. It permits a base deduction for any kind of income (from dependent work, from independent work, etc) and an additional deduction that is different for each income. The base deduction is 3000 euro. The additional deduction for dependent work is 4500 euro, for income from pension is equal to 4000 euro, 1500 euro for income from independent work. It is not possible to accumulate the different deduction. The calculation of the no-tax area is the following: [26.000 + deduction (7.500 or 7000 or 4500) + deductible expenses – total income-tax credit on dividend*]/26.000. If the result is equal to 1 or plus, the taxpayer may use the deduction entirely (7500 or 7000 or 4500). If the outcome is equal to 0 or less, it is not permits any deduction. For results between 0 and 1, the deduction is achieved multiplying the result for the single deduction)

[499]The Italian tax burden will be equal to 10.015 euro (23percent*26000+33percent*7500+39percent*4000).

[500] Article 165 Italian Tax Code, the foreign tax credit is 2.107, 4 [(7500/37500)*10.015].

The Italian taxpayer is not entitled to a full tax credit for his foreign taxes, there is an economical double imposition (407 in our example). In any case, according to article 165 of Italian tax code, the tax payer may carry-back or carry-forward the tax credit for a period of eight years[501].

THE TAXATION OF NON RESIDENT ARTISTS OR SPORTSMEN IN ITALY

Before we start to discuss the tax treatment of the non resident artists and sportsmen, it could be useful to describe the general tax policy on this matter. According to OECD Commentary, each national tax system has to identify some elements to tax foreign artists and sportsmen, like for example the method of taxation and the fiscal treatment of the expenses.

Many States apply a withholding tax on income from artist and sportsmen, final or as account, and generally the rule regards non-resident independent worker. Differently, some countries like United Kingdom and Norway, have a specific principle on this point. In particular, there is a preliminary ruling in which the tax administration gives its opinion about the expenses that could be deducted[502].

The Italian tax legislation (article. 25, paragraph 2, Presidential Decree. 600/73), provides a withholding tax of 30 percent, and moreover it does not consent the deduction of the expenses[503].

THE OECD MODEL CONVENTION ON ARTICLE 17. THE UNITED MODEL TREATY POSITION

The OECD model Convention contains a special rule for the tax treatment of artists and sportsmen[504]. Unlike independent (article

[501] There is a limitation concerning the amount of tax credit, for further information see Art. 165 of the Italian Tax Code.
[502] D. Molenaar, Obstacles for international performing Artist, in European Taxation, 4/2002, p.149 (p.151)
[503] For the compatibility of this legislation with the EU legislation see par.5

14 OECD model) and dependent workers (article 15 OECD model), article 17 gives the power to tax to the source State, independently from a presence of permanent establishments or the period of permanence.

The main reason regards the type of the activity, usually limited for brief period of time, and in addition the issue regarding the exchange of information. In this context it is important to understand what artist or sportsman mean from a juridical point of view. Paragraph 1 of article 17 does not include a definition of artist or sportsman, but gives just a list regarding artists, while any provision concerns sportsmen. In accordance with OECD Model Convention the list is not exhaustive[505]. It is possible to include other categories of taxpayers keeping the same characteristics in comparison to precedent categories.

In particular, the most important element regards the link between the production of income and the public exhibition, it necessarily has to be present. Moreover, performance must have an artistic or entertainment characteristic[506]. This disposal has to be considered with other provisions of the OECD Model Convention, such as article 12 (royalties) and 14 (independent worker), to avoid a different qualification of the case or better to eliminate their effect.

Although, there is not a precise definition of sportsmen, it should include not only the participants at the traditional sport events (like Olympiad), but also golf players, tennis players, etc,

---

[504] Par. 1- Notwithstanding the provision of article 14 and 15, income derived by a resident of a Contracting State as an entertainer, such as a theatre, motion picture, radio or television artiste, or musician, or as sportsman, from his personal activities as such exercised in the other Contracting State, may be taxed in that other State.
Par. 2 – Where income in respect of personal activities exercised by an entertainer or a sportsman in his capacity as such accrues not to the entertainer or sportsman himself but to another person, that income may, notwithstanding the provision of article 7, 14 and 15, be taxed in the Contracting State in which the activities of entertainer or sportsman are exercised.

[505] Model tax convention on Income and on Capital (2003), Commentary on article 17, par.1, p.206

[506] K. Vogel et al., Klaus Vogel on Double Taxation Convention, 1997, Deventer, Commentary on Article 17 (par. 13a); it should not include writers, composer or speaker or at last cameramen.

here it is not important the professionalism within of the performance[507].

As far as the income is concerned, it is important to underline that in the income of artists and sportsmen are considered only the remunerations, directly and indirectly connected with the performance. Differently, there will be another qualification and the case should fall under article 12 or article 7 of the OECD Model Convention. Normally, it is difficult to distinguish between them. For instance, it is too hard to qualify the income from a sportsman for an advertising contract linked with his activities, regarding his clothing for example[508].

The OECD, within Commentary and a survey on this topic[509], has given a solution excluding the application of the article 12 or the article 7. In this case the source will be the article 17. The OECD does not give a solution regarding how this income should be taxed. Moreover, when the remuneration concerns different type of services, what part of income has to be treated according to article 17 ? In both cases, the rules have to be established from each State.

With regard to paragraph 2 of the article 17, it contains an anti-avoidance rule to avoid that payments directed to artists or sportsmen, via entities, were subtracted to taxation from the source State. In particular, according to look-trough approach, even if the payment is directed at people different from artists or sportsmen, the source State could tax that income independently from the third taxpayer residence[510].

This provision, may also be applied when the artistic performance is made by orchestra (different legal entity). In accordance with OECD Fiscal Committee, in this case the situation falls under article 17, par.2 because the payment is directed to a

507 K. Vogel et al.
508 D. Sandler, Taxation of non-resident entertainers, The Hague-London-Boston, 1996, p.15.
509 OECD, Taxation of Entertainers, Artistes and Sportsmen, Paris, 1987.
510 R. Betten- M. Lombardi, Article 17(2) of the OECD Model in triangular situations, does article 17 (2) apply if the artiste or sportsman is resident in a third State? in Bulletin, 12/1997, p. 560.

person different from artist or sportsman[511]. This interpretation means that such rule does not concern only elusive operations.

The U.S. Model Treaty states on this point : " Income derived by a resident of a Contracting State as an entertainer, such as a theater, motion picture, radio, or television artiste, or a musician, or as a sportsman, from his personal activities as such exercised in the other Contracting State, which income would be exempt from tax in that other Contracting State may be taxed in that other State, except where the amount of the gross receipts derived by such entertainer or sportsman, including expenses reimbursed to him or borne on his behalf, from such activities does not exceed twenty thousand United States dollars ($20.000) or its equivalent for the taxable year concerned ".

That means, if a non resident artistes or sportsman makes more than $20.000 in any fiscal year, the country of source may tax the income even when it normally would not be able to do so. All amounts may be taxed in the State of performance.

Many Treaty signed between the United States and other States (like France and Italy for example), provides a different limit for the amount ($ 10.000 for France and $12.000 for Italy) and time present in the country[512].

So, the main difference between the United States Model Treaty and the OECD Model Convention concern the limit of dollar amounts and the time threshold[513]. Moreover, part of United States scholar[514] contests the OECD 1987 studies[515] because in the 1959 Commentary and 1987 report is not discussed why artistes and athletes are more of a risk of underreport source country income than other taxpayers. According this scholar, there is zero

[511] OECD, Taxation of Entertainers, Artistes and Sportsmen, Paris, 1987, (p.3) (p.56)
[512] For example the article 17 of the Convention between Italy and United States provide ...... "(b) such entertainer or athlete is present in that other State for a period or periods aggregating more than 90 days in the fiscal year concerned".
[513] For a deepening analysis see C. Berry, Taxation of U.S. athletes playing in a foreign countries, in Marq. Sports Law Review, 2002, pag. 30.
[514] J. Nitikman, Article 17: An argument for repeal, in International Tax Review, 2001, pag. 45.
[515] OECD, Taxation of Entertainers, Artistes and Sportsmen, Paris, 1987.

statistical data presented to prove the very assertion on which the 1987 report is based.

RULING N°12 OF FEBRUARY 9, 2004

The Italian tax authorities issued a ruling regarding the tax treatment of payments to a German resident artist with respect of broadcasting or reproduction of literary, dramatic, musical or artistic work in Italy.

Under Italian domestic tax law, royalties paid to non residents are subject to a 30% withholding tax on 75% of the payment. Article 12, paragraph 1 and 2 of the Italy-Germany income tax treaty states that royalties arising in a state and paid to a resident of the other state may be taxed in the first state but, if the recipient is the beneficial owner of the royalties, the tax so charged may not exceed 5% of the gross amount of the royalties.

Paragraph 3 of article 12 of the same treaty, however, states that copyright royalties and other similar payments in respect of the production or reproduction of any literary, dramatic, musical or artistic work, including royalties in respect of cinematograph films and films or tapes for radio or television broadcasting, are taxable only in the state of residence of the beneficial owner of the royalties.

The Italian tax authorities decided that the payment fell within art 12, paragraph 3 of the Italy Germany treaty and was, therefore, not subject to withholding tax in Italy. The ruling was based on paragraph 18 of the OECD commentary on art. 12, which, with reference to an orchestral concert given by a conductor, state that the ultimate fee paid to the conductor for his performance and for any simultaneous radio broadcast should fall within the scope of art. 17 (artists and sportsmen). Conversely, par 18 of the commentary also states that, if the musical performance is recorded and an artist is paid royalties on the sale or public performance of the records, the payment should fall within art. 12 of the treaty.

THE ITALIAN MINISTER TREND

Before the n. 12/E of February 9 2004, the Italian Minister expressed its opinion twice on the issue, in 1996 and in 1999. In both cases, the matter regarded the correct interpretation of the OECD model Convention (art. 17) in connection with the Italian legislation.

In 1996, with resolution n. 15/E of January 15, the controversy concerned Chinese artists who performed some exhibitions in Italy. According to Italian Minister, the income derived from the public performance has to fall under article 17 of the Model Convention and not under article 14 (independent profession), and consequently has to be taxed under Italian legislation. In addition, it is important to underline that in this case the income was not directly attributed to the artist because the formal beneficial was a foreign representative agent.

With regard to this issue, the Italian Minister took an important position because it decided that, in conformity with the art. 17 par. 2 of the Model OECD Convention, the Italian legislation applies the look-through approach, in other words the income is taxed in Italy independently to the juridical entity, legislation considers the artists or the sportsmen as beneficial owner. Here, the attribution of income to the artist or to the company does not assume juridical relevance.

In the second case[516], the matter concerned the income derived from a French employee. The point regarded whether the qualification of the income falls under the legislation on border workers (art.16) or under the one of artist and sportsmen (art. 17). The income falls under the Italian tax system because it refers directly to the artist. Moreover, the Italian Minister answered underlining pointing out that the Italy-France tax treaty does not provide a derogation of the article 17, in which the single State may derogate at the standard taxation system.

---

[516] Resolution n. 145/E of September 10 1999

THE CASE-LAW OF THE EUROPEAN COURT OF JUSTICE (GERRITSE CASE)

In the Gerritse decision, the ECJ has decided again whether a domestic legislation – the German one – is compatible with the European principle of non discrimination. German law is quite similar to the Italian one and provides for a different tax system with respect to the services of an artist, depending on his residence. In case of gains of a non resident natural person, the tax system provides for a withholding tax, irrespectively of the production expenses.

In the preliminary ruling, the plaintiff and the Berlin Finanzegericht have complained about the German legal order with respect to different aspects. On one hand, they have deemed the taxation of non residents as discriminatory, because of taxation on income is not free from the expenses affecting the activity. On the other hand, they also complained about the withholding tax system, because that mechanism could not allow the functioning of the ordinary "minimum exempt" regime.

With respect to the first issue, the European Court has decided that the lack of a provision which provides for the deduction of expenses, affecting the production of income, is incompatible with the freedom of service ex Article 49 and, in particular, with the principle of non discrimination. The legal grounds are in paragraph 27 of the decision, which stipulates that "professional expenses are directly connected to the activity which generated the income taxed in Germany, so that residents and non residents are in a similar situation.

Although the preliminary remarks are sharable, the conclusions need to be specified. The direct comparison of the tax treatment of residents and non residents could not be the object of the match, since those categories of subjects are in an objectively different situation. Actually, the comparable situation should only be the income produced in Germany, irrespectively of the residence.

The territorial link which is relevant with a view to the income location is the one of the place where the taxable service is rendered, and not the one where the income holder is placed. Therefore, since the expenses borne in order to produce income in

Germany are objectively connected to those proceeds (and independent from the personal situation of the holder), the denial of deduction is incompatible with the freedom of service.

The Court's conclusions, with respect to the lack of extension of the "minimum exempt" regime to non residents, are less sharable. As already said, the Court starts from the statement that "in the field of direct taxation, the situations of residents and non residents are, as a rule, not comparable (paragraph 43 of explanation). It must be taken into account that the comparison between resident and not resident natural people is only admissible when the non resident person gets the whole or the essential part of his income in the source State. As a consequence, it is not the source State that is in charge of grant the "vital minimum" (or equivalents means of taxation on the effective taxable ability of the subject), but it is the residence State which is in charge (paragraph 44 of explanation).

Nonetheless, if these preliminary remarks are correct (and so also the first part of conclusions), it is not clear why a tax rate slightly superior to the one applicable to resident people with an equal amount of income should be discriminatory.

If the two cases are not comparable, then there are no limitations in tax rating. While the withholding tax is applicable just to one tax event of the taxpayer, which is part of the whole income of the non resident, progressive tax rates of the ordinary tax system are applicable on the tax base which shows the complete ability to pay affecting a resident taxpayer (or else to a taxpayer who produces the whole, or nearly the whole of his income in the source State). They are the result of political choices which have to do with different criteria and elements.

Although the Court denies the comparability between residents and non residents, it stipulates that "according to the progressivity, non residents are in a comparable situation, so that the application to the first ones of a higher tax rate than the one applicable to the second ones is an indirect discrimination prohibited from the European law , in particular from art. 60 of the tax treaty. (par. 53 of the decision). In other words, if the non resident tax treaty is not comparable to non residents one, limiting the perspective only to German tax system, the conclusion, according tot he Court, is opposite if we consider the State of residence tax treatment. According to this point of view, the two subjects are in a comparable situation.

Nevertheless, this situation could not be the consequence of the non discrimination principle. The first condition to the application of this principle is the necessity to compare two situations in the light of one single legal order and of same rules. It is hard to say that one taxpayer is in the same situation of another one just considering two different legal orders, because two legal orders are not comparable, according to their nature[517].

On the basis of the above mentioned considerations, the Italian tax legislation is discriminatory because it goes against the Treaty disposition (art. 59 e 60) by not allowing the deduction of the expenses. In fact, according to Italian tax legislation as exposed in paragraph 3, the final withholding tax on these incomes is 30%. Differently, a resident taxpayer would pay with progressive rates. So, before arriving to an average rate of 30%, the Italian taxpayer should own an income equal to 51.200 €[518]. In this way, for all incomes under this value (51.200 €), it would be a transgression of the Treaty, as demonstrated by the second conclusion of the decision.

FINAL REMARKS

The final withholding tax method, usually utilised by national tax legislation, is advantageous to simplify the way to tax this kind of income. Indeed, it is too hard for who pay the income to examine the cost incurred in the State of the performance. This type of analysis should be done between the taxpayers and the national tax administration, but in this manner the method would lose the simplicity. Moreover, a lot of artists and sportsman, usually, prefer the withholding tax in the State of source and then they utilised the expenses in the State of residence.

---

[20]See, F. Vanistendael, Bosal?!, in EC Tax Rev., 2003, p. 192.

[518] (26.000*23%+7.500*33%+17.700*39%=15.366 (gross tax). (gross tax/taxable income)*100= income average rate = (15.358/51.200)*100= 30%.

According my opinion, from the national tax system point of view, could be better to establish case by case the deduction of the expenses and so to render optional the final withholding tax method and to introduce a tax rate differentiated system in which the tax administration could indicate which is the system to follow to avoid any kind of infringement of the EC Treaty.

From the OECD point of view, after the 1987 Report, could be use useful to publish a guidelines in the line with the evolution of this activities and so, to try to analyse not only the problem concerning the tax avoidance but also the tax discrimination.

LA FISCALITE COMME VECTEUR DE L'ATTRACTIVITE DU TERRITOIRE

Christian LOPEZ
Maître de conférences à l'Université de Cergy-Pontoise, CERAP

Les deux termes « attractivité » et « fiscalité » apparaissent de prime abord comme contradictoires. L'impôt peut-il être attractif ? L'attractivité est souvent à tort assimilée à la compétitivité qui peut se définir comme « la capacité d'une nation à améliorer durablement le niveau de vie de ses habitants et à leur procurer un haut niveau d'emploi et de cohésion sociale »[519]. Quant à l'attractivité, la plupart des rapports officiels la définissent comme la capacité pour un pays d'attirer les diverses activités des personnes physiques et morales.

Par ailleurs, au-delà de cette définition très officielle, un impôt attractif est avant tout un impôt qui est reconnu comme légitime par les contribuables. Cette question est au centre des relations qui se nouent entre l'individu et l'Etat, autrement dit du lien social. Elle fait également partie des grandes interrogations qui s'expriment sur le rôle que doit jouer le secteur public dans les sociétés contemporaines, sur son mode de financement et sur le nécessaire équilibre à trouver entre solidarité et liberté. Dans ce débat, la place du pouvoir fiscal est primordiale et sa légitimité dépend très étroitement de celle que l'on accorde à l'impôt.

[519] Voire les travaux de Krugman P., « Increasing returns and economics Geography », *Journal of Political Economy*, vol.99, 1991, p.483-499 ; « Competitiveness : A dangerous obsession », *Foreign affairs*, 03/04 1994 ; Krugman P. et Venables A.J., « Integration, specialization and adjustment », *European Economic Review*, 1996, vol. 40, pp. 959-967; Conseil européen extraordinaire de Lisbonne: Vers une Europe de l'innovation et de la concurrence.

L'impôt fait partie de ces sujets qui cultivent les paradoxes. Il est considéré tour à tour comme étant injuste, douloureux, indispensable ou légitime. Même si celui-ci est de plus en plus technique, il traduit des choix de société fort souvent en inadéquation avec le discours politique.

Les prélèvements obligatoires (somme des impôts et des cotisations sociales) sont souvent accusés de grever la compétitivité en augmentant les coûts de production. Ces prélèvements se situent pour la France dans la moyenne européenne haute. Et de manière générale, les économistes s'accordent à dire qu'il n'y a pas de relation empirique évidente entre le niveau de vie et les prélèvements, il n'y en a pas non plus entre croissance et prélèvements.

Soulignons que les prélèvements financent des dépenses nécessaires, qu'il faut bien payer d'une manière ou d'une autre, comme par exemple les dépenses de santé, d'éducation, de recherche ou de sécurité[520]...

Il est toujours possible de réduire les impôts en privatisant ces secteurs, mais ce transfert de charges vers les entreprises ou les ménages continuera à peser sur les coûts de production.

Ainsi par exemple, les entreprises seront contraintes de payer une assurance santé complémentaire à leur personnel ou celui-ci exigera un salaire plus élevé pour payer sa protection sociale.

Par contre, d'autres dépenses sont évitables, dans le sens où elles résultent de choix. Certaines ont des effets indirects et incertains, comme les dépenses militaires. D'autres renforcent l'attractivité du territoire face aux autres pays, comme les dépenses de recherche.

Le problème n'est pas le niveau des prélèvements obligatoires, mais l'efficacité des dépenses publiques, sources d'attractivité du territoire, comme en témoignent les investissements étrangers puisque la France se maintient depuis plusieurs années à un niveau très élevé[521].

---

[520] *Politis*, jeudi 8 avril 2004, « Impôts et justice sociale », Vincent Drezet, secrétaire du syndicat national unifié des impôts (SNUI).
[521] 3ème rang mondial derrière les EUA et le Royaume-Uni.

Il convient donc d'être attentif aux conditions économiques et sociologiques de la légitimité fiscale comme à ses conditions juridiques et administratives pour tenter de définir l'impôt comme source d'attractivité.

UNE FISCALITE ACCEPTEE COMME SOURCE D'ATTRACTIVITE

La majeure partie des travaux réalisés sur l'attractivité fiscale laisse entendre que le capital a vocation, dans le cadre de la mondialisation, à suivre les zones à faible fiscalité. La redoutable argumentation chiffrée des analyses économiques apporte bien souvent des limites aux a priori dogmatiques de certains commentateurs de la fiscalité. La délicate question de l'attractivité fiscale d'un pays a été traitée notamment par des auteurs ayant cherché à donner des fondements théoriques à cette notion[522].

L'attractivité fiscale sous le prisme des économistes

Selon un modèle traditionnel de concurrence fiscale, est mise en place « une spirale à la baisse des taux d'imposition qui se révèle socialement sous-optimale, et ce d'autant plus que le capital est mobile »[523]. La fiscalité a alors vocation à se déplacer vers le travail entraînant des effets dévastateurs pour des économies axées sur le capital. C'est généralement ce modèle de concurrence fiscale dommageable qui est avancé par les fiscalistes pour expliquer les enjeux de la fiscalité du capital en Europe. Mais dans un cadre de grande agglomération, les rendements d'échelle et la mise en œuvre d'une concurrence monopolistique peuvent se révéler favorables à « l'instauration d'écarts de taux de taxation »[524]. Les agglomérations développent de tels atouts, que la concurrence fiscale n'entraîne pas automatiquement des taux d'imposition trop

[522] Coeuré B. et Rabaud I., « Attractivité de la France : analyse, perception et mesure », *Economie et statistiques*, n°363-364-365, 2003 p.97-120.
[523] idem p.101.
[524] Ludema R.D. et Wooton I., « Economic geography and the fiscal effects of regional integration », *CEPR Discussion Paper*, n°1822 1998 ; Anderson F. et Forlid R., « Tax competition and economic geography », *Journal of Public Economic Theory*, vol.5, n°2, 2003, p.279-304.

bas, à partir du moment où le facteur mobile est concentré et que les pouvoirs publics en tirent une assiette suffisante. Ce phénomène est d'ailleurs conforté par le fait que « les régions périphériques » n'ont aucun intérêt à déclencher une guerre au moins-disant fiscal pour essayer d'attirer les activités économiques car les régions plus riches pourront répondre par des taux encore plus bas[525]. Les effets d'une concentration économique source d'une taxation ne répondant pas à la course au « moins disant fiscal » s'expliquent d'autant plus facilement que les impôts prélevés permettent de financer les infrastructures nécessaires au développement économique comme les transports, les communications, la sécurité publique et financière, l'éducation et la formation.

La fiscalité peut ainsi apparaître comme un élément accessoire pour l'attraction des activités économiques. Concernant les bases mobiles, la fiscalité n'apparaît pas comme le seul élément pour les attirer. Les travaux de certains économistes[526] ont démontré que l'implantation dans un pays ou dans une région de ce pays résultait souvent de négociations avec les pouvoirs publics faisant ressortir une modélisation des rapports entre les investisseurs privés et les différents pays ou régions. Les entreprises n'hésitent plus à engager des négociations avec plusieurs zones géographiques. C'est ainsi que sont expliquées les politiques d'exonérations fiscales totales ou partielles. Il en ressort que c'est le pays qui bénéficiera de la productivité la plus forte qui attirera l'investisseur privé, même si les concessions fiscales des pouvoirs publics ont été mineures. Par contre, plus cette productivité s'apparente entre diverses régions, plus la marge de négociation des entreprises est élevée : « en les mettant systématiquement en concurrence, l'investisseur peut ainsi obtenir des conditions financières très avantageuses », ce qui entraîne souvent des pertes budgétaires conséquentes pour les collectivités locales. Selon Thierry Madiès[527], il est possible d'utiliser les modèles d'économie

---

[525] Madès T. « Les politiques peuvent-elles influer sur la localisation des entreprises multinationales ? », *Economie et statistiques*, n°363-364-365, 2003 p.121-127.

[526] V. notamment les travaux de Bond E.W. et Samuelson L., « Tax holidays as signals », *Americain Economic Review*, 1986, vol.76, p.820-826 ; Doyle C. et Van Wijnbergen S., «Taxation of foreign multinationals : a sequential bargaining approach to tax hollidays », *International Tax and Public Finance* , 1994, n°1 p.221-225.

[527] op. cit., p.21 : l'issue de la concurrence entre régions pour attirer une entreprise dépend :1°) des capacités d'investissement de chaque région, 2°) des

industrielle pour décrire la compétition entre les régions. Il arrive qu'elles réalisent des coûts d'investissement sans assurances de la concrétisation de l'installation de certaines entreprises. C'est une politique à haut risque qui peut s'avérer onéreuse pour la collectivité.

Depuis les années 2000 les études sur l'attractivité fleurissent, la plus souvent citée étant le rapport « Charzat »[528] soulignant des causes différentes au manque d'attractivité sur le territoire des investisseurs étrangers[529]. De manière générale l'attractivité s'évalue par rapport à la capacité que possède un territoire à attirer et retenir les capitaux mais également les compétences sources de développement économique. Ces études tentent de révéler les critères déterminants à l'origine de la décision d'implantation. Sans négliger l'impact de la fiscalité, les rapports préconisent d'améliorer l'environnement général des entreprises, de simplifier et de stabiliser la réglementation du travail, et enfin de renforcer la recherche. Si les considérations financières d'installations des entreprises (subventions, exonérations fiscales temporaires…) sont importantes pour les entreprises, celles-ci valorisent avant tout la capacité de mise en œuvre d'infrastructures adaptées à la zone géographique concernée pour prendre le choix d'installation. Le rôle de ces régions pour attirer les activités créatrices d'emploi ne se limite plus à un seul aspect financier mais à une politique à plus long terme de valorisation des atouts majeurs pour attirer les entreprises. Pour ce faire, les lois de finances successives jouent

effets induits de cette localisation à la fois pour l'entreprise entrante et pour les entreprises déjà installées et 3°) de l'adaptation des infrastructures publiques locales aux besoins de l'entreprise ; Jullien B, Rychen F., Soubetran A., « Dépenses publiques disparités locales et attraction des activités économiques », Document de travail, Université de la Méditerranée.

528 Charzat M., Rapport au premier ministre sur l'attractivité du territoire français, La documentation française, Paris, 2001.

529 Agence Française des Investissements Internationaux, « Les résultats 2001 de l'enquête AFII sur les décisions d'investissements étrangers en France » ; Chabanas N., « Les entreprises françaises des groupes vues à travers les enquêtes liaisons financières de 1980 à 1999 », Document de travail Ibsee n° 04/2002 ; Coeuré B., Rabaud I., « Connaissance de l'attractivité de la France : problématique et besoins statistiques », dans *Les investissements directs de la France dans la globalisation : mesure et enjeux*, Actes du colloque de la Banque de France du 20 mars 2002 ; Commissariat général du plan, Rapports sur les perspectives de la France, Rapport de la commission de concertation présidée par J.-M Carpin, La documentation française, Paris 2000.

plus un rôle d'accompagnement que d'orientation décisive à la décision.

La globalisation à l'origine des dernières orientations des lois de finances

La globalisation peut se définir comme « l'émergence et la réalisation d'une économie dont les modes de fonctionnement et l'organisation se situent au-delà des Etats »[530]. Dans ce contexte, les effets de la mobilité du capital jouent un rôle primordial avec 1000 milliards d'euros de flux internationaux. Dans un marché international où la plupart des transactions s'effectuent dans un cadre intragroupe, la répartition des zones géographiques des profits s'effectue en fonction du poids des systèmes d'imposition. La globalisation contribue à la délocalisation des profits en reposant sur des procédés dits « d'optimisation fiscale » que les Etats doivent consentir au risque d'en subir les contrecoups. Mais limiter l'analyse en des termes uniquement d'économie fiscale est réducteur. Définir les contours de la sphère publique est alors évidemment essentiel. Quels besoins sociaux à satisfaire, quels biens et services publics, comment garantir et oeuvrer pour l'intérêt général ? Autant de choix de société qui conduisent nécessairement à la question du financement et des modalités de celui-ci. Ainsi, en privilégiant tel ou tel impôt, telle ou telle règle d'assiette, est modifiée sensiblement la répartition de la contribution entre les catégories de contribuables (ménages plus ou moins aisés, entreprises). Les choix fiscaux des dernières lois de finances montrent une volonté de réduire l'impact de toute progressivité de l'impôt réduisant ainsi la répartition de la contribution collective en raison des capacités contributives. Seule une minorité bénéficie des baisses de l'impôt sur le revenu et des « niches fiscales ».

Nous ne sommes pas si loin de la conception de la politique fiscale établie par Leroy-Beaulieu, qui, au XIX siècle, précisait que « les petits revenus forment de beaucoup la plus grande masse de l'ensemble des revenus d'une nation : si on adoptait un impôt progressif modéré, il ne rapporterait guère plus qu'un impôt proportionnel ; si l'on établit au contraire un impôt à progression

---

[530] Depoulot R., « Quelles statistiques d'entreprises pour améliorer la globalisation ? », *La lettre du SSES3*, 2003, Nouvelles du système statistique d'entreprise.

rapide et forte, il prélève une telle part du revenu de certaines classes de citoyens qu'il pousse à la dissimulation des fortunes, à l'émigration des capitaux, [...] et qu'il décourage l'esprit d'entreprise ».

La question de l'attractivité du territoire se résume aujourd'hui par une volonté quasi générale de baisse des impôts. Cette baisse rendrait la France plus attractive, ce qui profiterait à la croissance, et, finalement, à l'emploi. Ce discours pré-établi semble occulter trop rapidement le fait que les infrastructures publiques ou les systèmes d'éducation et de santé sont des atouts majeurs pour un territoire dont l'attractivité globale est reconnue. Le thème de l'insécurité économique et sociale juxtaposé au discours dominant de fuites des fortunes privées et des investisseurs, entoure les revendications de baisse des impôts. Les récents chiffres publiés par l'OCDE en matière d'investissements directs étrangers, les annonces du gouvernement et le débat qui les entourent l'ont encore montré : l'attractivité du territoire français ne doit pas se laisser enfermer dans le piège de la « nécessaire » baisse des prélèvements obligatoires et du « trop d'impôts, trop d'Etat, trop de charges sociales ». Le constat établi par la dernière loi de finances[531] et son contrôle constitutionnel[532] tentent de justifier la baisse des impôts et plus particulièrement de la progressivité de l'impôt, ou encore la création de zones franches et de statuts fiscaux dérogatoires opposés à la conception d'une fiscalité juste, instrument de financement du bien public et de corrections des inégalités.

Les délocalisations des personnes physiques :

Les délocalisations des personnes physiques n'ont pas augmenté contrairement au discours non justifié. La Direction Générale des Impôts a ainsi établi que le nombre total de contribuables ayant transféré leur résidence à l'étranger s'est élevé à 25.000 personnes sur 1997 et 1998. L'étude (la plus récente connue à ce jour) précise que « ce chiffre est du même ordre de grandeur que par le passé. Il intègre les mouvements normaux d'étrangers ou de Français dont les impératifs professionnels impliquent ces déplacements et sont compensés par des

---

[531] Loi de finances 2006. L. n°2005-1719 du 30/12/2005 JO du 31/12/2005, p.20 597.
[532] Cons. Const., 29 décembre 2005, n°2005-530 DC.

mouvements inverses » : il n'est donc pas significatif d'une « fuite des cerveaux ou des grosses fortunes ». Par ailleurs des études ont permis de démontrer que les variations des taux d'imposition sur le revenu n'ont pas entraîné de changements notables dans le comportement des hauts revenus durant tout le vingtième siècle[533].

Quoi qu'il en soit, la volonté de baisser le poids de l'impôt sur le revenu persiste et un programme pluriannuel de réduction de l'impôt sur le revenu a été lancé en 2002 alors que de nombreuses réformes sont déjà venues entamer son importance par le passé[534]. En effet, il a déjà baissé de 14% en 20 ans et le nombre de foyers imposables est passé de 61% en 1995 à 50% en 2000. En outre, le nombre de tranches est passé de 12 à 5. Au final, le nombre de contribuables payant plus de 100.000 francs d'impôt a baissé de 7,1% entre 1993 et 1996[535]. Ces baisses se font donc d'abord au bénéfice des hauts revenus ce qui favorise avant tout leur épargne. Mais un rapport du conseil des impôts [536] a montré que la pression fiscale pour les hauts revenus était inférieure en France à ce qu'elle est à l'étranger (Pays-Bas, Allemagne). Etant précisé qu'il convient de tenir compte des nombreux moyens de défiscalisation (aide au cinéma SOFICA, à l'entretien des monuments historiques, investissements locatifs, investissements outremer ...) Au total la soustraction à l'impôt sur le revenu effectuée en faveur des foyers aisés s'élève à 60 millions d'euros.

Concernant l'impôt sur les sociétés, on se contentera de noter pudiquement la place de la France au regard des autres pays concurrents et de signaler son amaigrissement entamé par les précédents gouvernements (tranche de 15% sur les 38 120 premiers euros de bénéfices et suppression de la majoration de 10% instituée

---

[533] Picketty T, *Les hauts revenus en France au XX siècle* », Grasset, 2001, 788 p., l'auteur démontre par une étude des revenus et du patrimoine des Français jusqu'en 1998 que les impôts sur le revenu et sur les successions, relativement élevés en France, ont permis de limiter l'accumulation du capital dans les mêmes mains durant tout le XX siècle. Et qu'ils ont donc permis l'émergence de nouvelles générations d'entrepreneurs. De ce fait, les rentiers ont dû entamer une partie de leur patrimoine pour maintenir leur niveau de vie. Il s'agit d'une vigoureuse réhabilitation de l'efficacité économique de l'impôt. Si les inégalités se sont réduites en France, ce n'est pas par un processus économique naturel et spontané, mais par la volonté de gouvernements successifs d'utiliser l'arme fiscale.

[534] Incitation par réductions ou déductions, prime pour l'emploi…

[535] Source : Minéfi

[536] Conseil des impôts : « L'imposition des revenus », 2000.

en 1995 par exemple). La France demeure attractive en matière d'impôt sur les sociétés. En effet, les régimes d'intégration fiscale, d'amortissement ou encore, le report illimité en avant des déficits réduisent considérablement l'assiette fiscale. Par ailleurs les récentes exonérations des plus-values par exemple sur les titres de participation, confirment cette tendance.

- Une attractivité globale :

Il convient d'envisager globalement l'attractivité et de ne pas se limiter au seul horizon fiscal. C'est bien d'attractivité globale dont il est question. A ce sujet, la France est d'ailleurs bien placée. Les rapports du Conseil Economique et Social[537] et du Conseil d'Analyse Economique[538] confirment que la France dispose d'un environnement de qualité voire déterminant dans l'approche de l'attractivité générale du territoire. Ainsi, les récents travaux de l'Agence française des investissements internationaux[539] montrent par exemple la résistance de la France à la baisse générale des investissements, cette approche étant confortée par celle de l' OCDE.

Avec un taux de prélèvements obligatoires d'environ 45%, suivant le raisonnement de certaines théories, il ne devrait y avoir aucune entreprise en France. Or l'attractivité ne se résume pas à une fiscalité minimale. A l'attractivité fiscale, il faut opposer l'attractivité globale du territoire qui résulte d'un environnement de qualité : système éducatif performant formant une main d'oeuvre qualifiée, système de santé reconnu, infrastructures publiques, système d'aides publiques le plus développé des pays de l'OCDE... Cette attractivité est réelle et contribue à maintenir une activité économique sur un territoire.

Pour l'ISF, le problème est plus délicat puisque son rendement serait finalement assez faible si l'on prend le coût de l'organisation de cet impôt (recouvrement, contrôle de l'assiette, contentieux) et celui de la perte liée à l'exode d'une partie des revenus à

---

537 C.E.S. : « Renforcer l'attractivité de l'économie française au service de la croissance et de l'emploi », partie « Renforcer nos atouts », 2003.

538 C.A.E. : « Compétitivité », 2003.

539 Analyses suite à la publication des résultats 2002 de la balance des paiements par la Banque de France, 2003.

l'étranger. La loi de finances pour 2006[540] a mis en place un plafonnement des impôts directs, appelé « bouclier fiscal » qui ne supprime pas le mécanisme du plafonnement de la cotisation ISF mais qui prévoit une limitation des impôts payés par un contribuable au titre d'une année. En effet les impôts directs ne peuvent pas dépasser 60% des revenus qu'il a perçus au cours de l'année d'imposition. Le calcul du plafonnement reposera sur l'impôt sur le revenu, l'ISF, la taxe foncière sur les propriétés bâties et la taxe foncière sur les propriétés non bâties à condition que ses impôts ne soient pas déductibles d'un revenu catégoriel de l'impôt sur le revenu et qu'ils aient été régulièrement déclarés. Cette réforme instaurant le « bouclier fiscal » contribue à la mise en œuvre de l'harmonisation communautaire de la fiscalité personnelle.

Les dernières orientations de la loi de finances pour 2006 et la décision de Conseil constitutionnel sur la censure du plafonnement global des avantages fiscaux renforcent l'impression d'iniquité de l'impôt sur le revenu. Les neuf sages du Palais Royal ont annulé purement et simplement l'article 78 de la loi de finances relatif au plafonnement des niches fiscales au motif qu'il aurait « atteint un niveau de complexité tel qu'il méconnaîtrait l'article 14 de la Déclaration des droits de l'homme et du citoyen, aux termes duquel tous les citoyens ont le droit de constater … la nécessité de la contribution publique ». Selon la décision cette complexité « ne trouve sa source dans aucun motif d'intérêt général véritable »[541]. Cette argumentation de l' « excessive complexité » du dispositif laisse excessivement perplexe le commentateur qui constate qu'est invalidé un « plafond » lorsque celui-ci est défavorable aux plus hauts revenus, et lorsque celui-ci leur est favorable de le valider. Le plafonnement de certains avantages fiscaux s'inscrivait dans le cadre du XXI rapport du Conseil des impôts mettant en cause l'abondance des niches fiscales et qui réduisait de manière significative l'assiette de l'impôt.

Indépendamment de ce qui pourrait apparaître comme paradoxal, le conseil Constitutionnel invoque l'une des carences centrales du système fiscal français. Dans certaines « niches », comme par exemple celles dont profitent les investissements dans

[540] Article 74 de la loi de finances pour 2006.
[541] Cons. Const., 29 décembre 2005, n°2005-530 DC.

les DOM-TOM[542], l'avantage attribué est considérable, avec un impact économique relativement faible. Ce déséquilibrage permanent des réformes fiscales apparaissant dans chaque loi de finances entraîne des corrections pour répondre aux abus. Le bon sens ne devrait-il pas nous conduire vers un impôt accepté ? Un impôt dans lequel figurerait le minimum d'exonérations et d'exemptions apparaîtrait comme plus lisible par tous les contribuables. Ce serait un impôt disposant d'une large assiette et d'un taux modéré[543].

Dans un contexte de mondialisation à l'origine d'une concurrence plus forte, la France a dû développer une stratégie globale d'attractivité dont la fiscalité est un pan important même si ce n'est pas le seul. En général et à l'image des paradis fiscaux, il ne suffit pas d'avoir une fiscalité attrayante voire inexistante pour attirer les capitaux, les entreprises et les personnes physiques sur un territoire. Sans sécurité juridique, financière, matérielle et politique un Etat ne peut développer son attractivité.

UNE FISCALITE SECURISEE COMME PERMANENCE DE L'ATTRACTIVITE

Le dispositif législatif français avec ses articles L 80 A et L 80 B du LPF offre une protection réelle des contribuables à l'encontre de l'administration. En effet, aux termes de ces articles, les contribuables peuvent se prévaloir de la doctrine que l'administration des impôts énonce pour l'interprétation des textes fiscaux ou de l'appréciation qu'elle porte sur des situations de fait. Cette doctrine administrative (positions de l'administration) s'inscrit comme source du droit.

Dans d'autres pays, dans le cadre de la fiscalité internationale la technique des rulings forme également une source de droit. Particulièrement utilisée aux Etats-Unis et aux Pays-Bas, la technique du ruling permet au contribuable de soumettre a priori les conséquences fiscales d'une opération ou d'une situation particulière à l'agrément préalable de l'administration fiscale.

---

542 Curieusement extraites du plafond censuré par le Conseil.

543 L'impôt, *Archives de philosophie du droit*, Tome 46, Dalloz, 2002, voir notamment Bouvier M., « La question de l'impôt idéal », p.15-23.

La sécurité fiscale comme élément d'attractivité du territoire passe par un développement intensif et loyal notamment en matière de prix de transfert, des accords passés avec la direction générale des impôts tout en développant l'ensemble du dispositif contentieux en vue d'améliorer les relations entre l'administration et les contribuables.

Les agréments et accords préalables de l'administration

- La technique du « Ruling » ou du rescrit :

A titre d'exemple, pour acquérir la branche distribution d'un grand groupe français, un fonds d'investissement américain constitue une société aux Pays-Bas qui empruntera des fonds à un pool bancaire en vue de les prêter à la structure d'acquisition luxembourgeoise. La marge perçue par la société néerlandaise sur le refinancement sera négociée avec l'administration fiscale néerlandaise et fera l'objet d'un ruling.

En France, il n'existe pas à proprement parler de procédure de ruling. Il existe cependant un dispositif proche : le rescrit fiscal.

La procédure prévue à l'article L. 64 B du LPF (dite du rescrit fiscal) permet au contribuable de consulter par avance l'administration sur la portée d'un contrat ou d'une convention ou les conséquences fiscales d'un montage. En cas d'acceptation ou d'absence de réponse de l'administration, à l'issue d'un délai de six mois, la procédure d'abus de droit (LPF, art. L. 64) ne pourra plus être mise en oeuvre à l'encontre du contribuable.

L'interprétation d'une disposition législative par l'administration lui est opposable. De même, lorsque l'administration a formellement donné son accord sur l'appréciation d'une situation de fait à l'occasion d'une demande de renseignement d'un contribuable, d'une vérification ou d'un contrôle, elle ne peut fonder un redressement sur une appréciation différente de celle initialement admise (LPF, art. L. 80 B).

Ces dispositifs assurent en principe au contribuable une relative sécurité juridique. La loi prévoit néanmoins un certain nombre de conditions qui rendent, en pratique, leur application délicate.

Application de la technique du rescrit :

La direction générale des impôts a mis en place une« cellule rescrit » chargée d'assurer l'animation d'une rubrique sur le site Internet spécialement dédiée au rescrit fiscal.[544].La demande de rescrit s'applique à tous les impôts, droits et taxes. Elle ne concerne pas les procédures de contrôle, les obligations comptables ni les modalités d'application des pénalités. Cette procédure consiste essentiellement à interroger l'Administration fiscale sur une situation de fait au regard d'un texte fiscal en vue d'obtenir une prise de position formelle. Elle peut également être utilisée pour invoquer les réponses déjà formulées par l'Administration sur des questions de portée générale ou apportant un nouvel éclairage sur l'application d'un texte fiscal (décisions de rescrit) sous réserve que la situation du contribuable soit identique à celle sur laquelle l'Administration a déjà pris position.

Parmi ces différents rescrits nous pouvons souligner les exemples suivants contribuant à l'attractivité fiscale :

- Sortie d'une société intermédiaire du groupe fiscal :

Lorsqu'une société intermédiaire sort d'un groupe fiscal à la suite d'une fusion ou d'une cession de son capital, la sous-filiale, dont les titres sont acquis par la société-mère, peut-elle être maintenue dans le groupe fiscal ?

L'appartenance d'une société à un groupe est subordonnée, notamment, à la condition que son capital soit détenu de manière continue au cours de l'exercice, directement ou indirectement, à 95 % au moins par la société mère ou par d'autres sociétés du groupe. En l'occurrence la sortie du groupe, en cours d'exercice, de la société ayant détenu la société cédée à la société mère entraîne le non-respect de la condition relative à la détention continue du capital pendant tout l'exercice, par des sociétés du groupe. Cette sortie entraîne donc en principe celle de la filiale de la société sortante nonobstant la cession préalable des titres à une autre société restant dans le groupe.

Toutefois, compte tenu du reclassement des titres avant la cession de la société intermédiaire, le groupe a juridiquement conservé le contrôle à 95 % de la société en cause pendant tout

---

544 Cette animation et information des rescrits apparaît sur le site Internet de la DGI : (www.impots.gouv.fr)

l'exercice. Par conséquent, il est admis qu'il n'y ait pas rupture de la chaîne de participation pour les sociétés dont les titres ont été cédés à d'autres sociétés du groupe avant l'événement ayant motivé la sortie de la société cédante[545].

Régime fiscal des abandons de créances à caractère financier assortis d'une clause de retour à meilleure fortune : Quel est le traitement fiscal d'un abandon de créances à caractère financier assorti d'une clause de retour à meilleure fortune, consenti par une société mère au profit d'une filiale ?

En application des dispositions de l'article 216 A du CGI, une filiale qui bénéficie d'une remise de dette à caractère financier ne constate un profit imposable que si l'aide accordée constitue une charge déductible pour la société mère, autrement dit à concurrence de sa situation nette négative et à hauteur pour le surplus d'un montant égal au prorata de la participation des autres associés dans son capital. A contrario, l'aide obtenue est réputée constituer un supplément d'apport non imposable à concurrence de la situation nette positive de la filiale, c'est à dire pour sa fraction non déductible chez la société mère. La symétrie de l'opération entre le régime fiscal de l'opération chez la filiale et chez la société mère est toutefois subordonnée aux deux conditions suiantes :

- l'abandon doit être consenti par une société mère au sens de l'article 145 du CGI ;
- la filiale doit prendre l'engagement d'augmenter son capital au profit de la société qui consent l'abandon pour un montant équivalent avant la clôture du second exercice suivant. À défaut, la totalité de la remise de dettes obtenue constitue un profit imposable pour la filiale, quand bien même tout ou partie de cet abandon ne serait pas déductible chez la mère. Dans le cas de la mise en oeuvre ultérieure d'une clause de retour à meilleure fortune, la charge comptabilisée par la filiale ne sera déductible qu'à hauteur seulement de la fraction du profit retenu antérieurement dans le résultat imposable de la société[546].

Cette démarche de développement et de diffusion du rescrit, s'inscrit dans le cadre plus général d'amélioration des rapports entre l'administration et le contribuable. Si cette démarche ne peut

---

[545] RES n° 20005/104 (FE), 22 septembre 2005 ;
[546] RES n° 2005/95 (FE), 12 sept. 2005 ;

être qu'encouragée au niveau national, il convient également de limiter toutes formes d'incertitudes sur la base imposable au niveau du commerce extérieur en développant loyalement les accords préalables sur les prix de transfert[547].

- Les accords préalables en matière de prix de transfert :

Une instruction administrative du 7 septembre 1999 met en place une procédure d'« accord préalable » qui permet aux entreprises multinationales françaises et étrangères d'obtenir l'accord de l'administration fiscale sur la méthode de fixation de leurs prix de transfert (prix des transactions commerciales et financières entre entreprises associées). Elle garantit, en principe, les entreprises contractantes contre toute mise en oeuvre des dispositions de l'article 57 du CGI en cas de contrôle fiscal ultérieur[548].

Dans sa gestion fiscale, un groupe cherche à minorer les bénéfices situés dans l'Etat le plus imposé. Pour ce faire il peut jouer sur les prix de transfert par l'intermédiaire de ventes à des prix insuffisants, par le versement de redevances à un prix excessif, par des abondons de créances injustifiés. C'est pour lutter contre de telles délocalisations des bénéfices que l'article 57 du CGI facilite la répression des transferts indirects de bénéfices.

Mais pour autant les sociétés et capitaux étrangers risquent fort, face à un tel arsenal répressif, de fuir toute implantation en France. Sachant que 60% du commerce mondial se déroule dans un cadre de relations intragroupe, la fixation de leur prix (prix de transfert) est devenue un enjeu majeur tant pour les groupes que pour les administrations fiscales. Nous savons que les administrations des pays développés se sont dotées de dispositifs permettant de reconstituer la part des bénéfices qu'elles estiment devoir leur revenir. Pour éviter toutes dérives de part et d'autre, l'OCDE a proposé des principes directeurs définissant, d'une part, les méthodes de détermination des prix de transfert et d'autre part, une procédure d'accord préalable entre les administrations fiscales et les entreprises. En France la réglementation relative aux accords préalables en matière de prix de transfert (APP) mise en place depuis 1999 aurait pu être utilisée comme un véritable outil à

[547] Accords préalables sur les prix de transfert : APP

[548] Najib GHARBI, *Le contrôle fiscal des prix de transfert*, Paris, L'Harmattan, collection « finances publiques », 2005, 495 pages.

l'instauration d'un climat de confiance entre l'administration et le contribuable, l'administration fiscale n'ayant de cesse de vouloir améliorer le débat et ses rapports avec les contribuables. Mais limiter cette intervention louable à une simple amélioration sémantique est très insuffisant.

Pour parvenir à cet APP, l'entreprise doit communiquer l'ensemble des documents nécessaires, à savoir les contrats, la méthode de fixation des prix, les inscriptions comptables et engagements financiers... autrement dit, toutes les informations accessibles dans le cadre d'un contrôle fiscal, c'est-à-dire, d'un contrôle a posteriori. Si, en soi, le contrôle a priori peut se révéler appréciable lorsqu'il est réalisé, selon la procédure britannique, on peut s'interroger sur l'efficacité d'une telle démarche si aucun accord n'aboutit. Dans cette hypothèse, l'administration aura eu en sa possession tous les éléments susceptibles d'entraîner des redressements dans le cadre d'une procédure de contrôle fiscal qui ne manquera pas de suivre un échec de l'APP.

Les dernières informations et colloques organisés ne nous permettent pas d'envisager de grandes avancées en la matière. N'aurait-il pas été plus judicieux de s'inspirer des principes anglo-saxons faisant intervenir un expert comptable extérieur dans l'étude des prix de transfert pour assurer la neutralité des informations transmises par l'entreprise ?

Les relations entre l'administration et les contribuables

- Une meilleure lisibilité des positions de l'administration :

Le problème de l'attractivité découle également des plus ou moins bonnes relations que l'administration tend à nouer avec les entreprises. L'amélioration des relations entre le fisc et ses administrés susceptible de renforcer l'attractivité du territoire, découle non seulement d'un problème de communication mais également de culture.

Ces dernières années, notre administration fiscale a tenté d'améliorer ses rapports avec les contribuables en changeant même un vocabulaire qui se voulait trop agressif. Ainsi les termes de « redressement fiscal » sont ils remplacés par ceux de « proposition de rectification ».

Rétablir la confiance des contribuables dans leur administration[549], ne passe pas par une simple campagne de communication, mais par un bouleversement profond des méthodes utilisées par les services gestionnaires des dossiers fiscaux. Autrement dit, la mise en œuvre de services spécialisés dans la détection de montages frauduleux avec des procédures d'investigation efficaces n'est pas exclusive d'une politique de transaction et d'accompagnement des entreprises lorsqu'il s'agit de favoriser l'implantation d'une entreprise étrangère voire de maintenir des parts de marché à l'étranger. La culture archaïque d'une administration qui n'ose pas réellement se rénover pose en permanence la question du contrôle fiscal, encore aujourd'hui de manière déformée, c'est-à-dire dans le cadre d'une nécessité de trouver des redressements[550].

Au-delà de ce qui a été déjà dénoncé à savoir que même, si les Etats–Unis ou le Canada ont un système moins protecteur que notre rescrit individuel, avec des « private rulings » qui constituent une interprétation de la situation personnelle d'un contribuable et qui ne peuvent être invoqués que par lui[551], l'image de confiance et d'attractivité de ces « privates rulings » est très forte dans la mesure où d'une part la diffusion de ces décisions est très large et d'autre part, la méthode d'y parvenir et les consignes d'application données aux agents de l'administration fiscale américaine ne laissent place à aucune interprétation.

Autrement dit il ne suffit pas d'avoir un bon système fiscal, il faut que cela se sache largement et surtout il faut que ce système soit appliqué sans aucun pouvoir discrétionnaire de la part des vérificateurs lorsque l'instruction ou le texte apparaît sans ambiguïté. Même si le juge de l'impôt veille au bon respect des textes et à leur interprétation trop extensive de l'administration lorsqu'il s'agit d'établir l'assiette de l'impôt à ce stade contentieux le mal est déjà fait. En effet, les besoins de trésorerie d'une

---

549 Rapport au premier ministre sur l'attractivité du territoire français, Michel CHARZAT, Pierre HANOTAUX, Claude WENDLING, la documentation française 2001.

550 Sur ce point, l'étude sur une approche cognitive de la décision administrative de Marc LEROY n'aura pas pris une ride : *Le contrôle fiscal*, L'Harmattan, Coll. Logiques sociales, 1993, 287 p.

551 à distinguer des « revenue rulings » qui sont des interprétations concernant des problèmes communs à tous les contribuables ou une catégorie d'entre eux.

entreprise se jouent souvent dans l'immédiat et non dans une hypothétique décision de censure de la position administrative intervenant dans le meilleur des cas dans un délai jamais inférieur à 5 ans.

- Lenteur des décisions de l'administration :

La notion de recours préalable devant l'administration avant d'envisager de saisir les juridictions de l'ordre administratif ou judiciaire semble s'imposer lorsqu'il s'agit d'une action intervenant pour rétablir l'assiette en dehors de tout droit de vérification. Mais lorsque le contribuable intente un recours dans le cadre des propositions de redressement issues d'une procédure de contrôle, l'intérêt du recours préalable est inexplicable. Le contribuable a déjà eu l'occasion d'échanger longuement au moins à deux reprises ses divergences avec le service des impôts, une première fois durant le débat oral et contradictoire et une seconde fois au moment de la réponse aux propositions de rectification. Le recours préalable dans cette hypothèse n'a aucune signification, sauf pour l'administration à bénéficier de la possibilité d'effectuer une substitution de base légale.

En revanche dans le domaine du taux des intérêts de retard[552], la patience aura finalement eu gain de cause. En effet, la différence de taux entre l'intérêt de retard fixé à 0,75 % par mois de retard, soit 9% l'an et les taux des intérêts moratoires versés par l'Etat, égal à celui de l'intérêt légal fixé à 2,05%[553] l'an était source de tension permanente dans la revendication des droits du contribuable. Cette distorsion entre le taux d'intérêt de retard et l'intérêt moratoire tous deux censés représenter « le prix du temps » a suscité une controverse sur la nature réelle de l'intérêt de retard pour la fraction qui dépasse l'intérêt légal. Cette partie excédentaire du « prix du temps » aurait pu, en effet, être assimilée à une sanction[554]. Aujourd'hui, s'agissant du contribuable créancier ou débiteur de l'Etat, le taux unique est fixé à 0,4 % par mois, à savoir 4,80 % par an depuis la loi du 30 décembre 2005[555].

---

[552] article 1727 du CGI.

[553] Pour 2005.

[554] Avis CE ass. du 12 avril 2002, n° 239633, SA Financière Labeyrie, considérant que l'intérêt de retard ne constitue pas une sanction à caractère pénal au regard de l'article 6 de la Convention européenne des droits de l'homme

[555] Loi n° 2005-1719, 30 décembre 2005, article 29 ; Inst. 13 janvier 2006, BOI 13 N-1-06.

REFLEXION SOCIOLOGIQUE SUR LA GLOBALISATION FISCALE

Marc LEROY
Professeur à l'Université de Reims
Directeur des études du Centre de Recherche sur la Décentralisation Territoriale

La question est de savoir quel est l'impact de la globalisation sur les systèmes fiscaux, et donc d'étudier quels outils de caractérisation de l'Etat fiscal sont susceptibles d'être affectés par la mondialisation, au sens défini en introduction de cet ouvrage. Pour répondre à cette interrogation il convient de présenter la grille d'analyse sociologique de l'Etat fiscal élaboré dans nos recherches. Plusieurs dimensions analytiques sont nécessaires pour prendre en compte la complexité de l'Etat fiscal, en partant de son histoire pour dégager les fonctions de l'impôt dans un Etat de type interventionniste[556].

En référence à son origine historique, l'Etat fiscal moderne s'analyse comme une tension entre la légitimité politique et la souveraineté : d'un côté, l'impôt-contribution est une forme politique de versement consenti à l'Etat ; de l'autre côté, l'impôt-obligation se substitue aux autres modalités de versement obligatoire au souverain et remplace la corvée, le pillage, le tribut sur les pays conquis, la réquisition et le système des dons exceptionnels. L'histoire des finances publiques est un terrain privilégié de la genèse et de l'évolution de la relation entre l'Etat et la société[557].

---

[556] Interventionniste par le montant et la structure tant des recettes que des dépenses.

[557] Cf. pour la dimension de consentement à l'impôt, Magna Carta (1215) en Angleterre qui fonde le principe de légitimité fiscale dans un contexte de contrepouvoir parlementaire à la monarchie. Les crises entre le pouvoir royal et la féodalité renforcent le pouvoir parlementaire d'acceptation de l'impôt (Bill of

Sans reprendre l'exposé de la typologie historique de la relation entre les recettes et les dépenses (Leroy, 2005), il suffit de rappeler que l'Etat fiscal actuel est de caractère interventionniste dans les pays de l'OCDE, puisqu'un niveau de taxation élevé est associé à un niveau d'interventions élevé. Cet élément d'analyse s'applique aux politiques fiscales modernes qui s'inscrivent dans un type d'Etat où les interventions à des fins économiques et surtout sociales sont légitimes. Le sort de la protection sociale dans l'Etat-providence confronté à la mondialisation constitue donc un enjeu fondamental.

Pour les fonctions de l'impôt (Leroy, 2005), il s'agit sociologiquement d'élargir l'analyse économique standard[558] (Musgrave, 1959) par les fonctions sociopolitiques de la politique fiscale. Cette perspective retient cinq fonctions :

- la fonction financière, historiquement la première, consiste à fournir des recettes pour les dépenses publiques.
- La fonction de régulation économique, qui s'est amplifiée à partir de la première guerre mondiale, traduit les interventions de l'Etat dans l'économie.
- La fonction sociale, qui inclut la redistribution vers les plus pauvres, comprend les enjeux sociétaux de la fiscalité, comme par exemple le soutien à la famille[559], la distinction entre les catégories d'activité[560], les incitations à certains secteurs (la culture…) ou la limitation morale de certains comportements (jeux, alcools…).

Rights, 1688). Pour la dimension d'autorité, cf. la monarchie française qui réussit, au-delà des avatars des Etats généraux qui ne sont plus réunis de 1614 à 1789, le passage de l'impôt, don extraordinaire pour la guerre à l'impôt-contrainte, impôt permanent issu d'un système fiscal injuste. Dans l'Etat ancien d'Europe occidentale, la dépense apparaît prioritaire (Hocquet, 1990, p.122) devant la recette qui devait être tirée du domaine. L'instauration et la légitimation d'une fiscalité permanente caractérisent l'Etat moderne qui se construit, sous des formes variées, du XIII au XVIII siècle.

[558] Là aussi sans reprendre le détail de notre analyse présentée ailleurs (cf. bibliographie). Pour une analyse juridique d'une dimension importante de la fiscalité, à savoir les dépenses fiscales, cf. Orsoni, 1995 et 2005.

[559] Quotient familial en France qui majore le nombre de parts pour les couples mariés et pour les enfants. Dans les autres pays, cette politique prend la forme le plus souvent de réductions d'impôt.

[560] Par exemple, les entreprises individuelles ont des règles différentes selon l'activité (agricole, commerciale, libérale…) et se distinguent des sociétés de capitaux imposées selon d'autres modalités.

- La fonction politique reprend la conception de l'impôt-contribution comme versement consenti du citoyen qui accepte de financer des politiques publiques qu'il estime légitimes (Leroy, 2002).

- la fonction territoriale, au-delà de son aspect juridique, se rapporte aux inégalités voulues ou subies[561] selon les zones géographiques. Elle met en question l'aire de conception, d'élaboration, de mise en œuvre des décisions fiscales des autorités et des contribuables.

A partir de cette grille d'analyse, il s'agit maintenant d'essayer d'appréhender les changements induits par la globalisation en s'intéressant à l'Etat fiscal proprement dit puis au financement de la protection sociale (Welfare State).

L'ETAT FISCAL FACE A LA MONDIALISATION

L'étude des fonctions des politiques fiscales permet de comprendre quelles fonctions fiscales la mondialisation met en cause. L'idée est qu'il existe une relation, qui s'exprime à plus ou moins long terme, entre les fonctions,- économiques et sociologiques -, et les structures de l'Etat fiscal.

Souveraineté, structures, référentiels, pôles géographiques

Conformément à la conception nuancée de la mondialisation, la souveraineté fiscale des Etats reste importante et n'est pas remise en cause fondamentalement, notamment sur le plan juridique, par la mondialisation. Les convergences sont négociées institutionnellement par les Etats souverains[562].

Les structures fiscales d'imposition du revenu, du capital et de la consommation demeurent remarquablement stables dans les pays de l'OCDE. Elles évoluent lentement et traduisent encore des différences nationales. Ce constat est vrai pour les recettes fiscales où le niveau global de taxation diverge fortement dans les pays de

---

[561] Cf. dans le premier cas les inégalités de taux des impôts locaux en France selon les communes. Cf. pour le second cas (inégalités voulues) les mesures fiscales en faveur des territoires fragiles (Lopez, 2005).

[562] Le code de bonne conduite, les actes hors nomenclature (cf. 2ème partie de cet ouvrage)....

l'OCDE : les pays nordiques, la France, la Belgique,l'Italie, l'Autriche ont toujours un taux de prélèvements obligatoires élevé (de 43 % du PIB pour l'Autriche à plus de 50 % pour la Suède en 2004) ; l'Inde et la Chine n'atteignent pas 20 %, les Etats-Unis, la Corée, le Japon sont autour de 25 % ; la Russie un peu en dessous de 30 %. De même, les statistiques d'Eurostat montrent que le cumul des impôts courants sur le revenu et le patrimoine varie selon les pays de l'Union européenne, avec des taux plus faibles pour les nouveaux Etats membres, mais aussi le Portugal, la Grèce, alors que les pays nordiques taxent plus fortement. Enfin, troisième exemple, le taux d'impôt sur les sociétés (2004) varie aussi très fortement de 12% (Irlande), et 28% à 30% (Suède, Finlande, Danemark, Royaume-Uni, 33 à 34% (Pays-Bas, France), 38 à 42% (Allemagne, Etats-Unis, Japon).

Les politiques fiscales, qui impriment les structures du système fiscal, restent marquées par des particularismes nationaux forts, que l'on retrouve notamment dans certaines fiscalités, celle des personnes physiques, de l'immobilier, des successions, mais aussi dans les choix structurels concernant l'arbitrage historico-politique entre les impôts d'Etat et les impôts locaux, la taxation du capital et celle du travail, les catégories et classes sociales bénéficiaires de la baisse ou de la hausse de certains prélèvements[563], etc. La répartition de la charge fiscale varie donc d'un pays à l'autre. Pour l'Union européenne, même en matière de TVA où l'harmonisation fait partie de l'acquis communautaire[564], les taux de TVA accusent encore des différentiels importants (de 15 à 25 %). Une thèse récente soutient que les systèmes fiscaux sont encore marqués par l'empreinte des facteurs religieux (Bin, 2005).

Néanmoins, en sens inverse, la globalisation fiscale est illustrée par l'apparition de nouveaux référentiels globaux conçus dans des forums internationaux[565] dans lesquelles interviennent des acteurs transnationaux. Le cas des modèles de conventions fiscales élaborés par l'OCDE est typique de ce phénomène. Le mimétisme fiscal s'accentue aussi dans le contexte d'une concurrence fiscale

---

563 En France, le « bouclier fiscal » applicable en 2007 et inscrit à l'article 1 du Code général des impôts conduit à limiter le montant des impôts directs d'un contribuable à 60 % maximum de ses revenus, ce qui constitue un avantage pour les contribuables les plus riches.
564 Cf. la contribution de Jean-Luc Albert.
565 Cf. la contribution dans ce livre de Thierry Lambert.

accrue. L'exemple de la baisse du taux de l'impôt sur les sociétés dans l'ensemble des pays le montre, la France ayant abaissé ainsi son taux de presque 20 % (de 50 % dans les années 1980 à 33,33 % aujourd'hui). Néanmoins, cette tendance au dumping fiscal n'est pas subie passivement par les Etats, comme le montrent les disparités notées plus haut des taux d'imposition.

Il existe aussi une mondialisation de la fraude fiscale. Les circuits de fraude internationale, dont l'expression la plus connue est celle des paradis fiscaux, sont une réalité qui s'accentue avec la globalisation économique. Les circuits du capitalisme financier sont aussi utilisés à des fins de blanchiment des bénéfices de la criminalité, des trafics et de la fraude fiscale. L'expansion de la sphère des marchés financiers, et la rapidité des échanges due aux progrès des technologies de l'information et de la communication, favorisent aussi la mondialisation frauduleuse. Là aussi, les Etats ne sont pas démunis de moyens d'action pour lutter contre la fraude internationale[566]. Encore faut-il qu'ils le souhaitent : les politiques créant des territoires à fiscalité privilégiée relèvent aussi de la souveraineté de l'Etat qui défend cette politique. Quoiqu'il en soit, la fraude internationale suit les contours géographiques de la mondialisation, comme le montre le cas de la fraude en matière de TVA intracommunautaire (cf. la contribution de Jean-Luc Albert).

Comme au niveau des échanges économiques, la notion de globalisation fiscale s'apprécie, non pas uniquement à l'échelle du monde, mais aussi à celle des grands pôles régionaux. Une illustration importante de cette logique est donnée par la (lente) progression de la convergence des politiques fiscales, ou au moins par la coordination de ces politiques, en Europe. Il faut citer aussi les contraintes européennes visant les finances publiques nationales qui structurent la fonction financière de l'impôt.

L'impact sur les fonctions financière et de régulation économique de l'impôt

La mondialisation affecte les fonctions de l'impôt de plusieurs manières. Par rapport à la fonction financière, une thèse répandue soutient que celle-ci est influencée par l'ouverture accrue des

---

[566] Cf. les dispositifs de lutte contre les transferts de bénéfices, d'assistance administrative internationale...

économies nationales et l'essor des marchés financiers qui seraient en mesure de sanctionner les politiques contraires au dogme « néo-libéral ». En outre, l'Europe impose la limitation du déficit et de la dette publics, alors que les banques centrales déterminent en toute indépendance le taux d'intérêt sans pouvoir intervenir désormais pour financer les déficits publics. Le droit communautaire impose donc des contraintes budgétaires et monétaires fortes à tous les Etats membres de l'Union[567], contraintes qui ont des incidences sur les politiques nationales de baisses des impôts. Dans un contexte de déficit des budgets publics, la question de l'autonomie des choix budgétaires et du pouvoir des Etats nationaux se pose.

Contrairement à l'analyse univoque de la mondialisation, il n'en reste pas moins que les Etats conservent des marges de manœuvre pour exercer leur souveraineté. Le cas de la crise de 2003-2004 entre la France, l'Allemagne d'un côté et la Commission européenne le montre : en effet, malgré des déficits supérieurs à la limite de 3 % du PIB fixée par le droit communautaire, ces pays ont échappé à toute sanction. Même si l'arrêt de la Cour de Justice des Communautés européennes du 13/07/2004 précise que « le Conseil ne peut pas s'écarter des règles établies par le traité », il apparaît que le pacte de stabilité d'Amsterdam, à l'origine de ces contraintes, est aussi une décision politique susceptible d'être remise en cause. A l'encontre des théories déterministes de la contrainte extérieure, les critiques de ces mesures par certains gouvernements illustrent bien cette dimension politique.

Concernant la fonction de régulation économique, deux théories des effets de la mondialisation, que l'on retrouvera à propos de l'Etat-providence, s'affrontent : selon la théorie de l'efficience, la globalisation économique affaiblit l'autonomie de l'Etat qui doit se conformer aux normes du Marché, sous peine de sanctions notamment par la fuite des capitaux, les délocalisations. Le dumping fiscal pour les entreprises et les investisseurs en est la conséquence. Selon la théorie de la compensation, l'Etat conserve une autonomie institutionnelle suffisante pour résister au Dictat de ce nouveau libéralisme global. La protection des perdants de la mondialisation en est alors la conséquence.

---

[567] Les critères de convergence du traité de Maastricht prévus pour la mise en place de l'euro ont été prolongés par le pacte de stabilité et de croissance d'Amsterdam de juin 1997 qui vise à éviter les déficits publics excessifs ; (article 104 TCE limitant le déficit à 3 % du PIB et la dette à 60%).

Les résultats empiriques ne sont pas définitifs, dans la mesure où les deux logiques à la base de ces théories opposées semblent bien en œuvre. Sur le plan fiscal, la théorie de la compensation trouve une certaine vérification. Une étude de 40 pays développés entre 1981 et 1995 (Swank, Steinmo, 2002), montre que la globalisation, mesurée par la libération du capital, n'a pas entraîné une diminution de l'impôt sur le capital, ce qui contredit la thèse du veto des marchés financiers (des actionnaires), la structure de la fiscalité (entre la taxation du capital, du travail et de la consommation) restant remarquablement stable. Cette étude confirme l'étude de Garret et Mitchell (2001) portant sur 18 pays développés entre 1961 et 1993.

On peut aussi étudier l'évolution de la fonction de régulation économique par les dépenses fiscales à finalité économique car elles « constituent la cible privilégiée de l'interventionnisme fiscal » (Orsoni, 2005, p.140) ; on retiendra[568] l'exemple de la lutte contre les délocalisations dans le projet de loi de finances français de 2005 (Orsoni, 2005, p.150) : d'un côté, plusieurs mesures encouragent les relocalisations, [569] ; de l'autre côté, les anciennes politiques fiscales en faveur de l'implantation à l'étranger sont maintenues[570]. On notera aussi que les mesures nombreuses en faveur des petites et moyennes entreprises contredisent l'idée d'une mondialisation privilégiant les multinationales. Il est donc difficile de trancher sur les effets de la mondialisation, mais il est certain que les politiques fiscales restent encore marquées du sceau de l'Etat national. La globalisation a aussi une dimension territoriale qui influence l'activité de régulation économique.

L'impact sur les fonctions territoriale, sociale et politique

La fonction territoriale est affectée car le référentiel des politiques fiscales devient de plus en plus supra-national : alors même que la souveraineté de l'Etat est préservée, des phénomènes de mimétisme fiscal, ou de négociation multilatérale plus ou moins

---

[568] A défaut de présenter les corrélations précises entre les mesures fiscales prises en faveur des entreprises et le degré d'ouverture économique des pays.

[569] Et aussi l'implantation des entreprises dans les zones en difficulté, dans les pôles de compétitivité, tout en décourageant les montages (par les filiales) dans les pays à fiscalité privilégiée

[570] Notamment par le régime du « bénéfice consolidé » et par celui des provisions pour investissements à l'étranger

formelle se produisent. « Au niveau international, l'organisation de coopération et de développement économique fait office de forum (…) L'organisation produit beaucoup de rapports qui font autorité et qui ne sont pas sans influence sur l'élaboration des textes nationaux » (Lambert, 2006, p.181). L'influence de l'OCDE se retrouve aussi pour les modèles de convention fiscale (cf. R. Succio dans ce livre), ou pour le critère du prix du marché en matière de prix de transfert des biens et services d'un groupe international. On a vu aussi que les grands pôles internationaux ont une importance accrue, comme dans le cas du droit communautaire en Europe. Dans l'Union européenne, qui est un « espace organisé et structuré, dans lequel chaque Etat membre a des droits et des devoirs » (Lambert, 2005, p.207), l'harmonisation de la fiscalité est soumise à la règle de l'unanimité des Etats membres. Les aides fiscales relèvent d'un régime de « liberté sous surveillance » où la Commission européenne vérifie que la concurrence n'est pas faussée. Là aussi, l'approche est nuancée, ce qui explique que « d'importantes disparités entre les Etats membres subsistent » (Lambert, 2005, p.211)

La fiscalité française de l'aménagement du territoire national, qui favorise les zones urbaines ou rurales fragiles, montre aussi que la logique de la compensation énoncée ci-dessus est présente. Le principe d'équité territoriale, apparu en 1994-1995 comme nouveau référentiel des politiques fiscales, reste prégnant dans le cas français, même si la récente politique publique des « pôles de compétitivité » semble marquer un renversement de cette conception de l'aménagement du territoire.

Le problème du consentement à l'impôt se complique encore si les impôts perdent leur assise territoriale, comme dans le cas des mesures réelles ou en projet de type : taxe Tobin, taxe sur les émissions de gaz, les transports aériens, les communications Internet…

La fonction sociale de l'impôt, importante en matière d'impôt sur le revenu des personnes physiques dont la création en Europe a accompagné la genèse de l'Etat providence, reste marquée par les particularismes du passé. Elle constitue toujours un terrain d'élection pour des politiques nationales spécifiques et conserve certains archaïsmes, notamment en traitant différemment les contribuables en fonction de leur situation affective (mariés, pacsés, célibataires). La fonction sociale comprend la redistribution des revenus par l'impôt progressif. L'impôt sur le revenu, par son barème en tranches est le vecteur de cette redistribution. Il est clair que cette dimension sociale de l'impôt sur le revenu est affaiblie par les politiques de baisse de l'impôt sur le revenu. Néanmoins, l'influence du néo-libéralisme « mondial », qui est un facteur idéologique, paraît plus en cause que la « sanction du Marché » ou « le veto des entrepreneurs », même si le changement de domicile fiscal des classes riches est une réalité (encore limitée) à prendre en compte. Ces politiques de baisse de l'impôt sur le revenu, tant par leur ampleur que par leurs effets sur les bénéficiaires, restent structurées par les variables nationales. Elles ne sont pas irréversibles, notamment dans le contexte de limitation du déficit public qui freine la baisse de l'impôt à niveau égal de la dépense. Il faut enfin noter que cette question relève aussi du débat plus large sur le retrait du Welfare State (cf. infra), l'impôt sur le revenu redistributif n'étant qu'une forme de politique sociale (Leroy, 2002, p.18).

La fonction sociale se retrouve aussi dans de nombreuses politiques fiscales catégorielles qu'il serait trop long d'énumérer. Il est préférable de citer le cas du dispositif français d'impôt négatif constitué par la prime pour l'emploi. Ce dispositif est intéressant car il tente d'établir un compromis entre les valeurs solidaires, en aidant les plus démunis qui ne bénéficient pas des baisses de l'impôt sur le revenu[571], et les valeurs libérales, en incitant ces catégories sociales, et notamment les « resquilleurs » à retourner au travail. Ici, les deux théories de la compensation et de l'efficience semblent vérifiées en même temps, ce qui illustre la complexité des effets de la mondialisation. En pratique, au niveau non plus des objectifs, mais des résultats, force est de constater que, pour l'instant, la prime pour l'emploi est peu efficace. La Cour des comptes (rapport 2006) critique de ce fait ce dispositif pour son coût[572], son ciblage trop large (1/4 des foyers en bénéficie), son faible impact sur l'offre de travail, et son effet marginal sur le revenu disponible des bénéficiaires.

La fonction politique est particulièrement touchée par la mondialisation qui remet en cause la légitimité de la taxation, des

---

[571] Car en France la moitié des ménages n'est pas imposable à l'impôt sur le revenu des personnes physiques.
[572] 14,6 milliards d'euros entre 2001 et 2005.

prélèvements sur les entreprises. On a vu aussi que la déterritorialisation de la matière imposable amène à reposer la question du consentement international à l'impôt. Le débat est pour l'instant largement idéologique, avec les chantres d'un discours libéral prônant l'allégement de la fiscalité (et des charges sociales) sur les entreprises. De même, la mondialisation est invoquée constamment pour délégitimer la dépense publique qui cause des déficits : la dépense publique, selon cette argumentation, doit être réduite, la dépense publique ne peut plus être financée par l'impôt, sous peine de délocalisation des entreprises, de départ des dirigeants etc. Seule l'orthodoxie budgétaire, dans le sens néo-libéral du terme serait admise par le marché boursier.

La mondialisation touche donc la fonction politique de l'impôt en minant la légitimité de la taxation en général, et en critiquant la hausse des impôts et la taxation du capital, et des entreprises. Cette remise en cause idéologique de la légitimité de l'impôt par la mondialisation se présente sous la forme d'un discours objectivant relatif à la fonction financière de l'impôt ou à sa fonction sociale : l'argument, on l'a dit, est que le recours à l'impôt sur le capital et les hauts revenus à des fins de financement de la dépense publique et/ou de satisfaction de revendications sociales des citoyens ordinaires ou des citoyens les plus démunis n'est plus possible.

La relation de l'impôt, principale ressource des budgets des Etats modernes, avec la dépense publique est donc délégitimée par cette idéologie. Le cas de la réforme des finances publiques consacrée en France par la Loi Organique relative aux Lois de Finances (LOLF) du 1er août 2001 autorise aussi une lecture en ce sens. A la logique de moyens pour des services et du contrôle de conformité se substitue une logique d'objectifs et d'évaluation de la performance des programmes publics. Le référentiel gestionnaire (Leroy, 2007) de cette constitution financière, « nouvelle gouvernance » (Barilari, Bouvier, 2004), « révolution culturelle » (Bouvier, 2004, p.215) vise à la « rationalisation, l'efficacité et la performance de l'argent public » (Bouvier, 2001, p.877). La performance des finances publiques est recherchée dans de nombreux pays (Groszyk, 2002, Ellis, Mitchell, 2002, Kibblewhite, Ussher, 2002). Rien n'exclut, mais aucun déterminisme n'est en œuvre, que cette modernisation de la gestion publique (Abate, 2000, 2003), ne dérive vers un rationnement des moyens des services publics…

En réaction à l'idéologie de la globalisation libérale, d'autres voix et d'autres forces politiques ou sociales se mobilisent pour demander une protection contre les méfaits de la mondialisation qui accentue la précarité, la pauvreté. Cette demande sociale porte notamment sur l'Etat-providence où le financement des dépenses sociales met en cause diverses fonctions de l'impôt tout en questionnant la légitimité du financement des dépenses publiques.

LE FINANCEMENT DU WELFARE STATE

L'étude du cas de l'Etat-providence fournit un terrain privilégié pour tester les effets de la mondialisation en s'inscrivant dans l'idée que l'impôt est à concevoir sociologiquement et politiquement dans sa relation à la dépense et aux services offerts à la société. Les études empiriques des effets de la globalisation économique sur l'Etat providence donnent des résultats contrastés qui sont présentés d'abord au niveau international, puis pour les nouveaux Etats membres de l'Union Européenne et enfin dans le cas précis des pays pauvres.

Selon la théorie de l'efficience du Marché, les marchés (financiers notamment sanctionnent les dépenses sociales pour leur non compétitivité. Le pouvoir des partis et des syndicats est affaibli. La marge de manœuvre réduite des Etats les conduit à mettre en place des nouvelles politiques sociales caractérisées par une privation du risque et le recours aux assurances privées. Au contraire, selon la théorie de la compensation, la résistance de l'Etat providence (Ashford, 1989 ; Pierson, 1994) à la mondialisation se mesure à son effort en faveur des exclus de la globalisation (Garret, 1998). L'autonomie institutionnelle de l'Etat rend possible une limitation des effets négatifs (insécurité, inégalités…) de la globalisation pour satisfaire les forces du travail, des intérêts acquis, le veto des pouvoirs constitués, ou en raison de la dépendance aux législations du passé (Scharpf, 2000).

L'analyse comparative internationale

Méthodologiquement, il apparaît que les indicateurs de la mondialisation retenus influencent les résultats (Garret, Mitchell,

2001). Ces indicateurs sont notamment : le volume des échanges commerciaux, le volume des importations en provenance de pays à bas salaires, le montant des investissements étrangers directs, l'intégration au marché financier, le volume des échanges et des exportations, la mobilité du capital…

Selon l'étude portant sur 18 pays développés entre 1961 et 1993 de Garret et Michell (2001), la globalisation économique réduit le total des dépenses publiques, et donc les besoins de financement par l'impôt, mais à un rythme faible, si l'on retient l'indicateur du total des échanges (la croissance) ou l'indicateur de l'ouverture du marché financier. La thèse du retrait de l'Etat, conformément à la théorie de l'efficience du marché, est vérifiée par rapport à ces indicateurs. Mais par rapport à l'indicateur de dépendance envers des pays à bas salaires la globalisation augmente les dépenses publiques : cette fois, la théorie de la compensation centrée sur la résistance de l'Etat est vérifiée. La globalisation, mesurée par l'ouverture financière ou l'investissement étranger, n'atteint pas les dépenses sociales que ce soit des dépenses de consommation ou des dépenses de transfert : là, aucune des deux théories n'est vérifiée. Enfin, en considérant l'indicateur du taux de chômage, l'étude montre que les dépenses de transfert progressent en fonction du chômage, ce qui conforte la théorie de la compensation par l'Etat-providence.

Une autre étude portant sur 15 pays de 1960 à 1996 (Crepaz, Moser, 2004) montre que la globalisation, mesurée par les indicateurs du volume des échanges et de la dérégulation du capital, est corrélée positivement avec les dépenses de transferts sociaux. La théorie de la compensation en faveur des plus démunis se trouve en cela vérifiée ; mais il est aussi démontré que cet effet dépend des arrangements institutionnels nationaux : la compétition des pouvoirs établis entraînant une tendance au blocage, au statu quo, ce qui conduit à la théorie américaine du veto institutionnel.

En effet, aux Etats-Unis, la résistance de l'Etat providence est parfois expliquée par la nature du régime politique qui donne la capacité aux pouvoirs institués de s'opposer aux réformes des autres « joueurs » (veto players, Tsebelis, 1995). Cette analyse qui insiste sur les pouvoirs respectifs du Président et du Congrès est contredite par Hacker (2004) qui montre que des ajustements discrets conduisent à privatiser de plus en plus les risques. Dans le même sens, l'échec de la réforme Clinton de 1990 visant à étendre la protection sociale aux USA, qui est une forme de non-décision, marque un recul, non pris en compte car difficilement mesurable de l'Etat-providence.

En France, les dépenses sociales continuent de croître, en dépit des plans d'économie de la sécurité sociale, passant de 22 % du PIB, à 27 % en 1985 et 29 % depuis 1996, mais, selon certains analystes (Palier, 2002), les réformes initiées dans la fin des années 1980 transforment en profondeur le système de protection sociale dans un sens libéral.

Plus généralement, on peut soutenir que les adversaires de l'Etat providence s'opposent à la prise en compte de nouveaux risques ou à des risques plus élevés, tels l'accroissement des inégalités, l'instabilité des revenus, la déqualification de certains emplois de services, les aléas familiaux (divorces)…

En Suède, l'idée que la diminution de l'impôt mine le Welfare State n'est pas vérifiée puisque la diminution des impôts (réforme de 1991) n'a pas entraîné de coupes dans les dépenses sociales, mais a joué sur le déficit (Steinmo, 2002, p.851). Les politiques sociales s'inscrivent dans la conception universaliste de Welfare State, c'est-à-dire qu'elles concernent tous les citoyens, et non pas seulement les plus démunis. Il faut aussi rappeler que la responsabilisation des bénéficiaires des prestations sociales est forte dans les pays nordiques.

C'est bien la fonction politique de financement par l'impôt des dépenses sociales qui est en cause ; c'est aussi la légitimité de la dépense publique qui cristallise les idéologies, au sens de théories s'appuyant sur des bases prétendument scientifiques.

Deux approches viennent conforter la thèse de la résistance de l'Etat-providence. La première est appelée néo-institutionnelle et montre le poids du passé (path dependance) pour expliquer l'inertie des dispositifs de protection sociale. Cependant, certains analystes favorables à ce courant théorique admettent aussi que d'autres voies, induites par des changements d'idées, de référentiels, de paradigmes, peuvent modifier à terme l'Etat-providence (Merien 1990, p. 286 ; Palier, 2002, p.60). Le développement d'un référentiel gestionnaire de l'action publique et de la performance budgétaire (cf. supra) confirme, à mon sens, cette hypothèse.

L'autre approche est celle par les ressources du pouvoir (power ressources approach, Korpi et Palme, 1998; Korpi, 2005) : la configuration de l'Etat providence dépend du jeu des partis, - il est plus généreux la gauche social-démocrate domine -, du poids des syndicats au niveau central et de la force de la classe ouvrière. Empiriquement, selon l'étude de Korpi et Palme (2003) portant sur 18 pays de 1975 à 1995 sur les branches de la maladie, des accidents du travail, du chômage, cette théorie reste valable pour expliquer l'ampleur du retrait (ou de la résistance) de l'Etat-providence. La logique économique joue moins que les facteurs politiques liés au pouvoir issu des conflits de classes sur le marché du travail. Certes, le retrait du Welfare State est vérifié (p.434) dans tous les pays, mais selon une amplitude variée qui dépend moins de la mondialisation que de la variable partisane (G/D). La variable partisane, selon cette étude statistique, freine plus ou moins les coupes sociales selon le contexte : le risque d'une coupe dans les dépenses sociales par la gauche est plus élevé, quand la situation des finances publiques est dégradée. En sens inverse, la dégradation du chômage a un effet significatif sur la hausse des dépenses sociales, selon la théorie de la compensation. En tout état de cause, l'effet du clivage gauche/droite reste fort selon ces auteurs (p.441).

Contrairement à la théorie de l'efficience du Marché, il est prouvé qu'un bon niveau de protection sociale n'est pas contradictoire avec l'efficacité économique (Headey, Goodin, Muffels, Dirven, 1999). Une étude portant sur 14 pays de 1973 à 1999 (Kite, 1999) teste la validité des deux théories de la globalisation par rapport à l'efficacité économique : déjà, on constate que empiriquement selon les statistiques de l'OCDE, il existe des pays riches fortement ouverts avec un Etat providence généreux. L'étude montre qu'il n'y a pas de relation claire entre l'ouverture économique (globalisation) et le niveau de Welfare State mesuré par les dépenses de transferts sociaux et les dépenses de services publics sociaux (santé, éducation, enfants...). Et surtout, il apparaît que l'idée répandue qu'un Welfare minimal associé à un faible pouvoir du travail (syndicats faibles, flexibilité etc.) est un avantage dans une économie globale n'est pas vérifiée, sauf pour les Etats-Unis et encore dans la période postérieure à 1990.

Par ailleurs, si l'on suit le prix Nobel Sen (2000), les services sociaux au sens large (éducation, santé...) participent au bien-être sociétal et concourent à la croissance économique. C'est aussi la leçon du modèle nordique de l'Etat providence qui résiste bien à la globalisation économique, malgré des taux de prélèvements obligatoires élevés (Steinmo, 2002, p.855 ; Le Monde du 30/09/05, p.20), sachant qu'ici l'analyse comparative est plutôt à mener à l'échelle européenne.

Le cas de l'Europe élargie

Le sort de la protection sociale dans les nouveaux Etats membres de l'Union Européenne est intéressant pour tester la validité des modèles disponibles. La reprise de l'acquis communautaire n'implique pas de contraintes fortes en matière de protection sociale, alors même que l'Etat providence, au-delà de la diversification des formes nationales, est central dans le système politico-économique de l'Europe et qu'il repose sur des valeurs communes aux citoyens. Si les modèles ne manquent pas, notamment en opposant le modèle scandinave au modèle libéral, il est intéressant de connaître les choix opérés par les nouveaux Etats membres de l'Union européenne. Selon une étude de Wagener (2002), les choix résultent d'un compromis politique entre l'héritage et le modèle néo-libéral, sous contrainte de financement. La problématique de la crise fiscale de l'Etat trouve ici un nouveau champ d'application. Plus précisément, il apparaît que :

- dans un premier temps (Wagener, 2002, p.158) les Etats « faibles », c'est-à-dire les Etats « capturés » par les intérêts particuliers et économiquement en dépression (Russie, Ukraine à une certaine époque), ne peuvent pas répondre aux attentes de la population, alors que dans les Etats forts (les futurs membres de l'UE), l'ancien modèle socialiste, de type bismarckien, sert de base aux politiques sociales, sans que l'on puisse trancher si c'est pour satisfaire l'électeur-médian de l'école des choix publics ou sous l'influence des experts.
- dans un second temps, les économies en transition marquées par le chômage et la fraude rencontrent des difficultés pour couvrir les dépenses sociales qui sont en hausse (vieillissement par

exemple). Ici, les facteurs cognitifs (idéologiques) jouent puisque les dépenses sociales sont vues comme une menace pour la croissance économique, notamment dans le cadre de l'influence du consensus de Washington[573]. Les réformes ont alors accordé une place plus importante à l'assurance privée obligatoire ou volontaire, selon des compromis nationaux diversifiés qui paraissent peu influencés par l'orientation du gouvernement (clivage partisan) (Wagener, 2002, p.159).

Ainsi, dans les nouveaux Etats membres, le système de protection sociale relève de modèles mixtes qui combinent l'intervention publique et l'assurance privée, l'Etat et le Marché, ce qui est loin de l'idée réductrice d'un dumping social inexorable.

Les pays pauvres

Pour les pays pauvres, une étude portant sur 43 pays en voie de développement montre que la globalisation entraîne un déclin de l'Etat-providence si l'on retient comme indicateur, non pas le total des dépenses publiques, mais le poids des dépenses sociales par rapport au PIB : ainsi, alors que dans les pays développés le ratio passe de 12 % en 1972 à 16 % en 1995, il régresse de 3,2 % à 2,5 % pour les PVD (Rudra, 2002). Cette analyse va dans le sens de la théorie des ressources politiques en montrant que les réserves de main d'œuvre et le manque de qualification des travailleurs associés à des institutions moins démocratiques affaiblissent la force de négociation du travail. Cette tendance s'accentue avec la mondialisation mesurée par des indicateurs d'ouverture du marché (Rudra, 2002, p.431).

Sur le plan idéologique, l'influence du « consensus de Washington » qui privilégie les obligations financières (remboursement de la dette) se traduit (en % du PIB) par une diminution ou une stagnation des dépenses d'éducation, et paradoxalement par une hausse des intérêts de la dette, selon une autre étude empirique (Jonakin, Stephens, 1999) portant sur 5 pays d'Amérique centrale entre 1975 et 1995 : les intérêts de la dette

[573] Le consensus de Washington (années 1980-1990), prôné par le Fonds Monétaire International (FMI) et la Banque Mondiale, vise à la stabilisation de la dette, la libéralisation des marchés (les prix notamment) et à la privatisation des actifs publics, ce qui diminue les dépenses publiques.

ont augmenté (en % du PIB) alors que les dépenses d'éducation (capital humain) ont diminué ou stagné. L'analyse générale du prix Nobel Stiglitz (2002) conforte cette critique.

Des études plus ciblées apprécient l'impact des politiques sociales en faveur des démunis. Par exemple, une étude portant sur la scolarisation des enfants pauvres au Mexique (Schultz, 2004) utilise une méthode statistique pour comparer les zones subventionnées à d'autres zones pauvres non aidées (p.202) : elle montre que le programme ciblant les régions les plus pauvres selon un indice synthétique de pauvreté a un impact positif sur les inscriptions, sur les inégalités de genre (en faveur des filles), sur la mobilité économique vers des centres plus dynamiques. En revanche, l'impact sur la valorisation du capital humain est faible.

Une autre étude (Schady, 2000) portant sur le fonds social péruvien entre 1991 et 1995 montre que les subventions attribuées par l'Etat central aux provinces ont un effet de redistribution sociale vers les plus pauvres, mais qu'ils constituent aussi un instrument politique qui suit les cycles électoraux (dépenses plus fortes avant les élections) et qui avantage les circonscriptions critiques pour la réélection des politiciens.

CONCLUSION

En matière fiscale aussi, les effets de la globalisation ne vont pas toujours dans le sens univoque d'une domination du Marché favorisant les entreprises et le capitalisme financier au détriment de l'Etat. La relation de la fiscalité à la mondialisation est un phénomène complexe qui met en jeu des tendances contradictoires où l'Etat souverain reste acteur. L'usage idéologique de la mondialisation par une vulgate néo-libérale cache en réalité des enjeux de domination qui nient la possibilité d'un choix politique de société. Pourtant, comme le montre le cas nodal de l'Etat-providence, ce choix existe[574] dès lors, c'est la leçon du modèle

[574] Ainsi en Grande-Bretagne (cf. Le Monde 14-15/05/06, p.6), le gouvernement Blair a rétabli le lien entre le montant de la retraite de base et les revenus : cette décision, applicable en 2012, sera financée par le recul de l'âge de la retraite et revient sur la politique suivie depuis 1981, date où l'indexation de la retraite en fonction des revenus avait été supprimée par le gouvernement Thatcher.

nordique, que le débat démocratique s'ouvre. Le problème est d'inventer une véritable citoyenneté mondiale : en attendant la réalisation de cette utopie, il est peut-être possible de rêver à une démocratie fiscale européenne !

BIBLIOGRAPHIE

ABATE (B.), *La nouvelle gestion publique*, Paris, L.G.D.J., 2000.
« La réforme budgétaire : un modèle de rechange pour la gestion de l'Etat ?, *Revue française de finances publiques*, n°82, juin 2003, p.45-46.

ASHFORD (D.E.) « L'Etat-providence à travers l'étude comparative des institutions », *Revue française de science politique*, vol.39, n°3, 1989.

BARILARI (A.), BOUVIER (M.), *La nouvelle gouvernance financière de l'Etat : la LOLF*, Paris, L.G.D.J., Coll. « Systèmes, Finances publiques », 2004.

BIN (F.), *La pensée religieuse et l'impôt, Contribution à l'étude de l'influence de la pensée chrétienne sur les systèmes fiscaux d'Europe occidentale*, Thèse pour le doctorat en droit public, sous la direction de Pierre Beltrame, Aix-en-Provence, 2005, 705p.

BOUVIER (M.), « La loi organique du 1er août 2001 relative aux lois de finances », *Actualité Juridique de Droit Administratif*, 2001.
« Nouvelle gouvernance et philosophie de la loi organique », *Revue française de finances publiques*, n°86, avril 2004, p.193-218.

CREPAZ (M.M.L.), MOSER (A.W.), « The Impact of Collective and Competitive Veto Points on Public Expenditures in the Global Age », *Comparative Political Studies*, vol.37, n°3, April 2004, p.259-285.

ELLIS (K.), MITCHELL (S.), « La gestion axée sur les résultats au Royaume-Uni », *Budgeting and Public Expenditure*, OCDE, vol.1, n°4, 2002, p.121-138.

GARRET (G.), *Partisan Politics in the Global Economy*, Cambridge, Cambridge University Press, 1998.

GARRET (G.), MITCHELL (D.), « Globalization, Government Spending and Taxation in the OECD », *European Journal of Political Research*, vol.39, n°2, 2001, p.145-177.

GROSZYK (W.), « La gestion axée sur les résultats aux Etats-Unis », *Budgeting and Public Expenditure,* OCDE, vol.1, n°4, p.139-164.

HACKER (J.S.), « Privatizing Risk without Privatizing the Welfare State : The Hidden Politics of Social Policy Retrenchment in the United States », *American Political Science Review*, vol.98, n°2, may 2004, p.243-260.

HEADEY (B.), GOODIN (R.E.), MUFFELS (R.), DIRVEN (H.J.), « Is There a Trade-off Between Economic Efficiency and a Generous Welfare State ? A Comparison of Best Cases of The Three Worlds of Welfare Capitalism », *Social Indicators Research*, vol.50, 1999, p.115-157.

HOCQUET (J.C.), « L'impôt du sel contre la modernité de l'Etat », in *L'Etat moderne : genèse. Bilans et perspectives*, Paris, Editions du C.N.R.S., 1990, p.115-134.

JONAKIN (J.), STEPHENS (M.), « The Impact of Adjustment and Stabilization Spending in Central America », *North American Journal of Economics and Finance*, vol.10, n°1, 1999, p.293-308.

KIBBLEWHITE (A.), USSHER (C.), « La gestion axée sur les résultats en Nouvelle-Zélande », *Budgeting and Public Expenditures*, OCDE, vol.1, n°4, p.93-120.

KITE (C.), « The Globalized, Generous Welfare State : Possibility or Oxymoron », *European Journal of Political Research*, vol.41, n°3, 2002, p.307-343.

KORPI (W.), « Un Etat-providence contesté et fragmenté », *Revue française de science politique*, vol.45, n°4, août 1995, p.632-667.

KORPI (W.), PALME (J.), « The Paradox of Redistribution and the Stategy of Equality : Welfare State Institutions, Inequality and Poverty in the Western Countries », *American Sociological Review*, vol.63, n°5, 1998, p.661-687.

KORPI (W.), PALME (J.), « New Politics ans Class Politics in the Context of Austerity and Globalization : Welfare State Regress in 18 Countries, 1975-1995 », *American Political Science Review*, vol.97, n°3, august 2003, p.425-446.

LAMBERT (T.), « Les aides fiscales nationales au sein de l'Union Européenne ou la liberté sous surveillance », in Leroy, 2005, p.205-227. « Citoyen fiscal : citoyen du monde », in Desmons (E.), *Figures de la citoyenneté*, Paris, Coll. « Logiques Juridiques », 2006, p.177-194.

LEROY (M.), *La sociologie de l'impôt*, Paris, P.U.F., Coll. « Que sais-je ? », 2002. « Essai de sociologie de la réforme fiscale », in Leroy, 2005, p.73-95. *Regards croisés sur le système fiscal, Allemagne, France, Italie, Russie*, (dir.), Paris, L'Harmattan, Coll. « Finances Publiques », 2005. *La sociologie des finances publiques*, Paris, La découverte, Coll. « Repères », 2006.

LOPEZ (C.), « Fiscalité et aménagement du territoire », in Leroy, 2005, p.155-170.

MERRIEN (F.X.), « Etat et politiques sociales : Contribution à une théorie néo-institutionnaliste », *Sociologie du travail*, n°3, 1990, p.267-294.

MUSGRAVE (R.A.), *The Theory of Public Finance*, New York, Mc Graw-Hill, 1959.

O'CONNOR (J.), *The Fiscal Crisis of the State*, New York, St Martin's Press, 1973.

ORSONI (G.), *L'interventionnisme fiscal*, Paris, PUF, Coll. « Fiscalité », 1995. « Brèves remarques sur l'utilisation de l'instrument fiscal », in Leroy, 2005, p.135-153.

PALIER (B.), *Gouverner la sécurité sociale*, Paris, P.U.F., coll. « Le lien social », 2002.

PIERSON (P.), *Dismantling the Welfare State ? Reagan, Thatcher and the Politics of Retrenchment*, Cambridge, Cambridge University Press, 1994.

RUDRA (N.), « Globalization and the Decline of the Welfare State in Less-Developed Countries », *International Organization,* vol.56, n°2, spring 2002, p.411-445.

SCHADY (N.R.), « The Political Economy of Expenditures by the Peruvian Social Fund (Foncodes), 1991-1995 », *American Political Science Review*, vol.94, n°2, june 2000, p.289-304.

SCHARPF (F.), « The Viability of Advanced Welfare States in International Economy : Vulnerabilities and Options », *Journal of European Public Policy*, vol.7, n°2, 2000, p.190-228.

SCHULZ (T.P.), « School Subsidies for the Poor : Evaluating the Mexican Progresa Poverty Program », *Journal of Development Economics*, vol.74, n°1, 2004, p.199-250.

STEINMO (S.), « Globalization and Taxation. Challenges to the Swedish Welfare State », *Comparative Political Studies*, vol.35, n°7, september 2002, p.839-862.

STIGLITZ (J.E.), *La grande désillusion*, Paris, Fayard, 2002.

SVANK (D.), STEINMO (S.), « The New Political Economy of Taxation in Advanced Capitalist Democracies », *American Journal of Political Science*, vol.46, n°3, july 2002, p.642-653.

TSEBELIS (G.), « Decision Making in Political Systems : Veto Players in Presidentialism, Parliamentarism, Multicameralism and Multipartyism », *British Journal of Political Science*, vol.25, 1995, p.228-235.

WAGENER (H-J), « The Welfare State in Transition Economies and Accession to the EU », *West European Politics*, vol.25, n°2, 2002, p.152-174.

TABLE DES MATIERES

RESUME

Cet ouvrage propose une réflexion scientifique sur les effets de la « mondialisation » dans le domaine de la fiscalité. La fiscalité est un terrain excellent pour étudier la progression de la globalisation économique et politique qui remet en cause les rôles respectifs de l'Etat et des puissants marchés financiers. Cette évolution est questionnée par la notion de globalisation fiscale dans les trois dimensions internationale, européenne, et nationale/sociale.

Au niveau international, on constate l'influence croissante de l'OCDE sur la définition des normes fiscales relevant de la souveraineté des Etats, notamment par son modèle de convention fiscale qui décide des enjeux d'une économie mondialisée (établissement permanent, commerce électronique, prix de transferts dans les multinationales...). La question d'un impôt mondial est alors à poser pour améliorer le sort des démunis. Le problème de la mise en œuvre de nouvelles normes comptables internationales est analysée dans la perspective du poids du capitalisme financier.

Au niveau européen, l'harmonisation par le droit communautaire progresse, comme le montre l'étude de la TVA, mais se heurte encore à des obstacles, comme l'illustre l'analyse du processus de décision fiscale. Certaines procédures, telle celle des aides publiques fiscales, sont sources d'incertitude juridique pour les entreprises. L'étude comparative de l'abus de droit indique que, face au même problème de l'évasion fiscale internationale, les réponses nationales restent variées. La Cour de Justice des Communautés européennes, étudiée dans le cas des impôts directs, apparaît comme un acteur important de la construction de l'Europe.

Au niveau national et social, les enjeux sont de savoir comment l'Etat résiste à la mondialisation. L'histoire des accises, la fiscalité de l'aménagement du territoire avec ses zones à faible fiscalité, le régime, discriminatoire ou privilégiée, des artistes et des sportifs sont significatifs des particularismes nationaux dans un contexte globalisé. La légitimité du financement des dépenses publiques est en cause, comme le montre l'évolution des fonctions socio-politiques de l'impôt et le cas essentiel de la protection sociale (Welfare State).

646964 - Mars 2016
Achevé d'imprimer par

1livre.com
du rêve à la réalité !

www.ingramcontent.com/pod-product-compliance
Lightning Source LLC
LaVergne TN
LVHW011257061026
849535LV00005B/1291
* 9 7 8 2 2 9 6 0 1 9 6 5 2 *